中国社会科学院
庆祝中华人民共和国成立70周年书系 国家发展建设史

总主编 谢伏瞻

新中国社会建设70年

李培林 张翼 / 主编

中国社会科学出版社

图书在版编目（CIP）数据

新中国社会建设70年/李培林，张翼主编. —北京：中国社会科学出版社，2020.1（2021.6重印）

（庆祝中华人民共和国成立70周年书系）

ISBN 978 - 7 - 5203 - 5457 - 8

Ⅰ.①新… Ⅱ.①李…②张… Ⅲ.①社会主义建设成就—中国 Ⅳ.①D619

中国版本图书馆 CIP 数据核字（2019）第 296698 号

出 版 人	赵剑英
责任编辑	马 明
责任校对	李 莉
责任印制	王 超

出　　版	中国社会科学出版社
社　　址	北京鼓楼西大街甲 158 号
邮　　编	100720
网　　址	http://www.csspw.cn
发 行 部	010 - 84083685
门 市 部	010 - 84029450
经　　销	新华书店及其他书店
印刷装订	北京君升印刷有限公司
版　　次	2020 年 1 月第 1 版
印　　次	2021 年 6 月第 2 次印刷
开　　本	710×1000　1/16
印　　张	22
字　　数	289 千字
定　　价	129.00 元

凡购买中国社会科学出版社图书，如有质量问题请与本社营销中心联系调换
电话：010 - 84083683
版权所有　侵权必究

中国社会科学院
《庆祝中华人民共和国成立70周年书系》
编撰工作领导小组及委员会名单

编撰工作领导小组：

  组　长　谢伏瞻

  成　员　王京清　蔡　昉　高　翔　高培勇　杨笑山

      姜　辉　赵　奇

编撰工作委员会：

  主　任　谢伏瞻

  成　员　（按姓氏笔画为序）

      卜宪群　马　援　王　巍　王立胜　王立峰
      王延中　王京清　王建朗　史　丹　邢广程
      刘丹青　刘跃进　闫　坤　孙壮志　李　扬
      李正华　李　平　李向阳　李国强　李培林
      李新烽　杨伯江　杨笑山　吴白乙　汪朝光
      张　翼　张车伟　张宇燕　陈　甦　陈光金
      陈众议　陈星灿　周　弘　郑筱筠　房　宁
      赵　奇　赵剑英　胡　滨　姜　辉　莫纪宏

夏春涛　高　翔　高培勇　唐绪军　黄　平
黄群慧　朝戈金　蔡　昉　樊建新　潘家华
魏后凯

协调工作小组：

组　长　蔡　昉

副组长　马　援　赵剑英

成　员（按姓氏笔画为序）

　　　　王子豪　王宏伟　王　茵　云　帆　卢　娜
　　　　叶　涛　田　侃　曲建君　朱渊寿　刘大先
　　　　刘　伟　刘红敏　刘　杨　刘爱玲　吴　超
　　　　宋学立　张　骅　张　洁　张　旭　张崇宁
　　　　林　帆　金　香　郭建宏　博　悦　蒙　娃

总　序

与时代同发展　与人民齐奋进

谢伏瞻[*]

今年是新中国成立70周年。70年来，中国共产党团结带领中国人民不懈奋斗，中华民族实现了从"东亚病夫"到站起来的伟大飞跃、从站起来到富起来的伟大飞跃，迎来了从富起来到强起来的伟大飞跃。70年来，中国哲学社会科学与时代同发展，与人民齐奋进，繁荣中国学术，发展中国理论，传播中国思想，为党和国家事业发展作出重要贡献。在这重要的历史时刻，我们组织中国社会科学院多学科专家学者编撰了《庆祝中华人民共和国成立70周年书系》，旨在系统回顾总结中国特色社会主义建设的巨大成就，系统梳理中国特色哲学社会科学发展壮大的历史进程，为建设富强民主文明和谐美丽的社会主义现代化强国提供历史经验与理论支持。

壮丽篇章　辉煌成就

70年来，中国共产党创造性地把马克思主义基本原理同中国具体实际相结合，领导全国各族人民进行社会主义革命、建设和改革，

---

[*] 中国社会科学院院长、党组书记，学部主席团主席。

战胜各种艰难曲折和风险考验，取得了举世瞩目的伟大成就，绘就了波澜壮阔、气势恢宏的历史画卷，谱写了感天动地、气壮山河的壮丽凯歌。中华民族正以崭新姿态巍然屹立于世界的东方，一个欣欣向荣的社会主义中国日益走向世界舞台的中央。

我们党团结带领人民，完成了新民主主义革命，建立了中华人民共和国，实现了从几千年封建专制向人民民主的伟大飞跃；完成了社会主义革命，确立社会主义基本制度，推进社会主义建设，实现了中华民族有史以来最为广泛而深刻的社会变革，为当代中国的发展进步奠定了根本政治前提和制度基础；进行改革开放新的伟大革命，破除阻碍国家和民族发展的一切思想和体制障碍，开辟了中国特色社会主义道路，使中国大踏步赶上时代，迎来了实现中华民族伟大复兴的光明前景。今天，我们比历史上任何时期都更接近、更有信心和能力实现中华民族伟大复兴的目标。

中国特色社会主义进入新时代。党的十八大以来，在以习近平同志为核心的党中央坚强领导下，我们党坚定不移地坚持和发展中国特色社会主义，统筹推进"五位一体"总体布局，协调推进"四个全面"战略布局，贯彻新发展理念，适应我国社会主要矛盾已经转化为人民日益增长的美好生活需要和不平衡不充分的发展之间的矛盾的深刻变化，推动我国经济由高速增长阶段向高质量发展阶段转变，综合国力和国际影响力大幅提升。中国特色社会主义道路、理论、制度、文化不断发展，拓展了发展中国家走向现代化的途径，给世界上那些既希望加快发展又希望保持自身独立性的国家和民族提供了全新选择，为解决人类问题贡献了中国智慧和中国方案，为人类发展、为世界社会主义发展做出了重大贡献。

70年来，党领导人民攻坚克难、砥砺奋进，从封闭落后迈向开放进步，从温饱不足迈向全面小康，从积贫积弱迈向繁荣富强，取得了举世瞩目的伟大成就，创造了人类发展史上的伟大奇迹。

经济建设取得辉煌成就。70年来，我国经济社会发生了翻天覆地的历史性变化，主要经济社会指标占世界的比重大幅提高，国际地位和国际影响力显著提升。经济总量大幅跃升，2018年国内生产总值比1952年增长175倍，年均增长8.1%。1960年我国经济总量占全球经济的比重仅为4.37%，2018年已升至16%左右，稳居世界第二大经济体地位。我国经济增速明显高于世界平均水平，成为世界经济增长的第一引擎。1979—2012年，我国经济快速增长，年平均增长率达到9.9%，比同期世界经济平均增长率快7个百分点，也高于世界各主要经济体同期平均水平。1961—1978年，中国对世界经济增长的年均贡献率为1.1%。1979—2012年，中国对世界经济增长的年均贡献率为15.9%，仅次于美国，居世界第二位。2013—2018年，中国对世界经济增长的年均贡献率为28.1%，居世界第一位。人均收入不断增加，1952年我国人均GDP仅为119元，2018年达到64644元，高于中等收入国家平均水平。城镇化率快速提高，1949年我国的城镇化率仅为10.6%，2018年我国常住人口城镇化率达到了59.58%，经历了人类历史上规模最大、速度最快的城镇化进程，成为中国发展史上的一大奇迹。工业成就辉煌，2018年，我国原煤产量为36.8亿吨，比1949年增长114倍；钢材产量为11.1亿吨，增长8503倍；水泥产量为22.1亿吨，增长3344倍。基础设施建设积极推进，2018年年末，我国铁路营业里程达到13.1万公里，比1949年年末增长5倍，其中高速铁路达到2.9万公里，占世界高铁总量60%以上；公路里程为485万公里，增长59倍；定期航班航线里程为838万公里，比1950年年末增长734倍。开放型经济新体制逐步健全，对外贸易、对外投资、外汇储备稳居世界前列。

科技发展实现大跨越。70年来，中国科技实力伴随着经济发展同步壮大，实现了从大幅落后到跟跑、并跑乃至部分领域领跑的历史性跨越。涌现出一批具有世界领先水平的重大科技成果。李四光等人提出"陆相生油"理论，王淦昌等人发现反西格玛负超子，第一颗原子弹装置爆炸成功，第一枚自行设计制造的运载火箭发射成功，在世界上首次人工合成牛胰岛素，第一颗氢弹空爆成功，陈景润证明了哥德巴赫猜想中的"1+2"，屠呦呦等人成功发现青蒿素，天宫、蛟龙、天眼、悟空、墨子、大飞机等重大科技成果相继问世。相继组织实施了一系列重大科技计划，如国家高技术研究发展（863）计划、国家重点基础研究发展（973）计划、集中解决重大问题的科技攻关（支撑）计划、推动高技术产业化的火炬计划、面向农村的星火计划以及国家自然科学基金、科技型中小企业技术创新基金等。研发人员总量稳居世界首位。我国研发经费投入持续快速增长，2018年达19657亿元，是1991年的138倍，1992—2018年年均增长20.0%。研发经费投入强度更是屡创新高，2014年首次突破2%，2018年提升至2.18%，超过欧盟15国平均水平。按汇率折算，我国已成为仅次于美国的世界第二大研发经费投入国家，为科技事业发展提供了强大的资金保证。

人民生活显著改善。我们党始终把提高人民生活水平作为一切工作的出发点和落脚点，深入贯彻以人民为中心的发展思想，人民获得感显著增强。70年来特别是改革开放以来，从温饱不足迈向全面小康，城乡居民生活发生了翻天覆地的变化。我国人均国民总收入（GNI）大幅提升。据世界银行统计，1962年，我国人均GNI只有70美元，1978年为200美元，2018年达到9470美元，比1962年增长了134.3倍。人均GNI水平与世界平均水平的差距逐渐缩小，1962年相当于世界平均水平的14.6%，2018年相当于世界平均水平的85.3%，比1962年提高了70.7个百分点。在世界银行公布的人均GNI排名中，2018年中国排名第71位（共计192个经济体），比1978年（共计188个经济体）提高104位。组织实施了一系列中长期扶贫规划，从救济式扶贫到开发式扶贫再到精准扶贫，探索出一条符合中国国情的农村扶贫开发道路，为全面建成小康社会奠定了坚实基础。脱贫攻坚战取得决定性进展，贫困人口大幅减少，为世界减贫事业做出了重大贡献。按照我国现行农村贫困标准测算，1978年我国农村贫困人口为7.7亿人，贫困发生率为97.5%。2018年年末农村贫困人口为1660万人，比1978年减少7.5亿人；贫困发生率为1.7%，比1978年下降95.8个百分点，平均每年下降2.4个百分点。我国是最早实现联合国千年发展目标中减贫目标的发展中国家。就业形势长期稳定，就业总量持续增长，从1949年的1.8亿人增加到2018年的7.8亿人，扩大了3.3倍，就业结构调整优化，就业质量显著提升，劳动力市场不断完善。教育事业获得跨越式发展。1970—2016年，我国高等教育毛入学率从0.1%提高到48.4%，2016年我国高等教育毛入学率比中等收入国家平均水平高出13.4个百分点，比世界平均水平高10.9个百分点；中等教育毛入学率从1970年的28.0%提高到2015年的94.3%，2015年我国中等教育毛入学率超过中等收入国家平均水平16.5个百分点，远高于世界平均水平。我国总人口由1949年的5.4亿人发展到2018年的近14亿人，年均增长率约为1.4%。人民身体素质日益改善，居民预期寿命由新中国成立初的35岁提高到2018年的77岁。居民环境卫生条件持续改善。2015年，我国享有基本环境卫生服务人口占总人口比重为75.0%，超过中等收入国家66.1%的平均水平。我国居民基本饮用水服务已基本实现全民覆盖，超过中等偏上收入国家平均水平。

思想文化建设取得重大进展。党对意识形态工作的领导不断加强，党的理论创新全面推进，马克思主义在意识形态领域的指导地位更加巩固，中国特色社会主义和中国梦深入人心，社会主义核心价值观和中华优秀传统文化广泛弘扬。文化事业繁荣兴盛，文化产业快速发展。文化投入力度明显加大。1953—1957年文化事业费总投入为4.97亿元，2018年达到928.33亿元。广播影视制播能力显著增强。新闻出版繁荣发展。2018年，图书品种51.9万种、总印数100.1亿册（张），分别为1950年的42.7倍和37.1倍；期刊品种10139种、总印数22.9亿册，分别为1950年的34.4倍和57.3倍；报纸品种1871种、总印数337.3亿份，分别为1950年的4.9倍和42.2倍。公共文化服务水平不断提高，文艺创作持续繁荣，文化事业和文化产业蓬勃发展，互联网建设管理运用不断完善，全民健身和竞技体育全面发展。主旋律更加响亮，正能量更加强劲，文化自信不断增强，全党全社会思想上的团结统一更加巩固。改革开放后，我国对外文化交流不断扩大和深化，已成为国家整体外交战略的重要组成部分。特别是党的十八大以来，文化交流、文化贸易和文化投资并举的"文化走出去"、推动中华文化走向世界的新格局已逐渐形成，国家文化软实力和中华文化影响力大幅提升。

生态文明建设成效显著。70年来特别是改革开放以来，生态文明建设扎实推进，走出了一条生态文明建设的中国特色道路。党的十八大以来，以习近平同志为核心的党中央高度重视生态文明建设，将其作为统筹推进"五位一体"总体布局的重要内容，形成了习近平生态文明思想，为新时代推进我国生态文明建设提供了根本遵循。国家不断加大自然生态系统建设和环境保护力度，开展水土流失综合治理，加大荒漠化治理力度，扩大森林、湖泊、湿地面积，加强自然保护区保护，实施重大生态修复工程，逐步健全主体功能区制度，推进生态保护红线工作，生态保护和建设不断取得新成效，环境保护投入跨越式增长。20世纪80年代初期，全国环境污染治理投资每年为25亿—30亿元，2017年，投资总额达到9539亿元，比2001年增长7.2倍，年均增长14.0%。污染防治强力推进，治理成效日益彰显。重大生态保护和修复工程进展顺利，森林覆盖率持续提高。生态环境治理明显加强，环境状况得到改善。引导应对气候变化国际合作，成为全球生态文明建设的重要参与者、贡献者、引领者。[1]

新中国70年的辉煌成就充分证明，只有社会主义才能救中国，只有改革开放才能发展中国、发展社会主义、发展马克思主义，只有坚持以人民为中心才能实现党的初心和使命，只有坚持党的全面领导才能确保中国这艘航船沿着正确航向破浪前行，不断开创中国特色社会主义事业新局面，谱写人民美好生活新篇章。

---

[1] 文中所引用数据皆来自国家统计局发布的《新中国成立70周年经济社会发展成就系列报告》。

繁荣中国学术　发展中国理论
传播中国思想

70年来，我国哲学社会科学与时代同发展、与人民齐奋进，在革命、建设和改革的各个历史时期，为党和国家事业作出了独特贡献，积累了宝贵经验。

一　发展历程

——**在马克思主义指导下奠基、开创哲学社会科学**。新中国哲学社会科学事业，是在马克思主义指导下逐步发展起来的。新中国成立前，哲学社会科学基础薄弱，研究与教学机构规模很小，无法适应新中国经济和文化建设的需要。因此，新中国成立前夕通过的具有临时宪法性质的《中国人民政治协商会议共同纲领》明确提出："提倡用科学的历史观点，研究和解释历史、经济、政治、文化及国际事务，奖励优秀的社会科学著作。"新中国成立后，党中央明确要求："用马列主义的思想原则在全国范围内和全体规模上教育人民，是我们党的一项最基本的政治任务。"经过几年努力，确立了马克思主义在哲学社会科学领域的指导地位。国务院规划委员会制定了1956—1967年哲学社会科学研究工作远景规划。1956年，毛泽东同志提出"百花齐放、百家争鸣"，强调"百花齐放、百家争鸣"的方针，"是促进艺术发展和科学进步的方针，是促进中国的社会主义文化繁荣的方针"。在机构设置方面，1955年中国社会科学院的前身——中国科学院哲学社会科学学部成立，并先后建立了14个研究所。马克思主义指导地位的确立，以及科研和教育体系的建立，为新中国哲学社会科学事业的兴起和发展奠定了坚实基础。

——**在改革开放新时期恢复、发展壮大哲学社会科学**。党的十一届三中全会开启了改革开放新时期，我国哲学社会科学从十年

"文革"的一片荒芜中迎来了繁荣发展的新阶段。邓小平同志强调"科学当然包括社会科学",重申要切实贯彻"双百"方针,强调政治学、法学、社会学以及世界政治的研究需要赶快补课。1977年,党中央决定在中国科学院哲学社会科学学部的基础上组建中国社会科学院。1982年,全国哲学社会科学规划座谈会召开,强调我国哲学社会科学事业今后必须有一个大的发展。此后,全国哲学社会科学规划领导小组成立,国家社会科学基金设立并逐年开展课题立项资助工作。进入21世纪,党中央始终将哲学社会科学置于重要位置,江泽民同志强调"在认识和改造世界的过程中,哲学社会科学和自然科学同样重要;培养高水平的哲学社会科学家,与培养高水平的自然科学家同样重要;提高全民族的哲学社会科学素质,与提高全民族的自然科学素质同样重要;任用好哲学社会科学人才并充分发挥他们的作用,与任用好自然科学人才并发挥他们的作用同样重要"。《中共中央关于进一步繁荣发展哲学社会科学的意见》等文件发布,有力地推动了哲学社会科学繁荣发展。

——在新时代加快构建中国特色哲学社会科学。党的十八大以来,以习近平同志为核心的党中央高度重视哲学社会科学。2016年5月17日,习近平总书记亲自主持哲学社会科学工作座谈会并发表重要讲话,提出加快构建中国特色哲学社会科学的战略任务。2017年3月5日,党中央印发《关于加快构建中国特色哲学社会科学的意见》,对加快构建中国特色哲学社会科学作出战略部署。2017年5月17日,习近平总书记专门就中国社会科学院建院40周年发来贺信,发出了"繁荣中国学术,发展中国理论,传播中国思想"的号召。2019年1月2日、4月9日,习近平总书记分别为中国社会科学院中国历史研究院和中国非洲研究院成立发来贺信,为加快构建中国特色哲学社会科学指明了方向,提供了重要遵循。不到两年的时间内,习近平总书记专门为一个研究单位三次发贺信,这充分说明党中央对哲学社会科学的重视前所未有,对哲学社会科学工作者的关怀前所未有。在党中央坚强领导下,广大哲学社会科学工作者增强"四个意识",坚定"四个自信",做到"两个维护",坚持以习近平新时代中国特色社会主义思想为指导,坚持"二为"方向和"双百"方针,以研究我国改革发展稳定重大理论和实践问题为主攻方向,哲学社会科学领域涌现出一批优秀人才和成果。经过不懈努力,我国哲学社会科学事业取得了历史性成就,发生了历史性变革。

二 主要成就

70年来,在党中央坚强领导和亲切关怀下,我国哲学社会科学取得了重大成就。

马克思主义理论研究宣传不断深入。新中国成立后,党中央组织广大哲学社会科学工作者系统翻译了《马克思恩格斯全集》《列宁全集》《斯大林全集》等马克思主义经典作家的著作,参与编辑出版《毛泽东选集》《毛泽东文集》《邓小平文选》《江泽民文选》《胡锦涛文选》等一批党和国家重要领导人文选。党的十八大以来,参与编辑出版了《习近平谈治国理政》《干在实处 走在前列》《之江新语》,以及"习近平总书记重要论述摘编"等一批代表马克思主义中国化最新成果的重要文献。将《习近平谈治国理政》、"习近平总书记重要论述摘编"翻译成多国文字,积极对外宣传党的创新理论,为传播中国思想作出了重要贡献。先后成立了一批马克思主义研究院(学院)和"邓小平理论研究中心""中国特色社会主义理论体系研究中心",党的十九大以后成立了10家习近平新时代中国特色社会主义思想研究机构,哲学社会科学研究教学机构在研究阐释党的创新理论,深入研究阐释马克思主义中国化的最新成果,推动马克思主义中国化时代化大众化方面发挥了积极作用。

为党和国家服务能力不断增强。新中国成立初期,哲学社会科学工作者围绕国家的经济建设,对商品经济、价值规律等重大现实问题进行深入研讨,推出一批重要研究成果。1978年,哲学社会科学界开展的关于真理标准问题大讨论,推动了全国性的思想解放,为我们党重新确立马克思主义思想路线、为党的十一届三中全会召开作了重要的思想和舆论准备。改革开放以来，哲学社会科学界积极探索中国特色社会主义发展道路，在社会主义市场经济理论、经济体制改革、依法治国、建设社会主义先进文化、生态文明建设等重大问题上，进行了深入研究，积极为党和国家制定政策提供决策咨询建议。党的十八大以来，广大哲学社会科学工作者辛勤耕耘，紧紧围绕统筹推进"五位一体"总体布局、协调推进"四个全面"战略布局，推进国家治理体系和治理能力现代化，构建人类命运共同体和"一带一路"建设等重大理论与实践问题，述学立论、建言献策，推出一批重要成果，很好地发挥了"思想库""智囊团"作用。

学科体系不断健全。新中国成立初期，哲学社会科学的学科设置以历史、语言、考古、经济等学科为主。70年来，特别是改革开放以来，哲学社会科学的研究领域不断拓展和深化。到目前为止，已形成拥有马克思主义研究、历史学、考古学、哲学、文学、语言学、经济学、法学、社会学、人口学、民族学、宗教学、政治学、新闻学、军事学、教育学、艺术学等20多个一级学科、400多个二级学科的较为完整的学科体系。进入新时代，哲学社会科学界深入贯彻落实习近平总书记"5·17"重要讲话精神，加快构建中国特色哲学社会科学学科体系、学术体系、话语体系。

学术研究成果丰硕。70年来，广大哲学社会科学工作者辛勤耕耘、积极探索，推出了一批高水平成果，如《殷周金文集成》《中国历史地图集》《中国语言地图集》《中国史稿》《辩证唯物主义原理》《历史唯物主义原理》《政治经济学》《中华大藏经》《中国政治制度通史》《中华文学通史》《中国民族关系史纲要》《现代汉语词典》等。学术论文的数量逐年递增，质量也不断提升。这些学术成果对传承和弘扬中华民族优秀传统文化、推进社会主义先进文化建设、增强文化自信、提高中华文化的"软实力"发挥了重要作用。

对外交流长足发展。70年来特别是改革开放以来，我国哲学社会科学界对外学术交流与合作的领域不断拓展，规模不断扩大，质量和水平不断提高。目前，我国哲学社会科学对外学术交流遍及世界100多个国家和地区，与国外主要研究机构、学术团体、高等院校等建立了经常性的双边交流关系。坚持"请进来"与"走出去"相结合，一方面将高水平的国外学术成果译介到国内，另一方面将能够代表中国哲学社会科学水平的成果推广到世界，讲好中国故事，传播中国声音，提高了我国哲学社会科学的国际影响力。

人才队伍不断壮大。70年来，我国哲学社会科学研究队伍实现了由少到多、由弱到强的飞跃。新中国成立之初，哲学社会科学人才队伍薄弱。为培养科研人才，中国社会科学院、中国人民大学等一批科研、教育机构相继成立，培养了一批又一批哲学社会科学人才。目前，形成了社会科学院、高等院校、国家政府部门研究机构、党校行政学院和军队五大教研系统，汇聚了60万多专业、多类型、多层次的人才。这样一支规模宏大的哲学社会科学人才队伍，为实现我国哲学社会科学建设目标和任务提供了有力人才支撑。

三 重要启示

70年来，我国哲学社会科学在取得巨大成绩的同时，也积累了宝贵经验，给我们以重要启示。

坚定不移地以马克思主义为指导。马克思主义是科学的理论、人民的理论、实践的理论、不断发展的开放的理论。坚持以马克思主义为指导，是当代中国哲学社会科学区别于其他哲学社会科学的根本标志。习近平新时代中国特色社会主义思想是马克思主义中国化的最新成果，是当代中国马克思主义、21世纪马克思主义，要将这一重要思想贯穿哲学社会科学各学科各领域，切实转化为广大哲学社会科学工作者清醒的理论自觉、坚定的政治信念、科学的思维方法。要不断推进马克思主义中国化时代化大众化，奋力书写研究阐发当代中国马克思主义、21世纪马克思主义的理论学术经典。

坚定不移地践行为人民做学问的理念。为什么人的问题是哲学社会科学研究的根本性、原则性问题。哲学社会科学研究必须搞清楚为谁著书、为谁立说，是为少数人服务还是为绝大多数人服务的问题。脱离了人民，哲学社会科学就不会有吸引力、感染力、影响力、生命力。我国广大哲学社会科学工作者要坚持人民是历史创造者的观点，树立为人民做学问的理想，尊重人民主体地位，聚焦人民实践创造，自觉把个人学术追求同国家和民族发展紧紧联系在一起，努力多出经得起实践、人民、历史检验的研究成果。

坚定不移地以研究回答新时代重大理论和现实问题为主攻方向。习近平总书记反复强调："当代中国的伟大社会变革，不是简单延续我国历史文化的母版，不是简单套用马克思主义经典作家设想的模板，不是其他国家社会主义实践的再版，也不是国外现代化发展的翻版，不可能找到现成的教科书。"哲学社会科学研究，必须立足中国实际，以我们正在做的事情为中心，把研究回答新时代重大理论和现实问题作为主攻方向，从当代中国伟大社会变革中挖掘新材料，发现新问题，提出新观点，构建有学理性的新理论，推出有思想穿透力的精品力作，更好服务于党和国家科学决策，服务于建设社会主义现代化强国，实现中华民族伟大复兴的伟大实践。

坚定不移地加快构建中国特色哲学社会科学"三大体系"。加快构建中国特色哲学社会科学学科体系、学术体系、话语体系，是习近平总书记和党中央提出的战略任务和要求，是新时代我国哲学社会科学事业的崇高使命。要按照立足中国、借鉴国外，挖掘历史、把握当代，关怀人类、面向未来的思路，体现继承性、民族性，原创性、时代性，系统性、专业性的要求，着力构建中国特色哲学社会科学。要着力提升原创能力和水平，立足中国特色社会主义伟大实践，坚持不忘本来、吸收外来、面向未来，善于融通古今中外各种资源，不断推进学科体系、学术体系、话语体系建设创新，构建一个全方位、全领域、全要素的哲学社会科学体系。

坚定不移地全面贯彻"百花齐放、百家争鸣"方针。"百花齐放、百家争鸣"是促进我国哲学社会科学发展的重要方针。贯彻"双百方针"，做到尊重差异、包容多样，鼓励探索、宽容失误，提倡开展平等、健康、活泼和充分说理的学术争鸣，提倡不同学术观点、不同风格学派的交流互鉴。正确区分学术问题和政治问题的界限，对政治原则问题，要旗帜鲜明、立场坚定，敢于斗争、善于交锋；对学术问题，要按照学术规律来对待，不能搞简单化，要发扬民主、相互切磋，营造良好的学术环境。

坚定不移地加强和改善党对哲学社会科学的全面领导。哲学社会科学事业是党和人民的重要事业，哲学社会科学战线是党和人民的重要战线。党对哲学社会科学的全面领导，是我国哲学社会科学事业不断发展壮大的根本保证。加快构建中国特色哲学社会科学，必须坚持和加强党的领导。只有加强和改善党的领导，才能确保哲学社会科学正确的政治方向、学术导向和价值取向；才能不断深化对共产党执政规律、社会主义建设规律、人类社会发展规律的认识，不断开辟当代中国马克思主义、21世纪马克思主义新境界。

《庆祝中华人民共和国成立70周年书系》坚持正确的政治方向和学术导向，力求客观、详实，系统回顾总结新中国成立70年来在政治、经济、社会、法治、民族、生态、外交等方面所取得的巨大成就，系统梳理我国哲学社会科学重要学科发展的历程、成就和经验。书系秉持历史与现实、理论与实践相结合的原则，编撰内容丰富、覆盖面广，分设了国家建设和学科发展两个系列，前者侧重对新中国70年国家发展建设的主要领域进行研究总结；后者侧重对哲学社会科学若干主要学科70年的发展历史进行回顾梳理，结合中国社会科学院特点，学科选择主要按照学部进行划分，同一学部内学科差异较大者单列。书系为新中国成立70年而作，希望新中国成立80年、90年、100年时能够接续编写下去，成为中国社会科学院学者向共和国生日献礼的精品工程。

是为序。

目　录

总论　新中国70年社会建设和社会巨变 …………………… （1）
　第一节　新中国70年社会建设的发展历程 ………………… （1）
　第二节　新中国70年社会建设的主要成就 ………………… （7）
　第三节　新中国社会建设的基本经验 ………………………… （15）
　第四节　新中国社会建设的新挑战、新趋势 ………………… （18）

第一章　新中国70年人口政策变迁 …………………………… （22）
　第一节　从鼓励生育到限制生育
　　　　　（1949—1957年） ………………………………… （22）
　第二节　"三年困难时期"与随后的人口反弹
　　　　　（1958—1976年） ………………………………… （26）
　第三节　激进人口政策的推行与低生育时期的到来
　　　　　（1978—2000年） ………………………………… （30）
　第四节　低生育水平的维持及人口政策的调整
　　　　　（2001—2018年） ………………………………… （35）
　第五节　计划生育与未来人口政策改革 ……………………… （43）

第二章　新中国70年人口红利转型 …………………………… （49）
　第一节　人口现代化的基本内涵与理论分析框架 …………… （50）
　第二节　新中国人口现代化的主要推进路径 ………………… （56）
　第三节　人口现代化研究进展 ………………………………… （76）

第四节　结论与建议……………………………………（79）

第三章　新中国 70 年家庭结构变迁……………………（81）
第一节　土改与集体化时期（1949—1965 年）……………（84）
第二节　"文化大革命"时期（1966—1978 年）……………（89）
第三节　改革开放前期（1979—2000 年）…………………（94）
第四节　改革开放深化期（2001—2019 年）………………（106）
第五节　结论……………………………………………（113）

第四章　新中国 70 年收入分配变迁……………………（117）
第一节　单位制与人民公社制下的收入分配
　　　　（1949—1978 年）……………………………（117）
第二节　"允许一部分人先富起来"（1978—1992 年）……（120）
第三节　"坚持效率优先、兼顾公平"（1993—2002 年）……（122）
第四节　"生产要素按贡献参与分配"（2003—2012 年）……（125）
第五节　进入新时代：收入分配制度改革的深化…………（127）
第六节　中国收入分配体制改革的基本成就与经验………（131）

第五章　新中国 70 年居民消费变迁……………………（135）
第一节　社会主义建设时期（1949—1977 年）……………（136）
第二节　改革开放时期（1978 年至今）……………………（138）
第三节　70 年来中国居民消费发展的主要特点……………（144）
第四节　结论……………………………………………（152）

第六章　新中国 70 年教育事业发展……………………（153）
第一节　70 年来中国教育事业发展整体情况………………（153）
第二节　基本完成社会主义改造时期（1949—1956 年）……（159）
第三节　社会主义建设时期（1957—1977 年）……………（162）
第四节　改革开放时期（1978—2012 年）…………………（165）

第五节　社会主义新时代（2012年至今）……………（172）
　　第六节　新时代的新发展…………………………………（181）

第七章　新中国70年医疗健康事业发展……………………（183）
　　第一节　计划经济下的健康保障体系（1949—1978）……（183）
　　第二节　市场经济下现代健康保障体系的
　　　　　　建立（1978—2008）………………………………（190）
　　第三节　健康保障体系的深度改革（2009—2018）………（197）

第八章　新中国70年社会基层组织变迁……………………（204）
　　第一节　广泛联合时期（1949—1956）……………………（205）
　　第二节　单位社会时期（1957—1978）……………………（209）
　　第三节　后单位制时期（1979—2012）……………………（212）
　　第四节　创新治理时期（2013—2019）……………………（217）
　　第五节　社会基层组织的转向……………………………（221）

第九章　新中国70年社会治理变迁……………………………（226）
　　第一节　社会治理的基本概念和视角……………………（226）
　　第二节　社会治理变迁的历程……………………………（228）
　　第三节　社会治理的基本经验……………………………（249）
　　第四节　社会治理展望……………………………………（252）

第十章　新中国70年妇女发展…………………………………（254）
　　第一节　中国妇女发展思想概述…………………………（255）
　　第二节　新中国成立至改革开放前夕期妇女解放
　　　　　　（1949—1978年）…………………………………（260）
　　第三节　社会主义建设新时期的妇女发展
　　　　　　（1978—2012年）…………………………………（266）
　　第四节　新时代以来（2012年至今）………………………（272）

第五节　结论 …………………………………………（279）

第十一章　新中国 70 年青年发展……………………………（281）
　　第一节　青年发展事业取得历史性成就 ………………（281）
　　第二节　青年发展事业与国家进步同频共振 …………（285）
　　第三节　青年发展事业在"追梦"与"圆梦"中
　　　　　　不断前进 ……………………………………（290）
　　第四节　青年发展事业在"健康"中成长 ………………（295）
　　第五节　青年发展事业在新时代民族复兴中
　　　　　　奋斗前行 ……………………………………（297）

参考文献 ………………………………………………………（303）

后　记 …………………………………………………………（321）

总 论

新中国 70 年社会建设和社会巨变

2019 年是中华人民共和国成立 70 周年。新中国成立 70 年来，特别是改革开放 40 多年来，我国社会发生了千年未有之巨变。已经由原来积贫积弱的东方小农国家转变为新兴的工业化大国，城镇化水平超过 60%，人民生活总体上已经进入中上等收入国家水平，即将全面建成小康社会。社会建设是中国特色社会主义事业总体布局的经济建设、政治建设、文化建设、社会建设和生态文明建设"五大建设"之一，回顾社会建设走过的道路，总结社会建设的基本经验，展望社会建设的未来，对我们选择实现社会现代化的路径和目标具有重要意义。

第一节 新中国 70 年社会建设的发展历程

在中国，"社会建设"并不是一个新概念。早在 20 世纪三四十年代，"社会建设"就曾经是一个热门话题。孙本文在他的《社会学原理》中，专辟一节谈社会建设。[①] 不过，今天我们所说的"社

[①] 参见孙本文《社会学原理》（下），商务印书馆 1935 年版，第 244—245 页。

会建设",与20世纪三四十年代中国社会学所说的"社会建设",其实并没有话语上的延续关系,而是在新的发展实践中参照经济建设、政治建设、文化建设新提出的。进入21世纪以后,中国提出全面建设小康社会的目标,指出到2020年达到"经济更加发展、民主更加健全、科教更加进步、文化更加繁荣、社会更加和谐、人民生活更加殷实"[1],在社会领域的目标就是"社会更加和谐"。2004年党的十六届四中全会的决定,明确提出了"构建社会主义和谐社会"的重大战略思想和"社会建设"的概念。[2] 此后,"社会建设"被纳入中国特色社会主义建设的总体布局,"加快推进以改善民生为重点的社会建设"成为我国发展的基本方略。可以说,"社会建设"概念的提出以及社会建设体系的初步形成,标志着我国对社会发展规律认识的深化,也丰富和完善了中国特色社会主义理论体系。

社会建设所反映的,主要是社会领域的发展和进步,覆盖就业、教育、收入分配、社会保障、医疗健康、扶贫减贫、社会治理等重要民生方面。

从新中国成立70年看,我国社会建设走过了充满探索、艰难、曲折和神奇的道路。发展阶段的划分一直是社会史研究的一个难点。我们参照社会建设发展的阶段性特征和影响全局的重大历史事件的时间节点等因素,并参照《中华人民共和国史稿》和新中国成立后《中国共产党历史》的历史分期,把新中国成立以来的社会建设发展过程大体划分为六个阶段。

---

[1] 《全面建设小康社会,开创中国特色社会主义事业新局面——在中国共产党第十六次代表大会上的报告》,载中共中央党校教务部编《十一届三中全会以来党和国家重要文献选编》,中共中央党校出版社2008年版,第451页。

[2] 参见《中共中央关于加强党的执政能力建设的决定》,载中共中央党校教务部编《十一届三中全会以来党和国家重要文献选编》,中共中央党校出版社2008年版,第557—558页。

一 1949—1956年：从新民主主义社会建设向社会主义社会建设过渡阶段

新中国成立初期，我国历经战乱之后，民生凋敝、满目疮痍，百废待兴。在中国共产党的领导下，我国迅速恢复经济，发展生产，稳定物价，改善人民生活，荡涤社会痼疾。1949年11月到1950年一年多时间里，采取一系列措施，取缔娼妓，废除包办强迫婚姻，禁止重婚、纳妾和童养媳，实现妇女解放，禁绝鸦片烟毒，树立社会新风，推行识字运动。在经济改组中，一些工厂倒闭，1950年7月，全国登记失业工人166.4万人，占城市职工总数的21%，此外还有不少失业的知识分子。[①]到1952年底，土地改革基本完成，共没收约7亿亩（约合4700公顷）土地分给约3亿无地或少地农民，免除了土地改革以前农民每年向地主交纳的高达3000多万吨粮食的地租。[②]国民经济结构发生重大变化，1956年同1952年相比，国营经济由19.1%上升到32.2%，合作社经济由1.5%上升到53.4%，公私合营经济由0.7%上升到7.3%，个体经济由71.8%下降到7.1%，资本主义经济由6.9%下降到接近于0。[③]这一时期国民经济和人民生活水平得到快速发展提高，按可比价格计算，1953—1957年，工农业总产值年均增长10.9%，全国居民的消费水平1956年比1952年提高21.3%，其中农民提高了14.6%，非农业居民提高了28.6%。[④]过渡时期对私营经济的改造也出现一些偏差，挫伤了部分劳动者的生产积极性。

---

① 参见金冲及《二十世纪中国史纲》（下册），社会科学文献出版社2009年版，第712页。
② 参见中共中央党史研究室《中国共产党历史：第二卷（1949—1978）》（上册），中共党史出版社2011年版，第100页。
③ 同上书，第360页。
④ 同上书，第363页。

二 1957—1965年：社会主义社会建设曲折中前进阶段

在这个阶段，1956年秋冬因经济冒进出现食品短缺和就业困难，引发了一系列罢工请愿事件；1957年开展了"反右派斗争"；1958年开始了"大跃进"和人民公社运动，浮夸和冒进现象严重；1959—1961年出现食品严重短缺的"三年困难时期"；1962年后出现国内形势误判和阶级斗争扩大化。这些事件使经济发展和社会建设遭受严重挫折，但经济社会建设在曲折中仍取得进展。经过1961年后的五年经济调整，到1965年，无论是国内生产总值，还是工业或农业总产值，都大幅度超过1957年的水平。[①] 1957—1965年，工农业总产值年均增长7.7%。石油工业发展成为这个时期的支柱产业。特别是1957—1966年，高等学校毕业生近140万人，中专学校毕业生211万人，分别为1950—1956年的4.9倍和2.4倍。[②] 我们现在赖以进行现代化建设的物质技术基础，很大一部分是这个时期建设起来的。[③] 1964年的《政府工作报告》，宣布"调整国民经济的任务已经基本完成"，"将要进入一个新的发展时期"，今后发展国民经济的主要任务，"就是要在不太长的历史时期内，把我国建设成为一个具有现代农业、现代工业、现代国防和现代科学技术的社会主义强国，赶上和超过世界先进水平"。要在20世纪内分两步实现四个现代化，"第一步，建立一个独立的比较完整的工业体系和国民经济体系；第二步，全面实现农业、工业、国防和科学技术的现代化，使我国经济走在世界前列……"[④] 这是第一次提

[①] 参见金冲及《二十世纪中国史纲》（下册），社会科学文献出版社2009年版，第973页。

[②] 参见中共中央党史研究室编，胡绳主编《中国共产党的七十年》，中共党史出版社1991年版，第404页。

[③] 参见《中共中央关于建国以来若干重大历史问题的决议》（1981），中共中央党校教务部编《十一届三中全会以来党和国家重要文献选编》，中共中央党校出版社2008年版，第86页。

[④] 周恩来：《政府工作报告》（1964），中共中央文献研究室编《建国以来重要文献选编》第19册，中央文献出版社1993年版，第456、483页。

出现代化的目标。

三 1966—1977年：社会建设受到破坏和历史转折阶段

1966—1976年是"文化大革命"十年。"文化大革命"对党、国家和民族造成全面而严重的危害，在政治、经济、文化、社会的建设方面都产生灾难性的后果。国民经济剧烈动荡、发展缓慢，但仍有所发展。按照国家统计局数据，1967—1976年工农业总产值年均增长7.6%。[①] 人民生活水平停滞甚至有些方面有所下降，对教育的破坏尤为严重，停止大学正常招生10年。1966—1976年，全民所有制单位职工的平均工资和实际工资指数均低于"一五"期末的1957年和"二五"期末的1965年。这一时期我国一些周边国家和地区经济起飞、跃居新兴工业经济体，而我国则陷入内乱，教训惨痛。正如邓小平所说，"中国六十年代初期同世界上有差距，但不太大。六十年代末期到七十年代这十一二年，我们同世界的差距拉得太大了"[②]。1976年10月，粉碎了"四人帮"，结束了"文化大革命"，经济发展和社会秩序得到恢复，社会建设走向正常，1977年恢复了中断了十年的中国高考制度，中国由此重新迎来了尊重知识、尊重人才的春天，这些都为伟大的历史转折奠定基础。

四 1978—1991年：改革开放背景下的社会建设新阶段

1978年党的十一届三中全会，在重大历史关头，做出命运抉择，摒弃"以阶级斗争为纲"，把工作重心转移到经济建设上来，实现了具有深远意义的伟大转折，开辟了改革开放新时期。随后的大规模调整阶级阶层关系、在农村实行家庭联产承包制、发展乡镇企

[①] 根据国家统计局数据测算，参见国家统计局编《中国统计年鉴（1999）》，中国统计出版社1999年版。

[②] 《邓小平文选》第2卷，人民出版社1994年版，第231—232页。

业、发展非公有制经济、设立经济特区、引进外资、在分配中采取各种经济激励政策等，调动了各方面的积极性，实现了经济快速增长，人民生活显著改善，各项社会事业全面发展，贫困人口大幅度减少。特别是1987年党的十三大提出了中国经济建设分三步走的总体战略：第一步，到1990年实现国民生产总值比1980年翻一番，解决人民的温饱问题；第二步，20世纪末国民生产总值再翻一番，人民生活达到小康水平；第三步，到21世纪中叶人民生活比较富裕，基本实现现代化，人均国民生产总值达到中等发达国家水平，人民过上比较富裕的生活。[①] 这是自1964年中国提出现代化目标之后，中国第一次有了基本实现现代化的明确路线图。其间也经历了1989年末的政治风波。

五 1992—2012年：社会主义市场经济体制下的社会建设阶段

1992年初邓小平视察南方的讲话，厘清了一些关系改革开放方向的重大问题，开辟了改革开放的新阶段。是年召开的党的"十四大"，明确提出要建立"社会主义市场经济体制"。2000年我国人均GDP如期超过800美元，人民生活总体上达到小康水平。进入21世纪以后，中国提出全面建设小康社会的目标，要求2020年要达到"经济更加发展、民主更加健全、科教更加进步、文化更加繁荣、社会更加和谐、人民生活更加殷实"。2000—2012年这十几年，我国社会建设进入快车道，教育和社会保障加快发展，搭建起覆盖城乡全体居民的社会保障体制框架。

六 2012年至今：新时代中国特色社会主义社会建设阶段

在这个新时代，我国社会主要矛盾发生关系全局的历史性变化，已经转化为人民日益增长的美好生活需要和不平衡不充分的发展之

[①] 参见《沿着有中国特色的社会主义道路前进——在中国共产党第十三次全国代表大会上的报告》，《人民日报》1987年11月4日第1版。

间的矛盾。保障和改善民生成为社会建设的主题，以人民为中心的创新、协调、绿色、开放、共享的新发展理念成为社会建设和各项工作的指导理念。在社会建设领域，这个时期提出确保到2020年我国现行标准下的贫困人口全部脱贫的目标，提出乡村振兴战略，中国进入高质量发展的新时期。2017年党的十九大提出，中国在2020年全面建成小康社会后，将先用15年的时间基本实现社会主义现代化；然后在此基础上，再用15年，到2050年建成社会主义现代化强国。这是一个新的"三步走"战略，开启了中国现代化建设的新征程。

第二节　新中国70年社会建设的主要成就

一　人民生活水平大幅度提高

新中国成立初期，我国人均国民收入只有十几、二十几美元，相当于西方发达国家18世纪中期水平。从1949年到1978年，随着经济的发展，人民生活水平也逐步提高，但相对来说还是比较缓慢，到1978年我国人均国民收入为190美元。改革开放以后，我国提出建设小康社会的发展目标。1984年6月，邓小平在会见第二次中日民间人士会议日方委员会代表团时曾谈道："我们提出四个现代化，最低的目标是到本世纪末达到小康社会。这是一九七九年十二月日本前首相大平正芳来访时我首次谈到的。所谓小康，就是到本世纪末，国民生产总值人均达到八百美元。这对你们来说也还是低水平的，但对我们来说是雄心壮志。中国有十亿人口，到那时候十二亿人口，国民生产总值可达到一万亿美元，如果按资本主义的分配方法，算不了什么，还摆脱不了贫穷落后状态，也就是只有百分之零点几的人生活好，百分之九十几的人生活还是贫困。但如果按社会主义的分配原则，就可以使全国人民普遍处于小康状态。这就是我们为什么要坚持社会主义的道理。

不坚持社会主义,中国的小康社会形成不了。"① 随着我国经济持续高速增长,人均 GDP 2001 年突破 1000 美元,2008 年突破 3000 多美元,2015 年达到 8000 美元,总体上进入中上等收入国家行列,2019 年达到约 1 万美元。

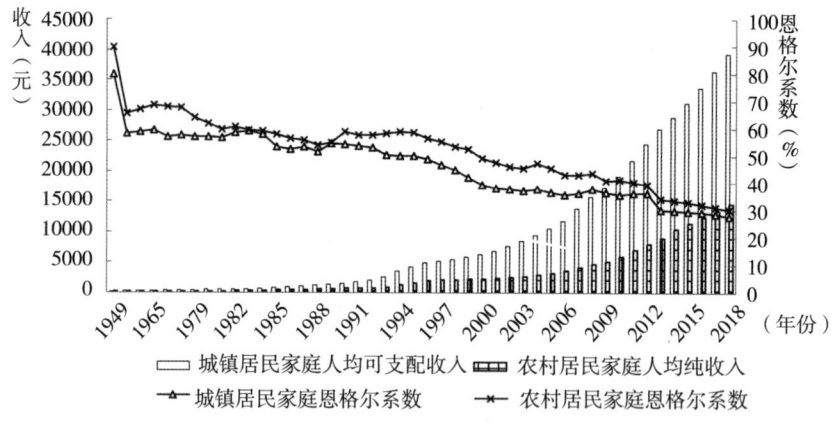

图0—1　1949—2018 年城乡居民家庭人均收入与恩格尔系数变化

资料来源：历年《中国统计年鉴》相关数据。

伴随着经济的增长,人民生活得到极大改善,在 1949 年至 2018 年的近 70 年间,中国城镇居民家庭人均可支配收入及农村居民家庭人均纯收入逐年增加,城乡居民家庭恩格尔系数（食品支出占消费总支出的比重）逐年降低。与 1949 年相比,2018 年我国农村居民家庭人均纯收入从 44 元提高到了 14617 元,增长了 331 倍；恩格尔系数从 90% 降低到了 30.1%；城镇居民家庭人均可支配收入从不到 100 元提高到了 39251 元,增长了近 392 倍,恩格尔系数从 80% 降低到了 27.7%。

1978 年至 2018 年改革开放的 40 多年,是我国城乡居民收

---

① 中共中央文献研究室编：《十二大以来重要文献选编》（中）,人民出版社 1986 年版,第 513 页。

入增长最快、得到实惠最多的时期，全国城镇居民人均可支配收入由343元增加到39251元；农村居民人均可支配收入由134元增加到14617元；特别是城市人均住宅建筑面积和农村人均住房面积成倍增加，群众家庭财产普遍增多，吃穿住行用水平明显提高。

二 国家基本实现工业化、城镇化

新中国成立70年来，随着工业化和城镇化的推进，特别是1978年以后改革开放提供了强大的发展动力，我国的经济社会结构发生巨大变迁，综合国力显著增强，已经由原来的农业和农民大国逐步转变为新兴的工业大国，城镇化水平大大提高。

新中国成立以来，伴随着经济的快速增长，产业结构发生重大变化。我国三次产业的结构变化可以从三个发展的关节点来看。第一个关节点是新中国成立初期的1952年，那时我国第一、第二、第三产业在GDP总量中的比例关系是50∶21∶29，是典型的农业大国，工业非常薄弱。到1978年第二个关节点，第一、第二、第三产业在GDP总量中的比例关系转变为28∶48∶24。这个阶段中，我国产业结构的变动特点表现为第二产业迅速扩张，成为国民经济的基础产业；农业在经济中的地位有所下降，但仍然发挥主导作用；服务业相对于其他产业增长速度过慢。经过40年的改革开放，到第三个关节点的2018年，我国第一、第二、第三产业在GDP总量中的比例关系发生巨大变化，转变为7∶41∶52。在这时期，我国的服务业增长迅速，工业平稳发展，而农业在国民经济中所占比重急剧下降，反映出我国产业结构优化的趋势。我国经济结构的这种变化表明，我国经济发展已经进入工业化的中后期，而且我国已经成为世界上名列前茅的制造业大国，虽然离制造业强国的目标还有较大差距。

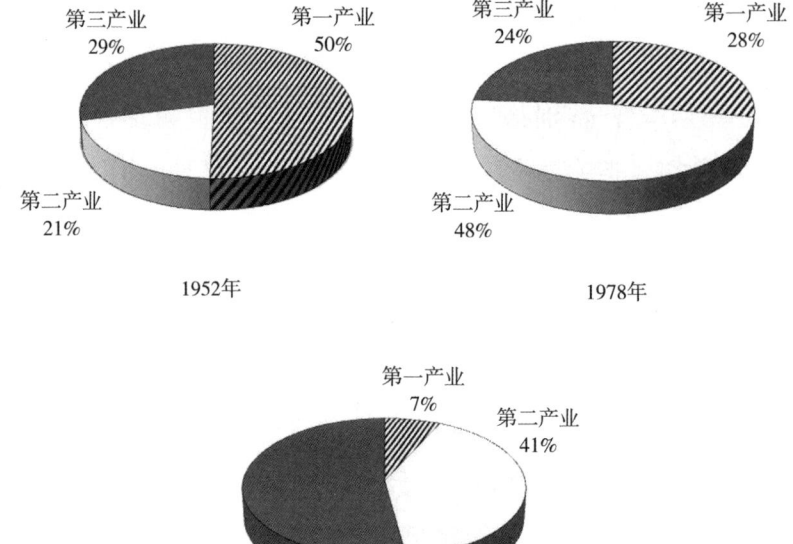

图0—2 国内生产总值构成的变化

资料来源：国家统计局。

从城镇化水平来看，新中国成立之初的1949年，中国城镇人口只有5700万，城镇化水平为10.6%，比1900年世界城市化平均水平还低3个百分点，是一个典型的农民大国。从1949年到1978年，我国城镇化水平逐步提高，1978年达到19.7%，但一直长期低于20%。改革开放以后，市场化、工业化的快速发展也大大推动了城镇化进程。从1949年到1978年的29年中，我国城镇化水平仅提高7个多百分点；而从1978年到2018年的40年中，我国的城镇化水平从19.7%快速提高到59.6%，2019年则是我国城镇化水平首次突破60%的年份。

目前，我国的城市数量达到近700个，100万人口以上的城市有约100个，500万人口以上的城市有48个，1000万人口以上的城市有13个，另外还有18000个小城镇。2018年，我国大陆有15个城市人均GDP超过2万美元。城镇化的发展为我国的经济增长和社会建设提供了强大的动力。

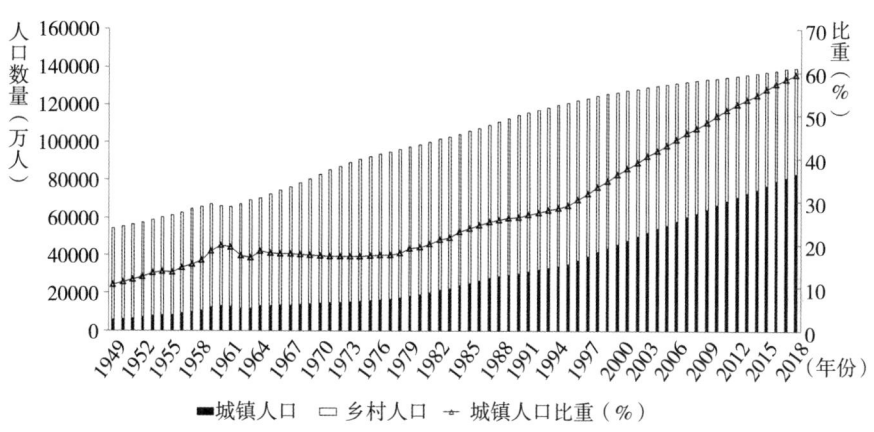

图0—3　1949—2018年的城镇化过程

资料来源：历年《中国统计年鉴》相关数据。

三　人口结构和人口素质发生历史性转变

新中国成立70年来，我国人口结构的特征和类型发生了历史性的巨变，由最初的高出生率、高死亡率、低增长率类型，过渡到高出生率、低死亡率、高增长率类型，再转变到目前的低出生率、低死亡率和低增长率类型。1952年至1978年的26年间，中国内地总人口从5.7亿人增加到9.6亿人，出生率从37.00‰下降到18.25‰，死亡率从17.00‰下降到6.25‰，自然增长率从20.00‰下降到12.00‰；1978年至2018年的40年间，中国内地总人口从9.6亿人增加到13.95亿人，出生率从18.25‰进一步下降到10.94‰，死亡率则略有升高，从6.25‰上升到7.16.25‰，自然增长率则从12.00‰大幅度下降到3.81‰。

促使这种人口转型的主要因素是经济发展、社会转型和计划生育政策。中国从20世纪70年代初期开始实行计划生育政策，从80

年代初期开始在城市户籍人口中严格实施"一对夫妇一个孩子"的生育政策（独生子女政策），出生率快速下降，中国的人口结构发生了重大转变。这一变化使得中国少生了几亿人，提前开启了人口红利的窗口，社会负担系数在经济高增长时期持续下降，对中国的经济社会发展和改善民生做出了巨大贡献，但也致使老龄化社会提前到来。

随着人口数量得到控制，人口素质也得到了很大提高，中国高等教育毛入学率从改革开放前的不到 5% 提高到 2018 年的 50% 以上，有专门技能人才的比例以及劳动力的整体素质都大幅度提高。综合多种信息来源发布的数据，由于战乱、贫穷和疫病等原因，1949 年我国人均预期寿命只有 40 岁左右，1978 年开始改革开放时提高到 68 岁，2018 年进一步提高到 77 岁，达到中等发达国家水平。

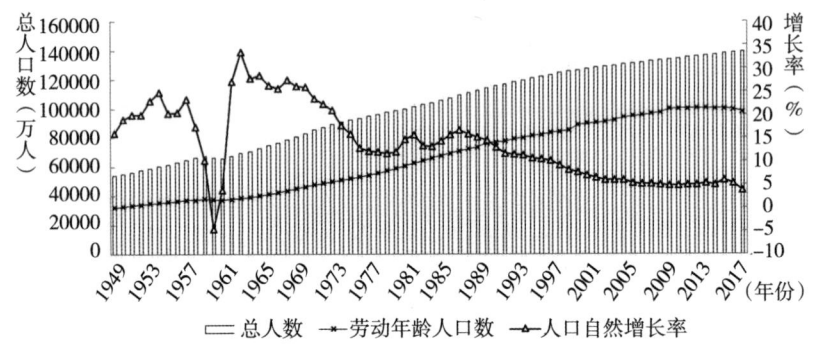

图 0—4　1949—2018 年人口类型变化

资料来源：国家统计局、国民经济综合统计局编《新中国六十年统计资料汇编》，中国统计出版社 2010 年版。

四　反贫困取得世界瞩目的巨大成就

新中国成立以后，中国就致力于开展减少贫困的工作，在低水平上保障人民生活的基本需求，使大多数人免于饥馑，全国根本性的贫困问题得到缓解，贫困人口呈下降趋势。但是由于发展道路上的一些波折和失误，直到改革开放之初的 1978 年，我国仍是世界上最贫穷的国家之一，庞大的10亿多人口中，84%的人每天的生活费达不到每人每日1.25美元按购买力平价计算的国际贫困线标准。

改革开放以来，我国大力推进反贫困事业。从1978年到2017年，我国农村贫困人口总共减少7.4亿人，年均减贫人口规模接近1900万人；农村贫困发生率下降94.4个百分点，年均下降2.4个百分点。早在2007年，世界银行公布的数据表明，过去20多年里，全球脱贫事业成就的67%来自中国，如果没有中国的贡献，全球贫困人口将呈增加趋势。中国也成为目前全球唯一提前实现联合国千年发展目标中贫困人口减半目标的国家。

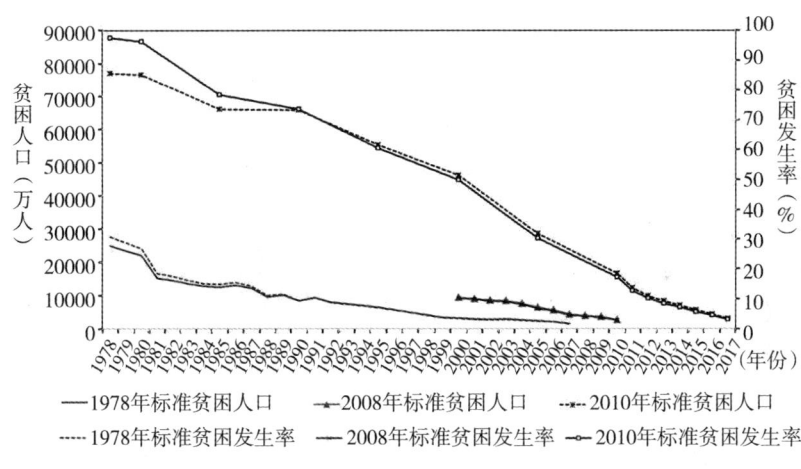

图0—5　全国农村贫困人口的减少（1978—2017）

资料来源：国务院扶贫办公室。

自20世纪80年代以来，中国开始实行以经济增长为目标的扶贫开发战略。1984年中央和国务院发布《关于帮助贫困地区尽快改变面貌的通知》，在全国筛选出几百个贫困县，实行重点扶贫。到20世纪90年代中期，国务院决定，从1994年到2000年，力争用7年时间，基本解决全国农村8000万贫困人口的温饱问题。为此，国务院制定了《国家八七扶贫攻坚计划》。进入21世纪后，中国的农村扶贫开发工作进入了一个新的阶段，中央政府制定了《中国农村扶贫开发纲要（2001—2010年）》，要求在"十一五"期间（1996—2010年），基本完成592个扶贫重点县的14.8万个贫困村（覆盖80%左右的贫困人口）的整村推进扶贫规划，在继续致力于减少绝对贫困人口的同时，缩小城乡差距，缩小地区间差距，缩小低收入群体与全社会的差距，从而实现全社会的平衡增长。2017年党的十九大报告提出，确保到2020年在我国现行标准下农村贫困人口实现脱贫，贫困县全部摘帽，解决区域性整体贫困问题。按照农村年人均可支配收入2300元（2010年不变价）的现行国家农村贫困标准测算，2018年末，全国农村还有贫困人口1660万人，比上年末减少1386万人。这是一场举世瞩目的宏大减贫工程，任务非常艰巨。2020年我国将开启在新的国家贫困标准下的减贫新工程。

五 覆盖全民的社会保障体系基本形成

1949年新中国成立后，我国在城镇国有部门逐步建立起比较齐全的社会保障制度，为工业化、城镇化发展提供了基础保障。但中国在计划经济条件下形成的社会保障制度，覆盖面较小，社会化程度低，保障功能较弱，而且抚恤救济标准长期不变。

1978年改革开放以后，针对当时社会保障制度存在的一些突出不合理的问题，从1984年开始，进行了一些初步的改革探索：一是扩大了社会保障的范围；二是提高了保障的标准；三是增加了保险项目；四是缓解了企业之间负担轻重不同的矛盾；五是出台了社会保障方面的法律、条例，使我国社会保障事业开始走上法制化、正规化和社会化发展的道路。社会保障制度由计划经济条件下的国家负责、单位包办、封闭运行的制度安排，转向社会主义市场经济条件下的责任共担、社会统筹的制度安排。1993年，中国正式提出建立社会主义市场经济体制，明确了中国社会保障体系的基本内容，提出了建立社会统筹与个人账户相结合的多层次养老保险和医疗保险制度，以及政事分开、统一管理的社会保障管理体制。社会保障改革全面铺开，改革的重点是养老保险、医疗保险和失业保险等，探索建立适应社会主义市场经济发展要求的社会保障制度。

1994年是我国现有社会保障制度确立框架的一年，该年中共十四届三中全会通过了《中共中央关于建立社会主义市场经济体制若干问题的决定》，这项决定系统地提出社会保障体制改革的方案和框架，即逐步转向社会统筹与个人账户相结合的制度，以便与经济体制的改革相适应。2006年中共十六届六中全会和2007年中共十七大，提出以基本养老、基本医疗、最低生活保障制度为重点，加快建立覆盖城乡居民的社会保障体系。建立"覆盖城乡居民"的社会保障体系，这是一个重大的决策。2006年取消农业税，结束了农民2600多年来种粮纳税的制度，而同一年提出建立覆盖城乡居民的社会保障体系，则结束了中国千百年来农民没有社会保障制度的历史。

2017年党的十九大报告中提出，要按照兜底线、织密网、建机制的要求，全面建成覆盖全民、城乡统筹、权责清晰、保障适度、可持续的多层次社会保障体系，特别是还提出了幼有所育、学有所教、劳有所得、病有所医、老有所养、住有所居、弱有所扶的"七有"社会安全网体系。截至2018年底，我国基本养老保险、基本医疗保险、失业保险、工伤保险参保人数分别达到9.42亿人、13.44亿人（其中职工基本医保参保人数为3.17亿人）、1.96亿人、2.39亿人；社保卡持卡人数达到12.27亿人。

第三节　新中国社会建设的基本经验

从新中国成立70年我国社会建设走过的充满探索、艰难、曲折和神奇的道路来看，我们可以概括出几条最基本的经验，需要长期遵循。

一　增进人民福祉是发展的根本目的

增进人民福祉，是我国发展的根本目的，也必须成为我国一切工作的出发点和落脚点。我们所做的一切努力、奋斗甚至牺牲，都是为了让人民过上好日子，实现对美好生活的追求。这种看似常识性的基本原理，在实践中始终坚持却并不容易。战争、内乱、折腾、经济衰退、金融危机、不平等和贫困等，始终伴随着人类生活。70年来的发展道路表明，国家综合实力的快速增长和人民生活的不断改善，是决定道路和制度成败的关键。世界上有200多个国家和经济体，大家都在走自己的发展道路，实行不同的社会制度，但制度和道路比较优劣的根本标志，归根结底还是要看国家综合实力的提高和人民生活改善情况。

二　经济发展是社会建设和改善民生的基础

发展是解决我国一切问题的基础和关键，发展依然是硬道理。离开经济发展的基础，保障和改善民生就成为无源之水、空中楼阁。但我们今天所要的发展，是科学的发展，是高质量的发展，是要以创新、协调、绿色、开放、共享的新发展理念统领的发展，要防止走粗放式发展的老路，更要防止跌入"有增长而无发展"的陷阱。所以说，千道理、万道理，经济发展是保障和改善民生的基础是大道理。改善民生要与经济发展相适应，要尽力而为、量力而行，不能不切实际地给老百姓画饼，要防止福利民粹主义绑架民意。我国还是一个发展中国家，不能在福利制度上盲目与发达国家攀比，要解决好经济波动性增长和福利刚性增长的矛盾，既要不断改善民生，也要注重建设充满活力的和高效率发展的长效机制。

三　协调发展是社会建设的基本原则

长期以来，我国在快速发展中也呈现非均衡发展的特点，在城乡发展之间、区域发展之间、经济发展和社会发展之间、人的发展与资源环境保护之间,"一条腿长、一条腿短"的矛盾没有得到很好解决。发展的实践证明,这些关系解决不好,就不可能实现持续发展、高质量发展,发展本身也会遇到诸多瓶颈。在新的发展阶段,要特别注意解决好发展的不充分、不协调、不平衡问题。

四 要把促进发展和满足人民美好生活需求结合起来

生产和消费是相互促进的关系。改革开放以前,我们为了加快生产发展,实行"先生产、后生活"的政策,实践证明生活消费不改善,生产也发展不起来。人民对美好生活的需求,是发展的动力源泉,要围绕人们生活消费的新变化调整生产、发展经济,解决好在买方市场和商品充裕条件下新的结构性短缺,努力满足人们美好生活的新需求,使消费成为未来推动经济持续增长的基础性力量。

五 要建设有活力的和谐有序社会

从我国长期历史发展来看,从1840年之后的近代史来看,从新中国70年的历史来看,特别是从改革开放40多年的历史来看,和平稳定的生活环境是经济和社会建设的基本条件,没有这样一个大的社会环境,发展进程很容易被打断。但在保证社会稳定方面,"一抓就死、一放就乱"的情况又常常周期循环。因此必须有战略上的长期考虑,立足长期的制度建设,保证我国社会既充满活力又和谐有序。

新中国70年社会建设的发展经验充分表明,国家综合实力和人民生活水平的持续快速提高才是硬道理,是国家制度优越性的根本体现,是决定民心向背的关键所在。无论面临什么样的艰难复杂局面,无论经历什么样的曲折和挑战,都不能忘记我们付出深重代价换来的这一条最基本的经验。

第四节　新中国社会建设的
新挑战、新趋势

经过长期努力，中国特色社会主义进入了新时代，这是我国发展新的历史方位。这意味着，我们今天的社会建设面临着一些前所未有的新挑战、新趋势。无论是从发展的动力、发展的资源约束来看，还是从发展的国际环境和人们不断提高的生活需求来看，我们今天所面对的问题和挑战，不仅完全不同于新中国成立到改革开放以前的近30年，与改革开放后几十年的情况相比，也发生了极其深刻的变化。

一　我国的发展动力、发展的资源约束条件都发生前所未有的变化

长期以来推动我国经济高速增长的投资和出口，对经济的拉动作用明显减弱，消费对经济增长开始发挥基础性作用，其贡献率已达到约2/3，但家庭债务增长得很快。我国作为一个发展中的大国，能否依靠消费维持长期增长仍然存在很大争议。从发展的资源约束条件来看，我国已经全面收紧，开始实行最严格的生态环境保护政策，并释放强烈信号坚决压缩房地产泡沫，不允许房地产价格疯长和生态环境继续恶化，粗放式发展已不再可能持续。

二　中国即将步入高收入经济体行列，但仍不能轻言跨越"中等收入陷阱"

我国2018年人均GDP已经达到9600美元，按照世界银行公布的人均GDP 12616美元的高收入经济体的门槛，根据我国目前的经济年平均增长速度，预计我国将会在2025年前的某个时间点步入高

收入经济体的行列，当然具体哪一年跨越，要看实际的经济增长速度、人口的增长数量以及人民币兑美元的汇率。中国是一个拥有近14亿人口的大国，如能如期进入高收入经济体，那是一个重大的历史事件。越是人口大国，这种跨越越是艰难。日本的人均GDP从1972年接近3000美元，到1984年突破1万美元，用了12年时间；韩国人均GDP从1987年超过3000美元到1995年达到11469美元，用了8年时间。我国2008年人均GDP超过3000美元，大概需要15年以上才能达到12000美元左右。但高收入经济体含括了从发展中国家到最发达国家的众多发展水平差异很大的国家，世界上很多高收入经济体，都还不属于发达国家。我国步入高收入经济体门槛后，仍是一个大发展中国家，在许多方面与发达国家相比还有很大距离，绝不能轻言已经跨越"中等收入陷阱"或者把"中等收入陷阱"看作一个"伪命题"。

三 劳动力供求关系发生深刻变化，高质量发展有赖于形成新的人口红利

我国改革开放几十年来的经济快速增长，很重要的一个条件就是劳动力的比较优势、充分的劳动力供给和低成本的劳动，使我国成为"世界工厂"和制造业大国。但这种情况正在发生深刻变化。2012年我国劳动年龄人口（15—59岁）总量在长期增长之后第一次出现了下降，此后每年减少几百万人，造成在经济增长下行时期人工成本却持续快速上升，同时第三产业比重的提高和农业劳动力转移的放缓造成劳动生产率的下降。过早地"去工业化"对劳动生产率的提高会造成负面影响，未来的人口红利形成，必须基于大力发展教育、开展大规模职业培训、普遍提高劳动力的技能素质。经过多年的努力，我国已经逐步在国际上甩掉廉价产品生产大国和仿制大国的帽子，但创新驱动和产业结构升级的效应不可能在短期内爆发，必须建立在长期的新人口红利的形成和培育上。

四 农民普遍富裕起来仍是难点，解决贫富差距是一项长期任务

我国步入高收入经济体之后，仍然是一个发展中国家，这绝不是谦虚。与发达国家相比，甚至与中上等收入国家相比，我国发展的最大软肋是城乡发展差距和生活差距依然巨大，绝大多数农民按照国际标准来看依然是低收入群体甚至没有摆脱贫穷。我国的农民绝大多数是"小农"，平均每个农户的耕地面积只有约0.5公顷，这大概是欧洲平均每个农户耕作面积的几十分之一，是美国平均每个农户的不到百分之一。在目前我国农业劳动力高龄化和向第二、第三产业转移大幅度放缓的情况下，如何让农民普遍富裕起来是一个很大的难题。乡村振兴的关注点必须聚焦于改善农民的生活和处境，即便到2020年消除了现行标准下的农村极端贫困人口，大规模减少相对贫困人口依然是我国未来几十年的一项长期任务。没有农村、农业、农民的现代化，也不可能实现中国的现代化。

五 老龄化速度加快，全社会总抚养比的提高成为不可逆的长期趋势

我国2000年60岁以上老年人口的比重达到10.2%，跨越老龄化社会门槛，到2018年这一比重达到17.9%，60岁以上老年人口总量达到近2.5亿人。2000—2018年这近20年中，老龄人口比重平均每年增长约0.5个百分点，如此之快的老龄化速度在世界各国的人口结构转变经历中是十分罕见的。改革开放以来我国社会总抚养比（少儿抚养比与老年抚养比之和）持续下降的时期已经结束，随着劳动年龄人口的不断减少和人均预期寿命的延长，老龄化的速度和深度都远高于一般发达国家在同等发展程度时的情况。我国老龄人口总量的庞大和老龄化速度超乎寻常所显示的这种"超常规老龄化"，究竟会对我国未来的发展产生何等的深刻影响，由于多种复杂影响因素的存在，目前还很难进行精确的评估。但"未富先老"是

我国老龄化的一个重要特点，在建立全民社会保障体系的过程中，要谨慎处理好经济周期性波动和福利刚性增长的矛盾，警惕出现"债务危机"。

中国已经进入高质量发展的新阶段，面对社会建设的新挑战、新趋势，我们要以新发展理念为引领，保持定力，积极应对，走出一条十几亿人口大国实现社会现代化的新路。

中国是一个有几千年历史文化传统积淀的大国，拥有吸纳、包容、融合各种外来文化、技术和发展经验的强大能力；中国已经建成完整的国民经济体系和产业链，拥有了能够经受冲击、震荡的韧性和回旋余地；中国正在经历着世所罕见的巨大社会结构转型，仍然具有广阔的发展空间和强大的发展潜力；中国正在形成世界上最大的中等收入群体和消费市场，为长期的持续稳定发展奠定基础力量。新中国70年已经使数以亿计的人口免除饥馑、贫穷，中国也定将实现把十几亿人带入现代化生活的宏伟目标。

第一章

新中国70年人口政策变迁

在世界历史上，中国一直是人口大国，占世界人口的比重长期在20%到25%之间。自鸦片战争以来，虽然屡遭战乱之苦，但因基数庞大，人口仍保持了增长趋势。1949年中华人民共和国的成立，消除了频繁发生的战祸，农民分得了耕地，工人获得了相对稳定的就业机会，人民的衣食基本有了保障，人口就具备了迅速增长的条件。新中国成立之后医疗卫生状况的改善、传染病的控制，大规模消除了消化系统疾病和呼吸系统疾病，这在人口出生率迅速上升的背景中降低了死亡率，出现了"人口爆炸"趋势。人口数量的快速增长，打破了人口与生活资料的原有结构性平衡，给国民经济与人民生活的改善带来了压力。为调整人口与经济社会的综合发展，为调整城乡之间的资源配置关系，政府在不同历史时期，出台了不同的人口政策。人口政策执行的结果，也对未来的人口发展产生了重大影响。当前，为总结发展经验并避免教训，对新中国成立以来人口政策与人口发展轨迹的梳理研究，就显得极其重要。

第一节　从鼓励生育到限制生育
（1949—1957年）

新中国成立初期，国民经济基础极其薄弱。但基层政权的建立、物价的稳定、农村与城市经济制度的变革，给中国社会注入了新的活力。土改运动的推进，相对公平地将没收来的地主的土地分配给了无地或者少地的贫农，实现了耕者有其田。随后实施的"党在过渡时期的总路线"①，在互助组基础上，促进了初级社（土地入股）和高级社（土地公有）的建立，并最终完成了对农业的社会主义改造，使差不多5亿的农民从个体小农经济转化为社会主义集体所有制经济。② 与此同时，城市没收官僚资本建立国营经济，保护民族工商业，稳定了就业，破除了封建把头制，逐步在企业建立工青妇组织，保护工人的基本权益，改善了居民的收入水平。随后的合作化运动，也完成了对个体手工业和资本主义工商业的社会主义改造。农村与城市经济所有制的转型，使中国社会的经济结构与性质发生了根本改变。社会主义改造的基本完成，为1956年党的八大的召开奠定了经济基础。八大正确指出"我国国内的主要矛盾已经是人民对于建立先进的工业国的要求同落后的农业国的现实之间的矛盾，是人民对于经济文化迅速发展的需要同当前经济文化不能满足人民需要的状况之间的矛盾"。新制度格局产生的新分配政策，改善了人民的生活，刺激了全社会战乱之后的补充性结婚冲动，从整体上提升了生育水平。

---

① 1953年6月15日，在中央政治局的扩大会议上，毛泽东同志提出了"党在过渡时期的总路线"，后来正式表述为："从中华人民共和国成立，到社会主义改造基本完成，这是一个过渡时期。党在过渡时期的总路线和总任务，是要在一个相当长的时期内，逐步实现国家的社会主义工业化，并逐步实现国家对农业、对手工业和对资本主义工商业的社会主义改造。"1954年2月，七届四中全会批准了这个总路线，简称为"一化三改"或"一体两翼"。

② 1956年底，加入合作社的农户达到全国农户总数的96.3%，其中参加高级社的农户达到87.8%。这就是说，原来预计用18年完成的农业合作化，仅仅用7年时间就加速度完成了。当然也存在一些农户的不满行为。

表 1—1　新中国成立初期人口的出生率、死亡率和自然增长率　　单位:‰

年份	全国 出生率	全国 死亡率	全国 自增率	市镇 出生率	市镇 死亡率	市镇 自增率	县* 出生率	县* 死亡率	县* 自增率
1949	36.00	20.00	16.00	—	—	—	—	—	—
1950	37.00	18.00	19.00	—	—	—	—	—	—
1951	37.80	17.80	20.00	—	—	—	—	—	—
1952	37.00	17.00	20.00	—	—	—	—	—	—
1953	37.00	14.00	23.00	—	—	—	—	—	—
1954	37.97	13.18	24.79	42.45	8.07	34.38	37.51	13.71	23.80
1955	32.60	12.28	20.32	40.67	9.30	31.37	31.7	12.60	19.14
1956	31.90	11.40	20.50	37.87	7.43	30.44	431.25	11.84	19.40
1957	34.03	10.80	23.23	44.48	8.47	36.01	32.81	11.07	21.74

注：*指农村，后同。

资料来源：国家统计局编《中国统计年鉴（1987）》，中国统计出版社1987年版，第90页。

从表1—1可以看出，虽然1949年的出生率高达36‰，但因为1949年的死亡率高达20‰，所以自然增长率较低，仅仅为16‰。1950年到1954年，出生率一直稳定在37‰左右（1954年为37.97‰），但因为死亡率从1950年的18‰降低到1954年的13.18‰，所以，人口的自然增长率就从1950年的19‰上升到1954年的24.79‰。现在收集不到1953年之前分农村与市镇的人口出生率、死亡率和自然增长率的数据。但从1954年的情况可以看出，这一时期，市镇的出生率远远高于农村的出生率，市镇的死亡率又远远低于农村的死亡率，这就导致市镇人口的增速快于农村的人口增速。比如说，1954年市镇的自然增长率高达34.38‰，而农村的自然增长率仅为23.80‰。1955年，市镇的人口自然增长率为31.37‰，农村为19.14‰。由此可以看出，战争过后社会稳定时期的补偿性生育有所消退。

为什么人口会如此迅猛增长呢？其主要原因在于：

第一，政策性鼓励生育，满足人民对结婚生育——"老婆孩子热炕头"的需要。战后稳定的社会生活，农民分得了土地，工人稳定了就业，结婚与生育的愿望非常强烈。为鼓励生育，卫生部甚至还出台了《机关妇女干部打胎限制的办法》和《限制节育及人工流产暂行办法》。

第二，实际初婚年龄较小。虽然1950年5月1日颁布的《中华人民共和国婚姻法》规定，女性法定结婚年龄为18周岁，男性为20周岁，但《婚姻法》从颁布到真正成为约束婚姻当事人的起作用的规范，存在一个过程。事实上，在广大的农村地区，当时早婚的现象还比较突出，不管是男性还是女性，早婚的比例很高。[①] 结婚年龄较早，又没有避孕措施，生育就很容易失控。这种人口爆炸现象，在"二战"之后的欧美各国都很普遍。只是中国作为第一人口大国的"人口爆炸"，其规模与影响力比人口规模较小的国家更为严重。

第三，医疗卫生防疫体系的建立，迅速降低了婴幼儿的死亡率，提升了新生儿人口的存活率。

1953年进行的第一次全国人口普查发现，中国大陆的总人口数量已经达到5.94亿，这与1949年经常说的4.8亿人有非常大的出入。[②] 事实上，以普查数据为基数，以每年的出生率为标准，最后正式回推得到的1950年的总人口数达到5.5亿。1950年出生人口为2042万人，1951年出生人口为2128万人，1952年出生人口为2127万人，1953年保持在为2127万人，但1954年突然增至为2288万人。这使1955年的全国总人口数量达到了6.1亿。人口规模的连年大幅上涨，使鼓励生育政策逐渐转变为节制生育政策。

卫生部于1954年颁发了《避孕及人工流产办法》，允许避孕药

[①] 原国家计生委1982年组织实施的"全国千分之一人口生育率抽样调查"资料显示，女性平均初婚年龄由1949年的18.57岁升至1960年的19.57岁、1980年的23.05岁，1981年微降，为22.82岁。有学者计算发现，1950—1970年，女性平均初婚年龄由18.68岁升至20.19岁；1971—1979年，从20.29岁增至23.12岁，年均增速加快。

[②] 1950年国家内务部公布的全国（包括台湾）人口数是4.8亿左右，财政部公布的数字是4.83亿左右。毛泽东在中国人民政治协商会议第一次会议的开幕词中说，中国人口总量为4.75亿。

具在市场销售，并改进了人工流产管理办法。卫生部又于1956年后颁发了《关于人工流产及绝育手术的通知》，要求各地一方面改变那种不作公开宣传的做法、设立避孕指导门诊，另一方面则要训练技术人员和宣传骨干，做好药具供应。

虽然推行了节制生育政策，但实际效果欠佳。虽然农村的生育率有所下降，但主要原因在于农村地区制度的变革，而非节制生育制度的影响。客观上，中国人口的出生率在1955年降低到32.60‰，在1956年降低到31.90‰，在1957年为34.03‰。从市镇人口出生率与农村人口出生率的比较上可以看出，市镇要大大高于农村。从人口自然增长率可以看出，市镇人口的增长率长期居高不下，农村人口的增长率低于市镇人口，1955年农村的自增率为19.14‰，1956年为19.40‰，1957年为21.74‰。

在人口迅猛增长的压力下，毛泽东同志于1957年3月1日，在最高国务会议第十一次扩大会议结束语中发问并解释说：人民有没有这个要求？农民要求节育，人口太多的家庭要求节育，城市、农村都有这个要求，说没有要求是不适当的。

从这里可以看出，即使在新中国成立之初，虽然在生育政策上有所放任，但持续的人口增速带来的问题——特别是人口增速快于生产力增速和生活资料增速所造成的矛盾，使中央政府很快开始调整人口政策，起码在认识上强调了节制生育的重要性，不过没有采取较强的执行措施，因而人口的自增率长期居高不下。这一时期具有恢复性生育的特征，由于市镇的生活条件和医疗卫生条件好于农村，所以市镇的人口增长率快于农村。

第二节 "三年困难时期"与随后的人口反弹（1958—1976年）

人口的增长与缩减轨迹，经常与社会经济发展轨迹密切契合。

1957年出现的"反右扩大化"运动以及随后的"大跃进"运动,严重影响了中国人口的出生率和死亡率。"反右扩大化"运动结束时,共有55万人被划定为"右派分子",其中就有主张节制生育的人口学家马寅初。因此,有人认为是"错批马寅初"才"误增三亿人"。但中国人口的变迁过程表明,自20世纪60年代始到整个"文化大革命"结束,人口一直处于迅速降低的态势。当然,1959年到1961年的"三年困难时期",中国人口的下降——主要是农村人口增长率的下降(县的人口出生率的下降),主要起源于"饥荒"的影响。"大跃进"运动和"大炼钢铁"抽离了农村劳动力,"大办公共食堂"很快吃完了粮食,又缺少灵活机动的粮食调拨机制,于是在一些比较激进的"大放卫星"和大刮"浮夸风"地区,出现了严重的"饿死人"的现象。再加上营养不良所造成的出生率的降低,使这几年的人口出生率大大降低——主要是农村地区的人口出生率大大降低。从表1—2可以看出,在这几年,一方面是县的人口出生率趋低,另外一方面是县的死亡率趋升,导致了这几年的人口损失。尤其是在1960年,县的死亡率突破到28.58‰,而同年县的出生率才19.35‰,于是出现人口增长率-9.23‰的负增长。即使到1961年,经过逐渐地恢复,中国县的人口增长率也才达到2.41‰。

1962年是中国人口增长史上极其重要的转折年。在此之前,都是市镇的出生率和自增率高于县,但在此之后,则是县的出生率和自增率高于市镇。比如说,该年市镇的自增率为27.18‰,县的自增率为16.95‰。从1962年起,中国掀起了"饥荒"之后的新一轮补偿性生育高潮,出现了更大规模的"婴儿大爆炸"。但总体趋势是:全国人口出生率处于不断下降的态势,自1963年的43.37‰一直下降到1976年的19.91‰——下降了23.46‰。所以,从"三年困难"时期人口出生率的下降,到随后补偿性生育的冲高,再到人口出生率的逐步降低,中国这个第一人口大国完成了其历史性的人口转型过程。没有"文化大革命"时期的人口转变,就没有以后发生的人口大转变。所以,既不能说"反右扩大化"带来了人口的"无计划"增长,也不能说"文化大革命"破坏了中国的计划生育。事实上,1962年中共中央、国务院就发出了《关于认真提倡计划生育的指示》,1971年国务院转发了卫生部军管会、商业部、燃料化学工业部《关于做好计划生育工作的报告》①。可以说,整个"文化大革命"时期,为控制人口规模,解决人口快速增长与生活资源渐进增长之间的矛盾,政府号召全国人民实行计划生育、晚婚晚育,倡导"一个不少、两个正好、三个多了"的节制生育政策。

现在来看,这一时期人口的快速增长,一方面取决于人口死亡率的快速下降,另一方面也由于实行了"赤脚医生"制度,控制了传染病的传播,大大延长了中国人的平均预期寿命。中国人口的增长模式,逐渐转化向低出生率、低死亡率、高自增率转变。

表1—2 三年困难时期及其后的出生率、死亡率和自然增长率　　单位:‰

年份	全国 出生率	全国 死亡率	全国 自增率	市镇 出生率	市镇 死亡率	市镇 自增率	县 出生率	县 死亡率	县 自增率
1959	24.78	14.59	10.19	29.43	10.92	18.51	23.78	14.61	9.17
1960	20.86	25.43	-4.57	28.03	13.77	14.26	19.35	28.58	-9.23
1961	18.02	14.24	3.78	21.63	11.39	10.24	16.99	14.58	2.41
1962	37.01	10.02	26.99	35.46	8.28	27.18	37.27	10.32	16.95
1963	43.37	10.04	33.33	33.33	7.13	37.37	43.19	10.49	32.70
1964	39.14	11.50	27.64	32.17	7.27	24.90	40.27	12.17	28.10
1965	37.88	9.50	28.38	26.59	5.69	20.90	39.53	10.06	29.47
1966	35.05	8.83	26.22	20.85	5.59	15.26	36.71	9.47	27.24
1967	33.96	8.43	25.53	—	—	—	—	—	—
1968	35.59	8.21	27.38	—	—	—	—	—	—
1969	34.11	8.03	26.08	—	—	—	—	—	—

---

① 1971年颁发的这个报告指出:"计划生育是毛主席倡导多年的一件重要事情,各级领导同志必须认真对待。除人口稀少的少数民族地区和其他地区外,都要加强对这些工作的领导,使晚婚和计划生育变成城乡广大人民群众的自觉行动,力争在第四个五年计划期间做出显著成绩。"

续表

年份	全国			市镇			县		
	出生率	死亡率	自增率	出生率	死亡率	自增率	出生率	死亡率	自增率
1970	33.43	7.60	25.83	—	—	—	—	—	—
1971	30.65	7.32	23.33	21.3	5.35	15.95	31.86	7.57	24.29
1972	29.77	7.61	22.16	19.3	5.29	14.01	31.19	7.93	23.26
1973	27.93	7.04	20.89	17.35	4.96	12.39	29.36	7.33	22.03
1974	24.82	7.34	17.48	14.50	5.24	9.26	26.23	7.63	18.60
1975	23.01	7.32	15.69	14.71	5.39	9.32	24.17	7.59	16.58
1976	19.91	7.25	12.66	13.12	6.60	6.52	20.85	7.35	13.50

资料来源：国家统计局编《中国统计年鉴（1987）》，中国统计出版社1987年版，第90页。

这一时期人口增速得以下降的主要原因是：

第一，基层组织的有效控制。人民公社、生产大队、生产队的"三级"所有模式，加强了对基层社会的组织化，通过妇联主任上门"做政治工作"的模式，以及人民群众对"毛泽东思想"与《毛主席语录》的学习、在历次政治运动中对计划生育制度的强化等，有效地控制了人口增速。

第二，晚婚晚育政策的推行。"文化大革命"时期推行的"晚婚晚育"政策，打破了1950年《婚姻法》男20周岁、女18周岁的法定结婚年龄格局，倡导青年男女自觉响应党和政府的号召，推迟结婚年龄，将精力主要用于社会主义现代化建设。因此，受政策的强制与半强制影响，当时的实际登记结婚年龄，主要在男25周岁、女23周岁左右。在北京、上海、天津这样的直辖市，甚至于比这个年龄还要迟一些。

第三，第四个五年计划提出了人口控制的目标。"四五"时期（1970—1975年）明确提出力争将城市人口自增率降低到10‰左右，将农村自增率降低到15‰左右——第一次在政府正式文件中提出了人口控制目标。1973年成立了国务院计划生育领导小组，并在国务院计划生育领导小组办公室召开全国第一次计划生育工作汇报会，提出了"晚、稀、少"（晚婚、间隔生育、少生）的生育政策。事实上，到1976年市镇的人口增长率降低到6.52‰，县的人口增长率降低到13.5‰，超计划完成了人口控制目标。

第三节　激进人口政策的推行与低生育时期的到来（1978—2000年）

"文化大革命"结束之后，国家延续了控制人口增长的政策。为加快经济发展速度，降低人口增长对人均各项指标的负面影响，第五个五年计划提出要将市镇人口自增率降低到6‰，将县的自增率降低到10‰。从1978年开始，政府开始提倡一对夫妻生育子女数最好一个，最多两个。[①]"文化大革命"时期推行的"晚、稀、少"的计划生育工作重点转移到"少"上，对"不按计划生育的小孩不落户口、不给口粮、不给产假"[②]。

但"文化大革命"结束之后，相继发生了三件对生育行为具有深远影响的重大事件。其一，在1980年9月由第五届全国人民代表大会第三次会议通过了新的《中华人民共和国婚姻法》，并明确在1981年1月1日起施行新的婚姻法。该法将法定结婚年龄从原法的男20周岁、女18周岁方可结婚修改为男22周岁、女20周岁方可结婚。虽然从法律意义上，第二部婚姻法推迟了法定结婚年龄，但与事实上在"文化大革命"时实行的晚婚晚育"倡导"的男25周岁、

[①] 参见1978年10月中央批转的《关于国务院计划生育领导小组第一次会议的报告》。

[②] 张翼：《中国人口控制政策的历史变化与改革趋势》，《广州大学学报》（社会科学版）2006年第8期。

女23周岁相比，结婚年龄有所提前。其二，1982年在全国范围推行家庭联产承包责任制，即将原来人民公社、生产大队、生产队三级所有的集体生产组织方式，以责任田的方式划分给家户耕种。① 其三，1982年修改宪法时，在"国家推行计划生育，使人口的增长同经济和社会发展计划相适应"的基础上，另外还加入了"夫妻双方有实行计划生育的义务"等语句。其四，1983年10月，中共中央、国务院发出了《关于实行政社分开，建立乡政府的通知》，实行政社分设，取消人民公社制度，在人民公社基础上重建乡镇，乡镇被确立为农村基层行政单位。其五，1982年，党的十二大将计划生育确定为基本国策。同年，中共中央、国务院发出《关于进一步做好计划生育工作的指示》，重申计划生育定为基本国策，并设定了到20世纪末把人口数量控制在12亿以内的硬目标。

新婚姻法的实施扩大了随后几年中国的结婚对数，包产到户解构了农村基层生产队和生产大队的组织方式，给农民以很大的流动自由和安排生产自由，但同时也激发了家族主义的传统的回归，也激励了农村家大业大势力大以及多子多福的思想观念的流行。表面上日益严格的计划生育政策，使农民产生了偷生、超生、赶快生的想法。改革开放之后，农村中的矛盾，就从计划经济与生产大队集体经济时期的干群关系矛盾转化为当时的"抓计划生育"与"躲计划生育"之间的矛盾。

为完成"五五"时期的计划生育任务，中共中央于1980年颁发了《关于控制人口增长问题致全体共产党员、共青团员的公开信》，开宗明义指出，"为了争取在本世纪末把我国人口控制在12亿以内，国务院已经向全国人民发出号召，提倡一对夫妇只生育一个孩子"。公开信非常乐观地估计了计划生育政策实施对人口发展和国民经济减

---

① 即农村改革的所谓包产到户，其政策的核心是"交够国家的、留足集体的、剩下全是自己的"。中国农民长期受"大锅饭""平均主义"压抑的生产积极性，在这一制度改革中得到解放，并在短期内解决了困扰中国上千年的吃饭问题。

少的效果，并专门回答了对当时计划生育政策的一些质疑。公开信说"有些同志担心，一对夫妇只生育一个孩子，将来会出现一些新的问题：例如人口的平均年龄老化，劳动力不足，男性数目会多过女性，一对青年夫妇供养的老人会增加。上述这些问题，有些是出于误解，有些是可以解决的"。公开信还说，"人口'老化'的现象在本世纪不会出现，因为目前全国人口约有一半在 21 岁以下，65 岁以上的老年人不到百分之五。老化现象最快也得在 40 年以后才会出现（即 2020 年）。我们完全可以提前采取措施，防止这种现象发生"。

公开信本来是号召，对象是共产党员和共青团员，但随后的发展结果，是将号召转变为制度，将面对共产党员和共青团员的号召转变为普通群众。因此，"文化大革命"结束之后的最初几年，也是计划生育制度最严的几年，但实施结果却与制度设计的预期相距较大。虽然为提倡节制生育的马寅初平反昭雪了，但人口政策的实施，却偏离了马寅初的初衷①。

从表 1—3 可以看出，1978 年的自增率为 12.00‰，1979 年为 11.61‰，1980 年为 11.87‰，但恰恰在 1981 年却增加到 14.55‰，自增率在计划生育制度成为基本国策之后反倒不降趋升，在市镇和县都表现出反弹状况：县在 1981 年的出生率达到 21.55‰，在 1982 年达到 21.97‰；市镇的出生率在 1981 年达到 16.45‰，在 1982 年达到 18.24‰。随后经过艰苦努力，虽然有所降低，但在 1986 年，县的出生率反弹到 21.94‰，市镇的也反弹到 17.39‰。

因为很难完成在"本世纪末将总人口控制在 12 亿之内"的目标，也因为计划生育干部在工作中遇到了巨大的阻力，外出流动人口中"躲避计划生育"人员数量逐步增长，中央政府开始逐步修正原有的政策。在 1986 年将本世纪末——2000 年的总人口控制目标放宽到 12 亿左右，又在 1987 年修改到 12.5 亿左右。在计划生育政策

---

① 1979 年马寅初获准平反昭雪。他在《新人口论》中主张一对夫妇生育两个孩子。

的执行中，也开始改变作风，逐步推进计划生育工作中的"三不变"（即坚持各级党政一把手亲自抓、负总责不变，现行计划生育政策不变和既定的人口控制目标不变）、"三为主"（即计划生育工作要以宣传教育为主、避孕为主和经常性工作为主）和"三结合"（即把计划生育工作与发展经济、帮助农民勤劳致富奔小康、建设文明幸福家庭相结合）。

虽然"三为主"的制度探索开始于20世纪80年代早期，但"三为主"一直到2000年左右才基本在全国层面达标。计划生育的政策目标，虽然在1987年放宽到12.5亿左右，但为了"让干部好做工作"，后来这个指标放宽到"把人口控制在13亿之内"。通过这些制度性调整，将过分激进的工作任务调整到人民群众易于接受的范围，逐步降低了中国人口的出生率。实现了所谓的"两个转变"，即由单纯的就计划生育抓计划生育向综合治理人口问题转变，由以社会制约为主向利益导向与社会制约相结合，宣传教育、综合服务、科学管理相统一的工作机制转变。

表1—3　　　　中国人口的出生率、死亡率和自然增长率　　　　单位：‰

年份	全国			市镇			县		
	出生率	死亡率	自增率	出生率	死亡率	自增率	出生率	死亡率	自增率
1977	18.93	6.87	12.06	13.38	5.51	7.87	19.70	7.06	12.64
1978	18.25	6.25	12.00	13.56	5.12	8.44	18.91	6.42	12.49
1979	17.82	6.21	11.61	13.67	5.07	8.60	18.43	6.39	12.04
1980	18.21	6.34	11.87	14.17	5.48	8.69	18.82	6.47	12.35
1981	20.91	6.36	14.55	16.45	5.14	11.31	21.55	6.53	15.02
1982	22.28	6.60	15.68	18.24	5.28	12.96	21.97	7.00	14.97
1983	20.19	6.90	13.29	15.99	5.92	10.07	19.89	7.69	12.20
1984	19.90	6.82	13.08	15.00	5.86	9.14	17.90	6.73	11.17
1985	21.04	6.78	14.26	14.02	5.96	8.06	19.17	6.66	12.51
1986	22.43	6.86	15.57	17.39	5.75	11.64	21.94	6.74	15.20
1987	23.33	6.72	16.61	—	—	—	—	—	—

续表

年份	全国 出生率	全国 死亡率	全国 自增率	市镇 出生率	市镇 死亡率	市镇 自增率	县 出生率	县 死亡率	县 自增率
1988	22.37	6.64	15.73	—	—	—	—	—	—
1989	21.58	6.54	15.04	16.73	5.78	10.95	23.27	6.81	16.46
1990	21.06	6.67	14.39	16.14	5.71	10.43	22.80	7.01	15.79
1991	19.68	6.70	12.98	15.49	5.50	9.99	21.17	7.13	14.04
1992	18.24	6.64	11.60	15.47	5.77	9.70	19.09	6.91	12.18
1993	18.09	6.64	11.45	15.37	5.99	9.38	19.06	6.89	12.17
1994	17.70	6.49	11.21	15.13	5.53	9.60	18.84	6.80	12.04
1995	17.12	6.57	10.55	14.76	5.53	9.23	18.08	6.99	11.09
1996	16.98	6.56	10.42	14.47	5.65	8.82	18.02	6.94	11.08
1997	16.57	6.51	10.06	14.52	5.58	8.94	17.43	6.90	10.53
1998	15.64	6.50	9.14	13.67	5.31	8.36	17.05	7.01	10.04
1999	14.64	6.46	8.18	13.18	5.51	7.76	16.13	6.88	9.25
2000	14.03	6.45	7.58	—	—	—	—	—	—

注：1987年、1988年市镇与县的数据不详。

通过非常艰苦的工作，中国人口逐渐从高出生率、低死亡率、高自增率向低出生率、低死亡率和低自增率转变。在1990年之后，全国出生率连年降低，1991年降低到19.68‰，1992年降低到18.24‰，1994年降低到17.70‰，1996年降低到16.98‰，1998年降低到15.64‰，1999年降低到14.64‰。与此同时，中国人口的自增率，也在1992年降低到11.60‰，在1995年降低到10.55‰，在1998年降低到9.14‰，在1999年降低到8.18‰，在2000年降低到7.58‰。

通过这些工作，2000年中国总人口数量达到了12.67亿，虽然超过了12亿，但却迎来了低生育水平。2000年第五次全国人口普查表明，中国的总和生育率已经降低到1.4左右，其中城市的总和生育率为0.9，镇为1.2，农村为1.6。从分地区的总和生育率知道，最低的是北京和上海，都是0.7；最高的是贵州和西藏，都是2.4。①但绝大多数人口学家和政府官员不相信"五普"得到的这个数据，认为10岁以下儿童数量的漏报，使总和生育率偏低，认为实际发生的总和生育率仍然在1.8左右。其实，在1992年，国家计生委在全国30个省、自治区、直辖市组织的"计划生育管理信息首次调查"（调查样本达到38.5万人，其中育龄妇女为11.4万人）发现，1991年和1992年的总和生育率分别为1.6和1.5，大大低于2.1或2.2的更替水平，但几乎没有人相信这个数据是真的。因为1990年第四次全国人口普查发现1989年的总和生育率为2.3，1991年不可能暴跌那样多。可是由该次调查计算得到的1989年的总和生育率为2.24，与普查得到的数据很接近。在对有关数据的怀疑中，等来了1995年全国1%人口抽样调查数据，由此计算得到的总和生育率为1.56，比政策生育率还低0.2。有关部门和有关学者仍然选择不相信这个数据的真实性。

正因为普遍性地怀疑普查数据和抽样调查数据的真实性，所以，中国没有及时调整计划生育政策的力度，即使在2000年之后也继续长期执行原来的政策，这才使人口呈现断崖式下跌局面。现在没有必要去指责那些预测性研究和智库性研究成果的对错，在当时的大环境下，这些问题的发生是不可避免的。如果当时从日本和韩国低生育水平到来的政策调整中能够汲取一定教训，则少儿人口减少的速度会稍微慢一点。

第四节 低生育水平的维持及人口政策的调整（2001—2018年）

2000年第五次全国人口普查之后，如果能够理智看待普查得到

---

① 参见国家人口和计划生育委员会发展规划司、中国人口与发展研究中心编《人口和计划生育常用数据手册》，中国人口出版社2006年版，第105页。但实际上，学术界通过对2000年第五次全国人口普查抽样数据的计算，得到的总和生育率为1.22，即不足1.3。

的极低的总和生育率这个数据,正确估计计划生育制度的强制性实施所取得的重大成果,则《中华人民共和国计划生育法》可能就不会出台,即使出台也不会是现在这种表达的文本结构。可惜的是,政府仍然怕人口形势出现反复,还希望继续下大力气巩固来之不易的结果。于是,2001年12月颁发了这一法律①,并言明"国家稳定现行生育政策、鼓励公民晚婚晚育,提倡一对夫妇生育一个子女;符合法律法规规定条件的,可以要求安排生育第二个子女"。

在具体执行过程中,城市、乡镇、农村地区,根据户籍人口的稠密程度并照顾到少数民族地区的情况,形成了以下格局:在全国的城镇地区以及4个直辖市加江苏和四川等地的农村,对汉族居民实行独生子女政策;在除以上各省市之外的农村,如果第一胎生育的是女孩,可以安排五年后再生育一个孩子;但也有5个省和自治区规定可以生育两个孩子;如果夫妻双方均为独生子女,则可以生育两个孩子;对人数比较少的少数民族实行更宽的生育政策。

2000年第五次全国人口普查的结果表明,总和生育率只有1.22,这个结果与国家统计局1995年1%人口抽样调查得到的结论的趋势高度一致。但学术界还是有人怀疑这个数据,政府有关部门也对此持怀疑态度。这就出现了国家统计局与国家计生委各说各话的现象。国家统计局坚持说人口普查数据质量很高,国家计生委坚持说漏报影响了总和生育率的结果。

2005年,全国1%人口抽样调查的结果继续表明,总和生育率为1.34。为什么这个数据高于2000年的第五次全国人口普查数据?这个数据给怀疑派以部分支持。但2010年第六次全国人口普查的结果再次证明数据所呈现的趋势的稳定性,即该年的总和生育率只有1.18,其中城市为0.88,乡镇为1.15,农村为1.43。虽然有关部门仍然选择怀疑这个数据,但学术界越来越多地开始相信这些数据,或者开始怀疑原有计划生育政策的合理性。在人口研究领域比较有

---

① 2002年9月1日正式生效实施。

影响的两个杂志（《中国人口科学》和《人口研究》）中发表的文章，2010年之后几乎都会涉及人口政策的改革这个话题。

2015年全国1%人口抽样调查数据再一次证明，中国的总和生育率已经处于世界最低水平，仅仅为1.047，但仍然没有人相信这个数据是真实的。有关这些的争论仍然在进行。

表1—4　　　　　1960—2017年中国的总和生育率

年份	世界银行	国家统计局	年份	世界银行	国家统计局	年份	世界银行	国家统计局
1960	5.748	—	1980	2.63	—	2000	1.497	1.22
1961	5.919	—	1981	2.57	—	2001	1.508	—
1962	6.089	—	1982	2.56	—	2002	1.524	—
1963	6.237	—	1983	2.582	—	2003	1.54	—
1964	6.346	—	1984	2.623	—	2004	1.554	—
1965	6.396	—	1985	2.661	—	2005	1.565	1.34
1966	6.375	—	1986	2.675	—	2006	1.572	—
1967	6.286	—	1987	2.654	—	2007	1.577	—
1968	6.133	—	1988	2.593	—	2008	1.581	—
1969	5.92	—	1989	2.489	—	2009	1.586	—
1970	5.648	—	1990	2.35	2.3	2010	1.59	1.18
1971	5.322	—	1991	2.187	—	2011	1.594	—
1972	4.956	—	1992	2.021	—	2012	1.599	—
1973	4.57	—	1993	1.868	—	2013	1.604	—
1974	4.181	—	1994	1.739	—	2014	1.61	—
1975	3.809	—	1995	1.639	1.56	2015	1.617	1.047
1976	3.472	—	1996	1.571	—	2016	1.624	—
1977	3.18	—	1997	1.527	—	2017	1.631	—
1978	2.938	—	1998	1.503	—	—	—	—
1979	2.753	—	1999	1.494	—	—	—	—

资料来源：https://data.worldbank.org/indicator/SP.DYN.TFRT.IN?locations=CN，国家统计局数据根据历次全国人口普查或全国1%人口抽样调查数据整理。

但中国中央政府逐渐接受了改革现行计划生育政策的建议。在2013年11月，十八届三中全会通过了《中共中央关于全面深化改革若干重大问题的决定》，提出实施"夫妇一方是独生子女的即可生育两个孩子的政策"。2014年初，各省人代会陆续通过了新的计划生育条例，开始实施新的人口调控政策。受此政策影响，通过表1—5可以看出，2014年全年出生人口数量达到1692万（国家统计局公布的数据是1687万），这个数据高于2013年的1644万。但让人始料不及的是2015年全年的出生人口数量却下降到1659万，低于2014年。"单独二孩"人口政策的红利仅仅释放了一年。于是，2015年底中共中央快速反应，十八届五中全会决定，坚持计划生育基本国策，完善人口发展战略，全面实施一对夫妇可生育两个孩子的政策，积极开展应对人口老龄化行动。2015年12月全国人大常委会审议了《人口与计划生育法修正案草案》。2016年1月，中共中央明确指出，生育二孩无须审批，家庭完全可以自主安排生育。

2016年中国出生人口数量上升到1791万（国家统计局公布数为1786万），比2015年增加了131万。但政策红利并没有像很多预测所预期的那样继续增加，2017年出生人口数又降低到1728万（国家统计局公布数据是1723万）。很多人解释说由政策红利产生的生育高峰有可能在2018年出现，但2018年出生人口数又开始下降，只有1527万（国家统计局公布数是1523万）。

表1—5　改革开放以来中国历年出生人口、死亡人口和净增人口数

单位：‰、万人

年份	出生率	死亡率	自增率	总人口	出生人口	死亡人口	净增人口
1978	18.25	6.25	12.00	96259	1757	602	1155
1979	17.82	6.21	11.61	97542	1738	606	1132
1980	18.21	6.34	11.87	98705	1797	626	1172

续表

年份	出生率	死亡率	自增率	总人口	出生人口	死亡人口	净增人口
1981	20.91	6.36	14.55	100072	2093	636	1456
1982	22.28	6.60	15.68	101654	2265	671	1594
1983	20.19	6.90	13.29	103008	2080	711	1369
1984	19.90	6.82	13.08	104357	2077	712	1365
1985	21.04	6.78	14.26	105851	2227	718	1509
1986	22.43	6.86	15.57	107507	2411	737	1674
1987	23.33	6.72	16.61	109300	2550	734	1815
1988	22.37	6.64	15.73	111026	2484	737	1746
1989	21.58	6.54	15.04	112704	2432	737	1695
1990	21.06	6.67	14.39	114333	2408	763	1645
1991	19.68	6.70	12.98	115823	2279	776	1503
1992	18.24	6.64	11.60	117171	2137	778	1359
1993	18.09	6.64	11.45	118517	2144	787	1357
1994	17.70	6.49	11.21	119850	2121	778	1344
1995	17.12	6.57	10.55	121121	2074	796	1278
1996	16.98	6.56	10.42	122389	2078	803	1275
1997	16.57	6.51	10.06	123626	2048	805	1244
1998	15.64	6.50	9.14	124761	1951	811	1140
1999	14.64	6.46	8.18	125786	1842	813	1029
2000	14.03	6.45	7.58	126743	1778	817	961
2001	13.38	6.43	6.95	127627	1708	821	887
2002	12.86	6.41	6.45	128453	1652	823	829
2003	12.41	6.40	6.01	129227	1604	827	777
2004	12.29	6.42	5.87	129988	1598	835	763
2005	12.40	6.51	5.89	130756	1621	851	770
2006	12.09	6.81	5.28	131448	1589	895	694
2007	12.10	6.93	5.17	132129	1599	916	683
2008	12.14	7.06	5.08	132802	1612	938	675
2009	11.95	7.08	4.87	133450	1595	945	650
2010	11.90	7.11	4.79	134091	1596	953	642
2011	11.93	7.14	4.79	134735	1607	962	645

续表

年份	出生率	死亡率	自增率	总人口	出生人口	死亡人口	净增人口
2012	12.10	7.15	4.95	135404	1638	968	670
2013	12.08	7.16	4.92	136072	1644	974	669
2014	12.37	7.16	5.21	136782	1692	979	713
2015	12.07	7.11	4.96	137462	1659	977	682
2016	12.95	7.09	5.86	138271	1791	980	810
2017	12.43	7.11	5.32	139000	1728	988	739
2018	10.94	7.13	3.81	139540	1527	995	532

资料来源：1978—2015 年数据来自 2016 年《中国人口与劳动统计年鉴》，2016—2018 年数据来自历年《中华人民共和国国民经济与社会发展统计公报》，历年出生人口、死亡人口和净增人口数据根据总人口与相应的出生率、死亡率和自增率计算得出。因为国家统计局公布的数据由四舍五入得出，故这里计算得到的数据与统计局公布的确切数据稍有出入，但差距很小。

为什么政策放开了，人口出生率却继续下跌呢？其中的原因主要是：

第一，每年的结婚对数持续降低。也即是在 1980 年"公开信"发表之后实施独生子女政策时期出生的女性进入结婚生育年龄。在整个 20 世纪 80 年代，每年出生人口数量差不多都在 2300 万左右，但在进入 90 年代之后，每年新出生的人口数量就降低到 1900 万到 2100 万之间，而且呈现越来越低的趋势。等到"85 后"和"90 后"开始结婚时，每年初婚的结婚对数就开始急剧下跌，比如说，2013 年初婚对数为 1341.13 万对，2014 年初婚对数降低到 1302.04 万对，2015 年初婚对数降低到 1220.59 万对，2016 年初婚对数降低到 1138.61 万对，2017 年初婚对数继续降低到 1059.04 万对[①]，2018 年包括了再婚对数的结婚对数只有差不多 1010 万对——初婚对数已经不足 1000 万对。初婚对数的降低，不仅会降低初婚后的出生率，还会在长期趋势上降低整个社会的出生率。

---

① 数据来自国家统计局《中国统计年鉴（2018）》，中国统计出版社 2018 年版，第 22—24 页。

第二，每年进入生育期的育龄妇女人数日益降低。现在生育旺盛期的育龄妇女，恰好是原计划生育政策严格执行时期出生的人口，因为独生子女政策实施过程中出现了人口出生性别比的上升，即每出生100个女婴相对应出生的男婴数迅速上升，打破了原有的相对平衡特征。[①] 20 世纪 80 年代之后人口出生性别比的上升，使这些出生队列进入婚姻期之后的女性适婚年龄人口不足，这会导致一部分男性因为找不到配偶而难以结婚生育。根据 2017 年 1‰ 人口变动抽样调查，15—19 岁年龄段的性别比是 117.70，20—24 岁年龄段的性别比是 110.98，25—29 岁年龄段的性别比是 104.47。如果 15—19 岁年龄段人口进入婚育旺盛期，结婚难、结婚贵的问题还会趋于严重。但最严重的影响，是降低了婚育年龄段的女性人口数，一方面加大婚龄年龄段男性的结婚压力而形成婚姻挤压，另一方面也会降低出生率，使每年新出生的第一胎生育人口数量趋于减少。在整个新出生人口中，由育龄妇女的存量所生产的二孩比重已超过 50%。

第三，离婚率上升与初婚年龄推迟。城镇化、高等教育的大众化、后工业化与女性收入的增长以及常态化的人口流动等，一方面提升了离婚率，另一方面也推迟了女性人口的初婚年龄。改革开放以后，中国先是普及了义务教育，接着又免除了义务教育阶段的学费，进入 21 世纪绝大多数地区都提升了高中阶段教育的入学率[②]，最近又迅速提升了大学毛入学率。1978 年高等教育的毛入学率仅仅为 1.55%，1988 年是 3.7%；1999 年大学扩招，2002 年上升到 15%，2007 年达到 23%，2010 年达到 26.5%，2018 年达到 48.1%，2019 年超过 50%，从而使中国高等教育从大众教育阶段进入普及化阶段。这些因素使女性初婚年龄迅速推迟，从 1990 年到 2017 年，

---

① 人口出生性别比的正常值，介于 103—107，超过 107 即属于高出生性别比，低于 103 即属于低出生性别比。如果介于 103—107，则因为男婴或男童的死亡率高于女婴和女童，所以，到婚育年龄段之后的年龄性别比会趋于平衡。

② 2018 年高中阶段毛入学率达到 88.8%。

女性平均初婚年龄从21.4岁推迟到25.7岁。平均初育年龄也从23.4岁提升到26.8岁。在某些大城市、特大城市或超大城市，女性的平均初婚年龄会更迟，在上海或北京，女性平均初婚年龄甚至推迟到29岁或30岁左右。初婚年龄的推迟必然继替性地提升初育年龄，缩短婚龄女性的生育期，从而降低整个社会的出生率。

第四，生活成本的上升降低了生育愿望。自改革开放以来，中国就步入了快速城镇化的轨道。在1978年，中国的城镇化水平仅仅为17.9%，但到2018年底上升到59.6%左右。城镇化并不会均等地将各个年龄段人口都移入城市，而是有选择地将那些年纪较轻、劳动就业能力较强的人率先吸纳进城市，而这部分人口又恰恰是婚育旺盛人口。可最初城镇化的年轻人，一方面需要照顾家乡的老人（计划生育减少了这些出生队列的兄弟姐妹数量，加大了他们的养老负担），另一方面还需要养育自己的子女，满足当前的生活消费需要。但城市房价的上升，消费品价格的坚挺，使得他们的生育意愿难以提升。在避孕工具日益多样化和便捷化过程中，意愿生育率的降低直接削减了现实出生率。

第五，有待改善的生育环境抑制了整个社会的生育需求。"单独二孩"政策与"全面二孩"政策的实施，之所以难以释放出持续性的生育红利，一个重要的原因就是其深受入托难、入学难、就业难、育儿难、看病难等现实问题的影响。家庭的小型化和流动化，以及"80后"结婚之后家庭观念和生活观念的变化，使原来依靠父母亲照顾小孩的支持体系有所减弱。家庭保姆价格的上升，也使一般青年夫妇很难雇得起保姆照顾小孩。工作场所严明的纪律与长时间的加班等，缩短了青年一代的闲暇时间，也很难使现在的青年一代有足够的时间照顾孩子。孩子从出生到上学直到大学毕业，期间的花费居高不下。孩子要结婚，还得买房或添置嫁妆。农民工进入了城市务工经商，但没有完全转变为城市市民，户籍制度还没有回归人口信息登记功能，城市公共服务还难以均等化。因此，不管是在职场还是在家庭生活领域，还需要继续建构有利于生育的家庭友好型社会。

正因为如上所述问题的影响，到目前为止，实际生育率还大大低于政策生育率。而一旦一个国家或社会陷入总和生育率长期低于1.5或1.4的低生育陷阱，则这个社会或国家就很难跳出低生育陷阱，并持续性地处于低生育陷阱之中不能自拔，从而影响人口的年龄结构和赡养结构，导致人口老龄化加速，缩小支撑整个社会的劳动力人口规模，形成畸高的养老金负债压力，使人口从红利阶段过渡到负债阶段，形成未富先老格局，滑落到易于造成"中等收入陷阱"的人口结构。事实上，在发展中国家中，人口陷阱与"中等收入陷阱"同构发生的案例比比皆是，这两个陷阱又互相影响，形成有增长但无发展的局面，出现低水平重复的困境。

第五节　计划生育与未来人口政策改革

中国的计划生育政策，是一个在实践中"试错"，又在实践中"纠偏"的政策。从最初的节制生育，到后来的"一个不少、两个正好、三个多了"，再到20世纪80年代推行"独生子女"政策，最后发展到现在的"全面二孩"政策，经历了反思性的回归过程。这个过程始终伴随着经济发展不同阶段生活资料供给与人口数量和人口结构的压力性矛盾，也伴随着国家计划生育基本国策与家庭计划生育偏好之间的矛盾，更伴随着学术界对计划生育政策的争论和政府对计划生育政策稳定性的坚守之间的矛盾。这些矛盾运动的过程，型构了人口发展与结构变化过程，也成为将结婚、生育这种家庭行为与生育率这个政府控制指标的连接纽带。由此串接成一幅将个人、家庭、企业、社会、政府等有效地捆绑在一起的波澜社会史，显现出了新中国70年发生的最宏大的社会变迁。

不管是节制生育，还是计划生育，其制度设计的初衷在于缓解人口增长对国民经济发展的压力。十年树木、百年树人。人口的生产与再生产和物质资料的生产与再生产之间的矛盾，是"二战"之后世界各国共同面临的主要社会矛盾。"二战"之后的"人口爆炸"，也是世界人口史上发生的短期内规模最大的"人口爆炸"。中国为解决人口压力问题，在当时的生产力发展水平和经济社会发展水平下，不得不选择了节制生育和计划生育之路。

实际上，在"大国办大事"体制下，节制生育和计划生育控制了人口增速，有效缓解了人口存量和人口增量对生活资料的供给压力，提升了百姓的生活水平，使中国从农业国转变为工业国，基本建立起中国特色的工业体系，完成了GDP从以农业为主向以工业为主，再向以后工业为主的转变过程。计划生育缩小了家庭规模，减轻了家庭育儿压力，使家庭有能力积存资金，并将这些资金集中使用在孩子身上，顺利推进了九年制义务教育，相继提高了高中阶段和高等教育的入学率，促使中国从人口大国向人力资源强国转变。计划生育与独生子女政策的实施，也在冥冥之中消解了盛行整个封建社会的男尊女卑思想，增加了女童和女青年在各个年龄段的入学率，从而提升了女性的人力资本，缩小了教育、就业和职业方面的性别差距。计划生育也在降低人口出生率的同时，大大降低了整个社会的少儿负担系数，减轻了抚养成本，促进了社会发展。计划生育与孕期检查，迅速降低了孕产妇死亡率，保障了胎儿的健康孕育，降低了出生缺陷率。计划生育还延长了女性的就业时间，改善女性的家庭地位和社会地位，大力促进了社会进步和社会发展。计划生育在城市和乡村的政策性区别，大大加快了城市的老龄化水平，为改革开放之后的农民工进城预设了劳动力人口的需求空间，加快了中国的城镇化速度。总之，计划生育的客观结果，在计划生育执行的后期渐显其积极意义，其在经济快速发展时期，源源不断地提供了人口红利。其在中国经济与社会的转型时期——尤其是在从高速增长转向高质量发展时期，以缩减的劳动力态势降低了失业率，减轻了国家的治理成本，在人口老龄化水平相对较低的时期形成过渡期，也在一定程度上降低了转型成本，为中国的现代化做出了不可磨灭的贡献。

但人口转型或人口转变，在发生正功能的同时，也在潜在衍生负功能，并越来越强烈地显现负功能。人口实践证明，由人口转变制造出正功能的速度越快，其迎来负功能的可能性也就越快。人口的转型，是社会发展与计划生育两个因素促进的转型。政府和学术界在制定人口政策时，重视了政府之手的作用，但在一定程度上忽视了市场和社会之手的作用。自20世纪80年代起抑制的人口增长，逐步减少了后来的劳动力人口供给，并在2000年之后逐渐出现劳动力人口连年净减少的问题，从2018年开始出现就业人口净减少的问题。当前的人口老化，就是80年代和90年代之后连年少生的结果，使中国成为世界人口史上老龄化速度最快的国家。政府促动的计划生育与家庭对男孩的需求之矛盾，也造成居高不下的出生性别比，现在正通过人口流动以放大其负面影响的方式形成了婚姻挤压。中国历史上形成的家庭网和亲缘网支持体系，在家庭的小型化过程中逐步弱化，使社会不得不建构新的支持体系以缓解不良事件的冲击。那种认为一旦政策放开就能够打开人口生育阀门的幻想，已被现代化和现代性无情击碎。从世界各国人口干预效果上得出的唯一可靠的结论是：政府能够有效降低生育率，但却很难通过刺激提升生育率。因为鼓励生育的政策实施成本远远大于抑制生育所投入的政策成本。《公开信》中所说的要在2000年把人口控制在12亿之内的目标没有实现，但认为"老化现象最快也得在四十年之后才会出现"的判断却出了问题——从2000年开始中国65岁老龄人口占总人口的比重就达到7%左右，2018年已经达到11.9%（60岁以上人口已经达到17.9%）。部分计划生育执行较严的大城市、特大城市和超大城市户籍人口已经过渡到老龄型阶段（65岁及以上老龄人口占总人口的比重超过14%）。2018年北京市户籍人口老龄化水平已经超过25%——对于这类城市来说，其如果离开流动人口中的劳动力人口，将很难正常进行生产和再生产。现在及未来一个时期，伴随高生育时期人口进入退休年龄，老龄化速度会加快。尤其是在人口金字塔顶部的老化和底部的收缩中发生的老化，其负面影响会更为严重，中国将在第十四个五年规划时期步入更快的老龄化过程。在人口红利消退之后，中国将在人口老化速度与科技进步速度之间展开长久的赛跑，如果科技进步跑赢人口老化速度，则发展将比较顺利；如果老化速度跑赢科技进步速度，则发展战略就需要长期进行波动性调整。

在这种情况下，未来的人口政策将不得不在以下方面进行实质性改革：

第一，适时废除《计划生育法》。在叫停《计划生育法》的同时，废除社会抚养费征缴制度，清理整个法律法规及政府文件中限制生育的条文，变限制生育的人口政策或放松限制生育的人口政策为自由生育政策。虽然现代化水平越高，人类的生育率会越低，但终有一些夫妇存在生育孩子的偏好——这些生育在一定程度上会缓解断崖式下跌的生育水平，平缓人口下降趋势。

第二，适时出台"失独家庭保障条例"。对于那些在计划生育过程中响应国家号召，不管是被动还是主动认领了独生子女证的，独生子女又出现意外伤亡的脆弱家庭，提供人道主义支持。尤其是对于逐渐进入老年失能阶段的失独家庭，必须提供与时代发展水平相一致的保障支持。

第三，建立生育友好型社会。优化社会公共服务，推进基本公共服务均等化水平，加强社区治理体系和治理能力的现代化建设，尤其是真正贯彻落实党的十九大提出的幼有所育、学有所教、劳有所得、病有所医、老有所养、住有所居和弱有所扶"七有"号召，建立家庭友好型社会或生育友好型社会。如果幼儿园入园价格畸高、学习费用难以降低、劳动收入差距不能缩小、看病难看病贵问题得不到解决、养老压力加大、住房价格高企、脆弱群体得不到扶持，则生育率就很难回升。

第四，在全国建立免费的公立幼儿园。普及公立幼儿园，鼓励民营企业兴办托儿所或幼儿园，政府购买入园位。根据家庭收入水平制定差额入园费，即对低收入水平家庭免除入园费或少交入园费。

等到国力发展到既定水平,则实行公立幼儿园完全免费的政策。减轻家庭育儿压力。

第五,以家庭为单位建立个税征缴体系。对以夫妇方式报税的,或者对以携带子女生活家庭方式报税的,在一定程度上降低个税税负,或提高个税起征点。对生育了第二个子女的家庭,进一步降低税负。对生育了三个及三个以上子女的家庭,实行负所得税制,即对家庭人均可支配收入达不到某一标准的多子女家庭,将其收入补足到核定标准。

第六,鼓励地方政府出台刺激生育政策。采取先实验再普及的方式,率先在特大城市或超大城市这类户籍人口老龄化水平畸高的地区出台刺激生育政策,为新出生的幼儿提供生活补贴费用。考虑到社会主义初级阶段的特征,可以为生育第二孩的孩子实行既定额度的生活补贴政策。

第七,实行非婚生子女合法化政策。不管是婚生子女还是非婚生子女,都应该一律平等对待。在离婚率迅速上升、结婚年龄逐渐推迟、社会的个体化背景下,不再以婚生为生育的基本合法单位,给予非婚生子女与婚生子女平权身份和地位。

第八,积极发展人工智能等机器人。提高生产效率,缩短工作时间、减轻劳动过程的人力消耗,延长假期、提升生活质量。从发达国家鼓励生育的政策实践可以看出,即使出台成本极高的鼓励生育政策,总和生育率也很难上升到2.1的更替水平。在这种情况下,从长远发展动力之激发计,需要集中力量开发机器人,并发展机器人替代人力的各种技能,在人口老龄化逐渐加深的背景下,保障国民经济的顺利发展,通过人机互动或人机社会的建设,减轻养老压力,增加新动能,争取早日实现中华民族伟大复兴中国梦。

以上建议可以概括为"三步走"的人口政策:第一步,在2020年小康社会建成之后废止原有限制生育的政策。第二步,在2021—2025年实行家庭友好型社会建设,逐步但富有实效地减轻父母的育儿成本。第三步，2026年之后实行鼓励生育的人口政策，先从第二孩开始为未成年子女提供一定生活补贴及其他可能的社会服务，从育龄妇女的存量和增量两个方面刺激生育。

第二章

新中国 70 年人口红利转型

新中国成立 70 年以来，中国经济社会的发展取得了举世瞩目的成就。探究中国经济社会快速发展的原因，"人口红利"无疑是最主要的贡献因素。传统的人口红利是指一个国家的劳动年龄人口占总人口比重较大，人口抚养比较低，从而为经济发展创造了有利的人口条件，整个国家的经济呈高储蓄、高投资和高增长的局面。大约 2010 年前后，我国劳动年龄人口占总人口比重达到了近几十年来的最高峰，传统人口红利对经济发展的作用也得以最大化。有统计数据显示，2010 年我国有 1/4 以上的人均 GDP 是靠传统人口红利获得的。然而，传统人口红利并不是长期可持续的。大约在 2010 年以后，我国人口抚养比开始逐渐提高，传统人口红利窗口正在逐渐关闭。而在传统人口红利逐渐消退的情况下，寻找推动经济发展的二次动力成为重要任务。

本质上讲，传统的人口红利是一种量的红利，不能体现人口质量提升带来的经济社会效益。因此，新人口红利进一步将人口红利的内涵和外延从"量"扩展到了"质"的领域，强调人口身体素质和科学文化素质的提升带来的长期持续的经济社会效益。随着人口红利从数量红利到质量红利的转变发展，人口红利对经济社会发展的影响也变得更加长远深刻。

传统人口红利和新人口红利，即是人口现代化进程中前后关联的两个发展阶段，同时也是构成人口现代化进程的两块核心内容。人口现代化的表述方法强调人口变动的特征，而人口红利的表述方法则侧重于反映人口变动产生的积极经济社会效应。人口红利的表述是人口现代化进程的社会经济效益的体现。因此，人口现代化与人口红利是一脉相承的概念体系。对人口现代化进程的讨论分析，亦是对人口红利的探索研判，对未来经济社会的发展具有重要意义。

本章在英格尔斯的现代化理论分析框架下，将人口现代化划分为人口再生产类型由传统向现代转变、人口结构、人口身体素质和人口科学文化素质四个层面进行考察，并对新中国成立70年以来我国人口的现代化进程进行量化分析。从我国2035年基本实现现代化的需求出发，分析当前我国人口现代化进程中存在的问题及中长期应对策略。

第一节　人口现代化的基本内涵与理论分析框架

人口现代化既是经济社会现代化的组成部分，也是经济社会现代化的主要推动力。人口现代化的概念最早由美国的阿历克斯·英格尔斯在《人的现代化——心理·思想·态度·行为》一书中有所涉及[①]。虽然当时国际社会和一些国家或地区没有使用人口现代化这一概念，但实质上已经把人口现代化放在了经济社会现代化的应有地位。在此之后，诸多学者对人口现代化的概念及相关范畴、命题给予了进一步的剖析和研究。本章在此基础上，将人口现代化理论置于经济社会发展系统中进行考察，尝试对已有的理论雏形和指标

---

① 参见［美］阿历克斯·英格尔斯《人的现代化——心理·思想·态度·行为》，殷陆君编译，四川人民出版社1985年版。

体系进行归纳整合，形成一个相对具有整体性的人口现代化理论体系。

一　人口现代化的基本内涵

新中国成立以来，现代化一直是国家发展的主要目标之一。从"四个现代化"到改革开放新时期的"现代化三步走战略"，充分体现了我国追求现代化的努力和宏伟构想。从现代化的顶层设计和丰富内涵来讲，现代化包括社会生活的各个方面，诸如经济的现代化、社会的现代化、政治的现代化、文化的现代化，甚至生活方式的现代化，等等。显然，人口现代化是实现以上现代化目标的前提和基础。如果没有人口现代化的目标，就可能成为偏重物质建设的现代化，而忽略了人类自身发展的现代化，忽略了作为社会生产力最活跃因素的人的现代化。

那么，什么是人口现代化呢？所谓人口现代化是指人口因素随经济社会现代化发展进程作出相应调整的过程。从理论视角来讲，西方人口理论和现代化理论本身就蕴含着人口现代化思想，在此基础上我国学者进一步深化提炼出了人口现代化的概念和理论。当前我们谈论的人口现代化理论是西方现代化理论和人口理论的合理延伸、相互拓展、相互渗透、相互结合产生的一种崭新的科学理论。该理论既在人口理论中占有重要地位，也在现代化理论中占有重要地位，是人口理论和现代化理论不可缺少的组成部门。而从解决现实问题的需求来讲，由于我国人口众多、人口问题多样复杂，只有实现了人的现代化才能从根本上解决我国现存的人口问题，才能为经济、社会、政治、文化等方面的现代化提供一个良好的人口环境并为之增添强劲推动力。中国作为世界上人口规模最大的国家，存在最多样、最复杂的人口问题。解决现存的人口问题在我国现代化进程中有着特殊的重要性。著名人口学家刘铮教授在《人口现代化与优先发展教育》一文中指出，人口现代化是站在战略高度看待和分析当前人口问题，遵循人口发展规律所做的科学概况，同时也为我国人口发展指明了方向。①

考虑到人口现代化的理论价值和现实意义，在新中国成立70年之际，有必要梳理总结人口现代化的相关研究。特别是随着我国社会主义现代化建设的进一步发展，人口现代化将更加成为我国理论界和人口国策等一些实际工作部门的热门话题，也将为人口和经济社会发展相关政策的制定和实施提供理论指导。

二 人口现代化的理论分析框架

目前影响较大的人口现代化理论分析框架主要有以下四种。笔者将主要依据这四种理论分析框架来确立本章的基本性分析框架。

（一）刘铮提出的分析框架

刘铮认为，人口现代化主要包括两方面内容：一是人口再生产类型现代化，它是指以现代技术为基础的与经济社会生产相适应的低出生率、低死亡率所形成的低人口自然增长率的人口再生产模式；二是人口素质现代化。② 以现代技术为基础的现代经济社会，要求人口素质现代化。与人口数量相比，人口素质对经济社会发展的影响愈来愈具有决定性作用。要实现以技术进步促经济发展，首要的是要拥有掌握现代科技知识的人才，依靠他们才能不断有新发明、新技术、新材料、新工艺、新产品，并将其转化为生产，形成现实生产力。归根到底，提高劳动者素质与科技是第一生产力具有本质的同一性。各国经验也证明，经济发展不仅取决于资本，更重要的是取决于高质量的掌握现代化科学技术的人才和劳动者。人口素质现代化是加速国家现代化实现过程的必要条件，甚至是前提条件。对于发展中国家来讲，人口素质现代化应超过经济现代化。

（二）查瑞传提出的理论分析框架

查瑞传认为，人口现代化主要体现在五个方面：第一，人口自

---

① 参见刘铮《人口现代化与优先发展教育》，《人口研究》1992年第2期。
② 参见刘铮《刘铮文选》，中国人口出版社1994年版。

然变动。具体而言,则是死亡水平较大幅度下降和随之而来的生育率水平的明显下降,以及这两种变动导致的自然增长率的先升后降,逐渐转向低生育、低死亡、低增长的模式。第二,人口年龄结构变动。由于出生率和自然死亡率的不断下降,低年龄组人口在总人口中所占的比重逐渐下降,形成人口年龄结构金字塔由原来的扁平型逐渐向底部收缩型转变。第三,人口文化素质水平。从原来的文盲人口占多数逐渐转变为受教育人口急剧增加,人口受教育水平代际提高幅度明显,高学历人口比重明显提高,总体人口的平均受教育水平也显著提高。第四,人口行业职业分布变动。伴随着农业机械化和现代化的进程,从事农业的人口比重大幅下降,甚至绝对从业人数亦趋减。制造业等第二产业从业人数和比重逐渐增加,继而又转向服务业等第三产业。第五,人口地域迁移变动。从农业经济时代的自富饶地区向贫瘠地区扩散延伸的模式,转变为从人口较稀少的农业地区、乡村地区向人口密集的工商业区、城市地区集中的模式。[1]

(三) 张开敏提出的理论分析框架

张开敏提出的理论分析框架包括三个方面:(1)现代化人口的生育模式。较高生产力水平决定了人口生育模式的缺点在于少生、优生、优育,因而特别要求与生产力水平相适应的人口质量。(2)现代化的人口构成。这种构成的重点在于现代化人口的年龄构成、产业构成和城乡构成。其中,在人口的城乡构成中特别强调人口城乡构成与人口产业构成的密切联系。(3)现代化的人口素质。包括身体素质、智力素质和社会素质。其中,所谓社会素质,亦即思想道德素质。[2]

(四) 王学义提出的理论分析框架

王学义认为,应将生育现代化、人口城市化分别从人口再生产

---

[1] 参见查瑞传《人口现代化问题》,《人口与计划生育》1994年第3期。

[2] 参见张开敏《社会主义市场经济与人口现代化》,《社会科学》1994年第5期。

类型现代化、人口结构现代化、人口素质现代化中提取出来，与人口再生产类型现代化、人口结构现代化、人口素质现代化并列起来，共同整合出一个新的分析框架。该人口现代化的理论分析框架包括：（1）人口再生产类型现代化；（2）人口素质现代化；（3）人口结构现代化；（4）人口城市化；（5）生育现代化。[①]

总体来讲，以上几种影响力较广泛的人口现代化理论分析框架的主体框架（或中心框架）具有一致性，外围框架（或边缘框架）均围绕中心主体框架进行延伸性扩展，从多视角、多方面对中心框架内容进行补充、完善和支持。如人口再生产类型的现代化、人口结构的现代化和人口素质的现代化，是人口现代化的理论核心，基本能够涵盖人口现代化的内涵和反映人口现代化的主要特征，具备了构成人口现代化主体分析框架的条件。从理论分析框架的简约标准来讲，以人口再生产类型的现代化、人口结构的现代化和人口素质的现代化作为人口现代化的核心理论分析框架是完全可行的。但从人口现代化阶段性发展的侧重来讲，随着科学技术的发展，现代人口再生产类型与人口素质现代化都是在现代社会生产力基础上形成与发展的。二者区别之处在于，人口再生产类型现代化着重反映的是人口自然变动的特征，人口素质现代化着重反映的是人类自身素质的变化趋向。

在工业化、城市化、市场化、知识化、信息化飞速向前推进的形势下，毫无疑问，人口素质现代化在实现经济、社会、制度现代化过程中的特殊地位和重要作用前所未有地体现出来了。所谓人口素质现代化，根据刘铮、李竞能等学者的观点，它指的是人口的身体素质、文化科学素质和思想道德素质不断与经济社会现代化相适应而趋向统一的提高过程，它是人口现代化的核心和重点。特别是其中的人口教育素质和健康素质的现代化在人口现代化进程中的重要性变得愈加明

[①] 参见于学军《中国人口转变与"战略机遇期"》，《中国人口科学》2003年第1期。

显。因此，本章用于分析人口现代化进程的理论分析框架主要包括4个方面：（1）人口再生产类型现代化；（2）人口结构现代化；（3）人口健康素质现代化；（4）人口教育素质现代化。[①]

其中，人口再生产类型的现代化，描述的是人口再生产类型从传统模式向现代模式演变的趋势，反映随着社会经济现代化进程的推进，人口再生产由低级向高级发展的过程，以及人口再生产与社会经济发展的内在联系。该理论反映和揭示了经济社会发展促进人口出生率、死亡率下降而导致人口再生产类型沿着原始类型—传统类型—现代模式转变递进的一般规律。这一转变过程和规律也就是人口再生产类型现代化的过程和规律，对解释世界各国的人口转变具有较好的普适性，并在各国人口发展实际中得到了证实。

人口结构是指一定地区和一定时间里按一定的质的规定性来划分与组合的人口总体内部的比例关系；或者说，它是人口总体内部依据本身具有的不同性质来划分的，各个组成部门的数量比例关系。虽然这些人口本身的特征包括经济社会等多方面的特征，但是人口学上人口结构更多的是指人口的自然结构，如年龄结构、性别结构、城乡等地域分布结构[②]。

人口身体素质现代化，是指人口身体能力适应经济社会现代化要求的发展过程，即人口身体素质不断提高的过程。包括：（1）生理方面：出生婴儿死亡率和缺陷率从传统的高死亡率、高缺陷率逐步向低死亡率和低缺陷率转变。人口整体素质不断提高，具体表现为人口的平均预期寿命延长，人口与自然的关系日趋和谐。（2）心理方面：人们在心理上从传统心理特征转变为现代心理特征，即从保守走向开放，从不合作走向合作，从个体走向团体，并且既具有开拓、创新、进取的精神面貌，又具有对困难与挫折的承受能力、

---

① 参见刘铮《人口现代化与优先发展教育》，《人口研究》1992年第2期；李竞能编著《现代西方人口理论》，复旦大学出版社2004年版。

② 参见刘铮《人口学辞典》，人民出版社1986年版。

自我调节能力以及克服困难与挫折的勇气和毅力。当然，也必须明确，人口身体素质是组成人口的个人身体素质的总和，而个人的身体素质则由人体的生理要求构成。但从人口分析的角度，考虑人的身体素质，主要是看身体发育是否健全，以及体质和智力的强弱。

人口文化素质主要是指一个人口群体的受教育程度、文化知识、科学技术水平、生产经验与劳动技能等。这些组成人口文化素质的要素是人类在认识、改造自然和社会过程中长期积累的知识结晶，是人本身逐步形成的认识和改造世界的能力。人口文化素质的现代化就是人口群体的文化科学素质能力为了适应经济社会现代化的要求的发展过程，即人口科学文化素质不断提高的过程。具体包括人口的平均受教育的年限延长，人力资源不断向人力资本转化，人口的文化科学素质从低水平、单一化走向高水平、综合化，学校、家庭的教育从知识灌输、说教向知识开发、启导和提高综合素质能力转化，等等。平均受教育年限的延长、义务教育的普及与提高、职业教育适时得以发展、文盲半文盲人口及其比例的下降等成为人口文化科学素质现代化的主要标志。

新中国成立以来，我国人口现代化进程是伴随整个现代化过程产生，且与经济社会现代化互动，互为基础、互为前提，以人口再生产类型、人口结构类型、人口素质类型等相关变量从传统向现代转变为标志的人口现代化进程，能够体现社会历史性、动态性、渐进性、相对性特点的发展过程。这也是本章阐述和分析我国改革开放以来人口现代化进程的基本依据。

第二节　新中国人口现代化的主要推进路径

过去70年经济社会飞速发展的同时，中国的人口也发生了根本性的转变。人口数量增长趋于平稳，人口素质全面提升，人口现代化进程不断加快，为社会经济的现代化发展打下了良好的人口条件。

一 人口再生产类型现代化

人口再生产类型的现代化是通过人口转变来实现的。但由于中国人口转变不像西方人口转变与工业化、人口城市化、产业现代化、教育普及现代化等现代化过程同步发生，因而中国的人口转变超越社会经济发展实现了生育转变。

一般来讲，人口再生产类型的转变过程可以划分阶段来表示。为了方便国际比较，联合国于1990年提出了一种具有代表性的四阶段划分方法。（1）转变前阶段，高出生率、高死亡率。总和生育率（TFR）在6.5以上，平均预期寿命在45周岁以下，人口增长速度缓慢，属于传统型人口再生产类型。（2）前期转变阶段，出生率和死亡率开始下降，后者先于前者，TFR为4.5—6.5，平均预期寿命为45—55周岁，人口增长速度加快。这一阶段主要以死亡率的转变为标志，人口再生产属于过渡型。（3）后期转变阶段，出生率和死亡率加速下降，TFR为2.5—4.5，平均预期寿命为55—65周岁，人口增长下降。这一阶段主要以生育率的转变为标志，人口再生产亦属于过渡型。（4）低出生率和低死亡率阶段，TFR在2.5以下，平均预期寿命在65周岁以上，人口低速增长，属于现代型人口再生产。

按照联合国提出的四阶段划分方法，我们对我国人口再生产类型的转变过程及节点大致划分如下。其中，1960年之前属于转变前阶段。该时期我国人口的出生率和死亡率都很高，育龄妇女的总和生育率大致都在6.5以上，人口平均预期寿命低于45周岁。1961—1970年属于前期转变阶段，出生率和死亡率都开始明显下降，TFR从6.5左右下降到了4.5左右，平均预期寿命从45周岁增长到55周岁左右，人口增长速度加快。1971—1990年大致属于后期转变阶段，出生率和死亡率都进一步加速下降，TFR进一步从4.5左右降到2.5左右，平均预期寿命从55周岁增长到65周岁左右。人口增长速度开始有所放缓。1990年以后，我国人口进入低出生率和低死亡率并存的现代型人口再生产阶段，TFR降到2.5以下，平均预期寿命在65周岁以上，人口增长进入低速阶段。

表2—1　　我国人口再生产类型转变的四个阶段

阶段	对应时期	总和生育率	平均预期寿命
转变前阶段	1960年之前	大于6.5	低于45周岁
前期转变阶段	1961—1970年	4.5—6.5	45—55周岁
后期转变阶段	1971—1990年	2.5—4.5	55—65周岁
低出生率和低死亡率阶段	1990年之后	2.5以下	大于65周岁

注：个别阶段总和生育率对应的时期和平均预期寿命对应的时期略有差距，表中对应时期为较大值。

分指标看，近几十年来，总和生育率的下降速度远超预期。新中国成立以来，我国育龄妇女的总和生育率从6以上快速下降到1990年代的更替水平2.3和2000年以后的1—1.5左右。而在其背后，生育水平迅速下降的动力主要来源于：（1）计划生育政策的行政约束；（2）医疗卫生条件改善，婴儿死亡率降低，意愿生育子女数量下降；（3）人口受教育程度提高，初婚年龄推迟，生育文化和行为的现代化变化趋势使然。

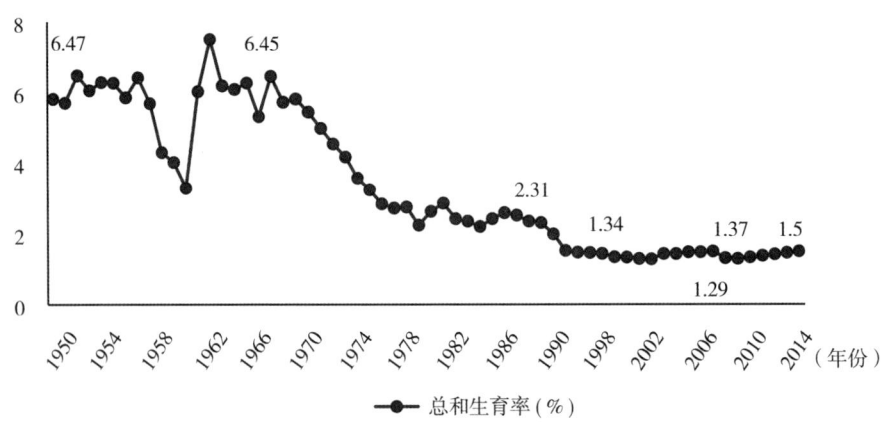

图2—1　总和生育率的下降趋势

近几十年来，人口健康状况得到明显改善，婴幼儿和老年人死亡率显著下降，人口平均预期寿命明显延长。新中国成立以来，我国总人口的平均预期寿命从 1950 年的 35 岁持续增长到 1982 年的 67.8 岁和 2015 年的 76.34 岁。

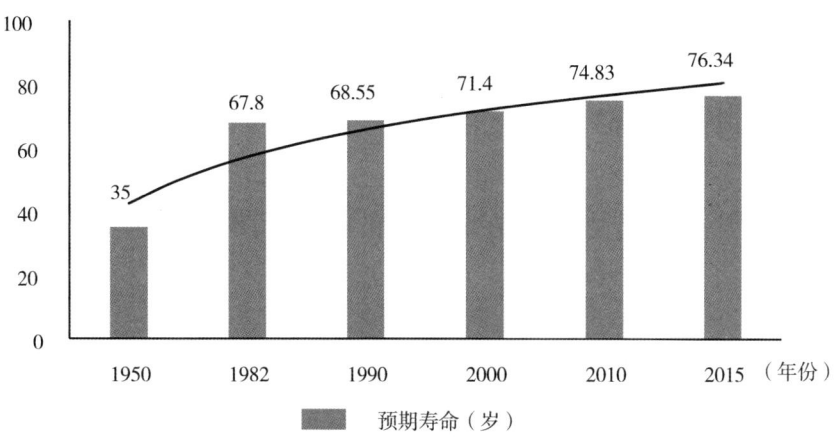

图 2—2　预期寿命的增长趋势

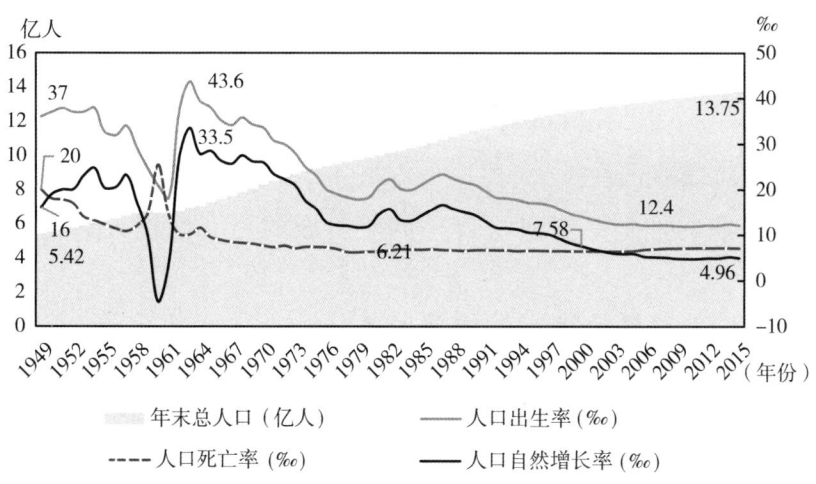

图 2—3　人口增长趋势

人口的出生率从新中国成立初期的 37‰ 波动变化到改革开放初

期的18‰，然后持续减少到2015年的12‰。人口的死亡率从新中国成立初期的20‰波动变化到改革开放初期的6.2‰，然后持续减少到2015年的7‰。人口的自然增长率从新中国成立初期的16‰波动变化到改革开放初期的12‰，然后持续减少到2015年的5‰。总人口规模从建国初期的5.42亿人，持续增长到改革开放初期的9.63亿人和2015年的13.75亿人。

二 人口结构现代化

作为人口发展的一种长期趋势，人口结构的均衡发展是实现人口结构现代化、人口可持续发展所必需的。人口结构反映一定地区、一定时点人口总体内各种不同质的规定性的数量比例关系，又称人口构成。它依据人口本身所固有的自然的、社会的、地域的特征，将人口划分为各个组成部分所占的比重。例如，年龄、性别、居住地、民族、阶级、文化、婚姻、职业以及宗教信仰等结构，一般用百分比表示。在诸多人口结构因素中，年龄和性别是最基本、最核心、最重要的因素，人口结构中影响最大的就是年龄结构和性别结构。理想的年龄结构应符合"人口低增长"和"长寿命"两大特征；人口低增长是指年出生人口的低增长（人口出生率为14.0‰—16.0‰），年出生人口急速增长（人口出生率高于16.0‰）和负增长（人口出生率低于14.0‰）均会使人口结构恶化。理想的性别结构应符合"同年龄段的男女性别人数相等或相近"。

（一）人口年龄性别结构金字塔

图2—4给出了近几十年来我国人口年龄性别结构金字塔，能够较直观生动地反映我国人口的年龄性别结构及变化趋势。从性别结构看，我国总人口中同年龄段的男女性别人数比较相近，总人口的性别结构未出现明显失衡的现象。从年龄结构看，随着时间的推移，"人口低增长和长寿命"的特征越来越明显。人口出生率从新中国成立初期的37‰下降到改革开放初期的18‰、2000年的14.0‰和

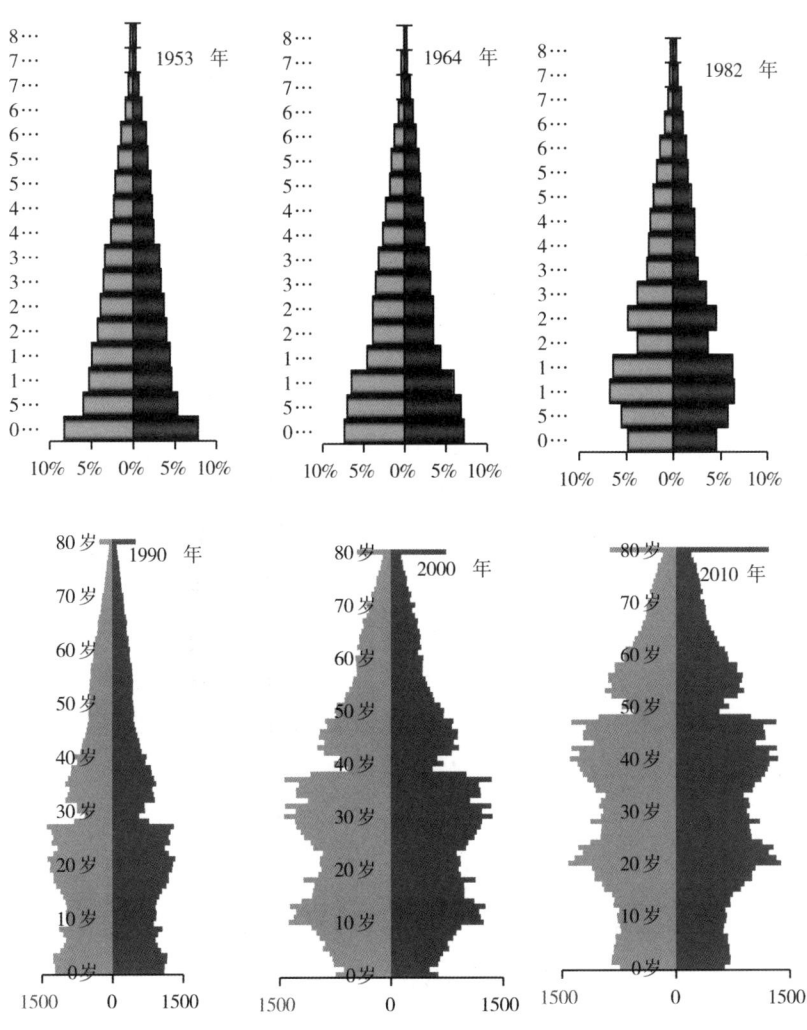

图 2—4 人口年龄结构变化趋势

2015 年的 12‰。人口平均预期寿命从新中国成立初期的 35 岁左右增长到改革开放初期的 68 岁、2000 年的 71 岁和 2015 年的 77 岁左右。与此同时，新中国成立初期到 2010 年期间，我国人口的年龄结构也在逐渐趋于理想型结构；而在 2010 年以后，随着人口出生率下降到 14‰及以下，人口年龄结构开始偏离理想型结构，人口年龄结构失衡的趋势愈加明显。

（二）人口年龄结构与人口机会窗口

人口的年龄结构对于一国经济社会的发展机遇具有重要的现实作用。通常在人口再生产类型现代化过程中，死亡率先于出生率的下降会形成一个年轻化的人口年龄结构，为经济社会的发展创造有利的人口条件，即"人口机会窗口"。"人口机会窗口"最先出现在2002年的《世界发展报告》和《世界人口状况》当中，称经济落后的国家可以利用"人口机会窗口"即人口转变带来的历史性机会和机遇，加快发展以缩小同发达国家的差距。利用"人口机会窗口"促进经济发展，也就是利用黄金年龄结构发展经济。其基本原理是，在人口再生产类型现代化过程中，出生率的下降速度和人口老龄化的速度不是同步发生的，前者先于后者发生，前者与后者也是原因和结果的关系。在这一人口变动过程中，会形成一个有利于经济发展的人口年龄结构，也就是未成年人口和老年人口占总人口的比例在一个时期内都比较低，并且这个时期在人口进入老龄社会之前，会持续很长时间，形成总人口"中间大、两头小"的"橄榄型结构"。由于人口再生产类型现代化过程中这一年龄结构有利于经济发展，是促进经济起飞和发展的大好时机，因此人口学家称之为"人口机会窗口"或"黄金年龄结构时期"。一个国家或地区要主动利用人口年龄结构的黄金时期推动经济的起飞和发展。人口年龄结构对经济发展的影响主要通过抚养系数来表现。当抚养系数较低时，人口年龄结构有利于经济发展和积累，相对于其他人口年龄结构就构成了一个国家经济发展的黄金时代。从历史的角度看，不少国家的经济起飞和发展就得益于人口年龄结构的推进或人口机会窗口的打开。而一个国家或地区如果抚养系数过高，则可能延缓经济增长。

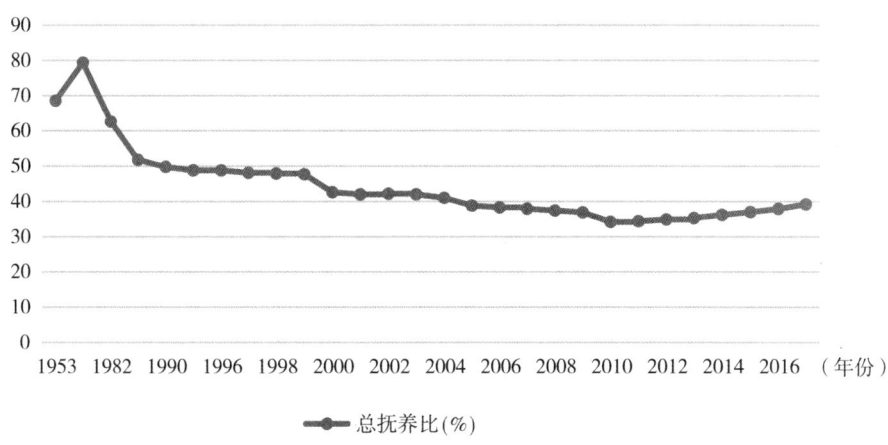

图 2—5　我国人口总抚养比变化趋势

注：1981 年及以前人口数据为户籍统计数；1982 年、1990 年、2000 年、2010 年数据为当年人口普查数据推算数；其余年份数据为年度人口抽样调查推算数据。总人口和按性别分人口中包括现役军人，按城乡分人口中现役军人计入城镇人口。

从人口统计数据看，中国快速的人口转变把中国带入人口负担最轻的时期，也是全面建设小康社会的战略机遇期。[①] 在 1980 年到 2010 年期间，中国的 15 岁到 59 岁劳动年龄人口增加迅速，以年平均 1.8% 的速度增长，同期小于 15 岁和大于 60 岁的非劳动年龄人口（或者说依赖型人口）是稳定的，年平均增长率为 -0.2%。两个不同的增长趋势所形成的"剪刀差"，意味着抚养比的下降和劳动力的充足供给。

我国人口的总抚养比从 1978 年的 77.4% 逐渐下降到 2010 年的 34.2%，然后缓慢上升到 2016 年的 37.91%。人口总抚养比的持续下降，为经济社会的发展创造了有利的人口条件。有统计数据显示，2010 年我国有 1/4 以上的人均 GDP 是靠传统人口红利获得的。

[①] 参见于学军《中国人口转变与"战略机遇期"》，《中国人口科学》2003 年第 1 期。

(三) 人口城镇化与城乡结构

由于中国长期存在的城乡二元结构，人口城乡结构成为另一个重要的概念。人口城市化是人口城乡结构现代化的核心表现，也是现代化的必由之路。党的十八大以来，在以习近平同志为核心的党中央坚强领导下，各地区各部门认真贯彻落实党中央国务院关于推进新型城镇化建设和城市可持续发展的一系列重大决策部署，城镇化水平持续提高，城市综合实力显著增强，城市公共服务能力明显提升，城市社会事业全面进步，城市居民生活质量进一步改善，向中国特色的新型城镇化道路又迈出了坚实一步。

所谓人口城市化一般是指人口在一定时期内向城市集聚的过程。其实质含义是，人类进入工业社会时代，社会经济发展导致农业活动的比重逐渐下降，非农业活动比重逐渐降低，城镇人口比重稳步上升，居民点的物质面貌和人们的生活方式逐渐向城镇性质转化。在人口的城乡分布上，城市化表现为城市人口占全部人口的比重的上升。城镇化发展有利于扩大内需，提高生产效率，促进要素资源优化配置，增强经济辐射带动作用，提高群众享有的公共服务水平。因此，城镇化是现代化的必由之路。

不少学者尝试用一些综合指标来反映人口城市化的水平。通常采用城市人口占总人口的比例、城市非农业人口比例、非农业劳动人口占总劳动力的比重来测量人口城市化的水平。图2—6给出了新中国成立以来我国常住人口城镇化率及其变化趋势，能够反映近几十年来我国人口城乡结构的现代化进程。总体上，我国常住人口城镇化率从1949年的11%增长到1978年的18%、2000年的36%、2010年的50%和2018年的60%。相较于新中国成立初期，人口城乡结构现代化程度有了极大的提升，公共服务等资源供给的可及性有了明显的改善。

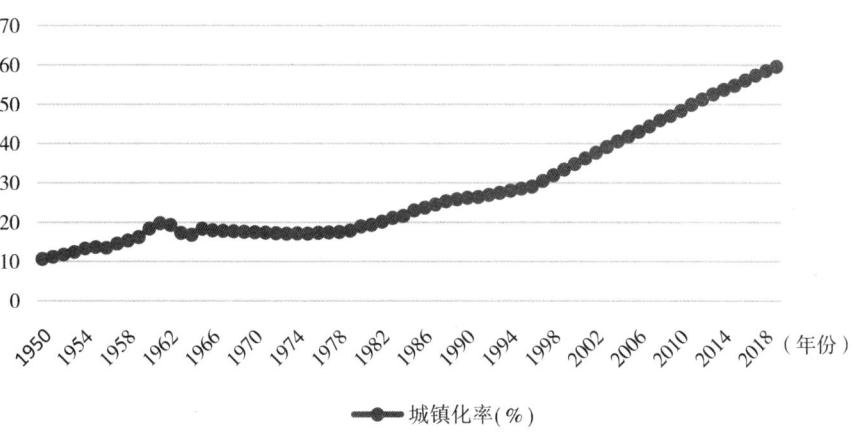

图 2—6　改革开放以来常住人口城镇化率变化趋势

注：1981 年及以前人口数据为户籍统计数；1982 年、1990 年、2000 年、2010 年数据为当年人口普查数据推算数；其余年份数据为年度人口抽样调查推算数据。总人口和按性别分人口中包括现役军人，按城乡分人口中现役军人计入城镇人口。

三　人口身体素质现代化

人口再生产类型现代化过程中的长期低生育率也会在家庭微观人口再生产中形成家庭由追求孩子的数量型转向追求孩子的质量型，这也为人口素质的提高创造了条件。一些学者对人口素质有过深刻的论述。例如，G. S. Becker 从生育率的经济学分析视角提出了孩子数量质量替代理论，认为增加对孩子的投入将会提高孩子质量，夫妇便可以从孩子身上获得最大效用，从而用孩子质量取代通过增加孩子数量所取得的效应。[①] 新中国成立之后，我国先后几次颁布的《婚姻法》《母婴保健法》等法规的某些内容，都具有直接的优生学意义，对提高出生人口素质起到了积极作用。改革开放以来，随着我国经济社会以及医疗卫生事业的不断发展，特别是新农合等医疗

---

① Gary S. Becker, *An Economic Analysis of Fertility*, Demographic and Economic Change in Developed Countries, New York: Columbia University Press, 1960.

保障制度的建立，以及推进基本公共卫生服务均等化，实施农村妇女住院分娩补助等妇幼重大专项，我国妇女儿童健康指标显著提升，位居发展中国家前列。

为了便于对不同国家和地区的人口身体素质进行比较分析，常用一些相同的可比指标进行测定和衡量。婴儿死亡率、孕产妇死亡率、人均预期寿命是公认的衡量一个国家国民健康水平的三大指标，这也是联合国千年发展的指标。目前，我国的这三大指标均位居发展中国家前列，达到了中高收入国家的平均水平。

数据显示，抗日战争以前我国婴儿死亡率为163.8‰。国民政府实业部1936年《中国经济年鉴》记载为156‰。新中国成立后，据1954年覆盖14省5万余人口的地区调查，婴儿死亡率为138.5‰。另据卫生部部分地区生命统计资料，1958年我国城市地区婴儿死亡率为50.8‰；农村地区婴儿死亡率为89.1‰。1975年我国城市地区婴儿死亡率为13.1‰；农村地区婴儿死亡率为32.4‰。改革开放后，1978年我国婴儿死亡率为41.02‰。到20世纪90年代初期，我国婴儿死亡率为39.9‰。2017年下降到6.8‰，其中城市4.1‰，农村7.9‰。

5岁以下儿童死亡率从1978年至20世纪90年代初期得到了一定控制，1991年5岁以下儿童死亡率为61.0‰，到2017年下降为9.1‰，其中城市4.8‰，农村10.9‰。这得益于我国建立的妊娠风险筛查评估制度、高危专案管理制度以及危急重症救治制度等，实现了关口前移，坚守住了安全底线。

此外，新中国成立以来，全国各个省（自治区、直辖市）在控制孕产妇死亡率上也取得了长足的进步。数据显示，1990年孕产妇死亡率为88.8/10万，到2017年下降为19.6/10万，其中城市16.6/10万，农村21.1/10万。孕产妇死亡率的下降，很大程度上取决于孕产妇系统管理率和住院分娩率的提高，尤其是农村地区。

表 2—2 1991—2015 年监测地区分城乡的婴儿死亡率（‰）

年份	合计	城市	农村
1950	80.44	50.8	89.1
1975	59.47	33.1	62.4
1978	41.02	—	—
⋮	⋮	⋮	⋮
1991	50.2	17.3	58.0
1992	46.7	18.4	53.2
1993	43.6	15.9	50.0
1994	39.9	15.5	45.6
1995	36.4	14.2	41.6
1996	36	14.8	40.9
1997	33.1	13.1	37.7
1998	33.2	13.1	37.7
1999	33.3	11.9	38.2
2000	32.2	11.8	37.0
2001	30	13.6	33.8
2002	29.2	12.2	33.1
2003	25.5	11.3	28.7
2004	21.5	10.1	24.5
2005	19	9.1	21.6
2006	17.2	8	19.7
2007	15.3	7.7	18.6
2008	14.9	6.5	18.4
2009	13.8	6.2	17.0
2010	13.1	5.8	16.1
2011	12.1	5.8	14.7
2012	10.3	5.2	12.4
2013	9.5	5.2	11.3
2014	8.9	4.8	10.7
2015	8.1	4.7	9.6
2016	7.5	4.2	9

注：表中数据为国家卫生和计划生育委员会妇幼卫生监测地区数。1990—1995 年为 81 个监测点，1996—2006 年增至 116 个，2007 年及以后扩大到 336 个。1978 年之前的数据来自卫生部《全国卫生统计年报》。1979—1990 年的数据缺失。

资料来源：国家卫生和计划生育委员会编《中国卫生和计划生育统计年鉴（2016）》，中国协和医科大学出版社 2016 年版。

四 人口文化素质现代化

现代化的核心是人的现代化或者说是人口素质的现代化。[①] 人口再生产类型现代化过程中的长期低生育率一般会形成趋于稳定型的年龄结构,这为制定教育事业的长期规划、进一步提高人口素质提供了可行的依据。新中国成立70年以来,我国教育状况发生了很大的变化,有力地推动了我国教育的发展和质量的提高。

新中国成立以后,教育开始进入和平建设和发展的轨道,并呈现出新的气象。1949年12月,新中国"第一次全国教育工作会议"提出建设新教育的方针:"以老解放区的教育经验为基础,吸收旧教育某些有用的经验,特别要借助于苏联教育建设的先进经验。"[②] 1958年,毛泽东根据中国教育的现状,进一步提出了教育为无产阶级政治服务,必须同生产劳动相结合的方针,并且在《工作方法(草案)》中对教育与生产劳动相结合的教学方法提出了具体意见。1958年,毛泽东根据中国教育的现状,进一步提出了教育为无产阶级政治服务,必须同生产劳动相结合的方针,并且在《工作方法(草案)》中对教育与生产劳动相结合的教学方法提出了具体意见。但这种新气象不久就被20世纪50年代末的冒进式做法和一些"左"倾的做法所取代,使教育受到伤害,而60年代到70年代的教育又因"文化大革命"而陷入低谷。直到1976年以后,教育界开始拨乱反正,并在此基础上对教育体制进行全面改革,确定了教育在国家发展和国家现代化中的战略地位,教育现代化才重新步入正轨。

我国社会主义市场经济体制确立以后,面对国际经济、科技竞争的严峻挑战和人口多、底子薄、人均资源相对短缺的国情,党中央提出了切实把经济建设转移到依靠科技进步和提高劳动者素质的

[①] 参见杨华《现代化的核心:人的素质现代化》,《广西大学学报》(哲学社会科学版)1999年第6期。

[②] 教育科学研究所:《中华人民共和国教育大事记》,教育科学出版社1983年版。

轨道上来,坚定不移地把教育摆在优先发展的战略地位,坚定不移地实施科教兴国战略。党的十一届三中全会以后,中国加快实施科教兴国战略,中央提出把教育摆在优先发展的地位,其目的就是要培养与现代化要求相适应的数以亿计的高素质的劳动者和数以千万计的专门人才。邓小平同志要求各级教育要"面向现代化,面向世界,面向未来",教育面向现代化,就是要求教育与经济、社会发展的战略目标和战略步骤相适应,为我国社会主义现代化建设培养足够数量的、各种类型的高素质人才。

1985年5月,邓小平在第一次全国教育工作会议上,从社会主义现代化战略和中华民族的根本命运的高度,强调了要把我国沉重的人口负担尽快转化为巨大的人力资源优势的必要性和紧迫性。他指出:"我们国家,国力的强弱,经济发展后劲的大小,越来越取决于劳动者的素质,取决于知识分子的数量和质量。一个十亿人口的大国,教育搞上去了,人力资源的巨大优势是任何国家比不了的。有了人才优势,再加上先进的社会主义制度,我们的目标就有把握达到。"同年发布的《中共中央关于教育体制改革的决定》中明确指出:"在整个教育体制改革过程中,必须牢牢记住改革的根本目的是提高民族素质,多出人才,出好人才","要造就数以亿计的工业、农业、商业等各行各业有文化、懂技术、业务熟练的劳动者。要造就数以千万计的具有现代科学技术和经营管理知识,具有开拓能力的厂长、经理、工程师、农艺师、经济师、会计师、统计师和其他经济、技术工作人员。还要造就数以千万计的能够适应现代科学文化发展和新技术革命要求的教育工作者、科学工作者、医务工作者、理论工作者、文化工作者、新闻和编辑出版工作者、法律工作者、外事工作者、军事工作者和各方面党政工作者。所有这些人才都应该有理想、有道德、有文化、有纪律,热爱社会主义祖国和社会主义事业,具有为国家富强和人民富裕而艰苦奋斗的献身精神,都应该不断追求新知识,具有实事求是、独立思考、勇于创造的科学精神"。

党的十三大报告指出,"科技的发展、经济的振兴,乃至整个社会的进步都取决于劳动者素质的提高和大量合格人才的培养"。党的十四大报告再次指出,"科技进步、经济繁荣和社会发展,从根本上说取决于提高劳动者的素质、培养大批人才"。1997年党的十五大报告又进一步指出,"我国现代化建设的进程,在很大程度上取决于国民素质的提高和人力资源的开发"。从而进一步把人的素质同中国现代化、人才资源密切联系起来。

进入21世纪,世界范围的综合国力竞争,归根结底是人才,特别是创新型人才的竞争。社会主义现代化事业的不断发展和创新,归根结底有赖于各方面创新型人才的创造性思维和创造性活动。以习近平同志为核心的新一届领导集体,更加重视提高全民族的思想道德素质和科学文化素质,提出了以人为本的科学发展观,强调必须坚定不移地实施科教兴国战略和人才强国战略,要始终把培养和造就高素质人才作为根本大计,努力建设宏大的创新型人才队伍,把人才看成是事业发展最宝贵的财富。

2012年11月党的十八大报告中多次强调提升人口素质的战略重要性,并将提高人口素质确定为多项经济社会建设工作的中心:在"加快完善社会主义市场经济体制和加快转变经济发展方式"部分指出,"在当代中国,坚持发展是硬道理的本质要求就是坚持科学发展。……使经济发展更多依靠科技进步、劳动者素质提高、管理创新驱动……";在"加强民生和创新管理中加强社会建设"部分指出,"……提高出生人口素质,逐步完善政策,促进人口长期均衡发展";在"全面提高党的建设科学文化水平"部分提出,"加快确立人才优先发展战略布局,造就规模宏大、素质优良的人才队伍,推动我国由人才大国迈向人才强国"。

2017年党的十九大报告里专门提出要发展素质教育,推进教育公平,培养德智体美全面发展的社会主义建设者和接班人。将人口教育事业的发展,尤其是中西部地区和农村地区教育的加强,作为脱贫攻坚战取得决定性发展的重要抓手。

不难看出，从党的十一大到党的十九大，人口素质问题在党的议事日程中已日益占有重要位置，人口素质的现代化，已成为我国全面建设小康社会和实现社会主义现代化的重要组成部分。改革开放40余年来我国教育事业取得了长足发展，人口素质得到了明显提升。分阶段看，1980—1985年，我国首先基本实现普及小学教育。截至1984年，全国小学学龄儿童入学率和巩固率均超过95%。1986—2000年，基本实现普及九年制义务教育。2000年总体实现了"普九"的目标，"普九"人口覆盖率和初中毛入学率均超过85%。2000年以来，全面普及九年制义务制教育，进一步巩固义务教育水平。21世纪，九年制义务教育从基本普及转向全面普及和巩固提高。2006年全国人大常委会修订颁布了《义务教育法》。2007年底，全国普及九年制义务教育人口覆盖率达到99.3%，实现"普九"县数已占全国总县数的98.5%，义务教育实现了跨越式发展。

表2—3　1978—2016年适龄儿童小学入学率、升学率和中学升学率　　单位:%

年份	学龄儿童净入学率	小学升初中的比例	初中升高中的比例
1978	94	82.7	40.9
1979	93	82.8	37.6
1980	93	75.9	43.1
1981	93	68.3	31.5
1982	93	66.2	32.3
1983	94	67.3	35.5
1984	95.3	66.2	38.4
1985	95.9	68.4	39.4
1986	96.4	69.5	37.8
1987	97.2	69.1	35.7
1988	97.2	69.3	34.4

续表

年份	学龄儿童净入学率	小学升初中的比例	初中升高中的比例
1989	97.4	70.5	34.9
1990	96.3	74.6	40.6
1991	96.8	77.7	42.6
1992	97.2	79.7	43.6
1993	97.7	81.8	44.1
1994	98.4	86.6	47.8
1995	98.5	90.8	50.3
1996	98.8	92.6	49.8
1997	98.9	93.7	51.5
1998	98.9	94.3	50.7
1999	99.1	94.4	50
2000	99.1	94.9	51.2
2001	99.1	95.5	52.9
2002	98.6	97	58.3
2003	98.7	97.9	59.6
2004	99	98.1	63.8
2005	99.2	98.4	69.7
2006	99.3	100	75.7
2007	99.5	99.9	80.5
2008	99.5	99.7	82.1
2009	99.4	99.1	85.6
2010	99.7	98.7	87.5
2011	99.8	98.3	88.9
2012	99.9	98.3	88.4
2013	99.7	98.3	91.2
2014	99.8	98	95.1
2015	99.9	98.2	94.1
2016	99.9	98.7	93.7

改革开放40余年来，中国的教育事业也取得了巨大的成绩。截

止到2017年底，全国共有各级各类学校51.38万所，各级各类学历在校生2.70亿人，专任教师1626.89万人。

其中，学前教育阶段有幼儿园25.50万所，学前教育入园儿童1937.95万人，在园儿童4600.14万人。学前教育毛入园率达到79.6%。

全国共有义务教育阶段学校21.89万所，招生3313.78万人，在校生1.45亿人，九年制义务教育巩固率93.8%。其中，全国共有小学16.70万所，在校生10093.70万人，小学教职工564.53万人，专职教师594.49万人。小学学龄儿童净入学率达到99.90%。全国共有初中学校5.19万所（含职业初中15所），在校生4442.06万人。初中阶段毛入学率103.5%。全国义务教育阶段在校生中进城务工人员随迁子女共1406.63万人。其中，在小学就读1042.18万人，在初中就读364.45万人。

全国高中阶段教育共有学校2.46万所，招生1382.49万人，在校学生3970.99万人。高中阶段毛入学率88.3%。其中，高中阶段在校生规模中，普通高中在校生占比为59.8%，中等职业教育在校生占比为40.1%，成人高中在校生占比为0.1%。全国普通高中1.36万所，招生800.05万人，在校生2374.55万人，毕业生775.73万人。全国成人高中392万人，在校生3.94万人，毕业生3.90万人。

20世纪80年代以后，中国职业技术教育迅速发展。职业教育体系逐步形成高等职业教育、中等职业教育和初等职业教育三级职业教育体系。从经济社会发展上来看，发展高职教育对于走新型工业化道路，推进产业结构调整和经济增长方式转变，加快发展制造业和现代服务业，建设社会主义新农村，促进就业再就业，为构建社会主义和谐社会做出了应有贡献。职业教育学科门类齐全，进一步贴近市场。面向生产服务第一线，深入推进教育教学改革，使得职业教育的培养模式灵活多样，职业特点更加突出，充满发展活力，职业教育规模不断扩大。截至2017年底，全国中等职业教育共有学校 1.07 万所。其中，普通中等专业学校 3346 所，技工学校 2490 所，成人中等专业学校 1218 所。中等职业教育招生 582.43 万人，占高中阶段教育招生总数的 42.13%。其中，普通中专招生 246.25 万人，职业高中招生 148.40 万人，技工学校招生 130.91 万人，成人中专招生 56.88 万人。中等职业教育在校生 1592.5 万人，占高中阶段教育在校生总数的 40.10%。其中，普通中专在校生 712.99 万人，职业高中在校生 414.06 万人，技工学校在校生 338.21 万人，成人中专在校生 127.24 万人。中等职业教育毕业生 496.88 万人。其中，普通中专毕业生 216.99 万人，职业高中毕业生 128.99 万人，技工学校毕业生 90.48 万人，成人中专毕业生 60.41 万人。

全国各类高等教育在学总规模达到 3779 万人，高等教育毛入学率达到 45.7%。全国共有普通高等学校 2631 所（含独立学院 265 所），其中本科院校 1243 所，高职（专科）院校 1388 所。普通高等学校校均规模达到 10430 人，其中，本科学校 14639 人，高职（专科）学校 6662 人。研究生招生 80.61 万人，其中，全日制 69.19 万人，在学博士生 36.2 万人，在学硕士生 263.96 万人。毕业研究生 57.8 万人，其中，毕业博士生 5.8 万人，毕业硕士生 52.0 万人。

此外，各类民办教育蓬勃发展。全国共有各级各类民办学校 17.76 万所，占全国比重为 34.57%。招生 1721.86 万人，各类教育在校生达 5120.47 万人。其中，民办幼儿园 16.04 万所；入园儿童 999.32 万人，在园儿童 2572.34 万人。民办普通小学 6107 所，招生 137.70 万人，在校生 814.17 万人。民办初中 5277 所，招生 209.09 万人，在校生 577.68 万人。民办普通高中 3002 所，招生 111.41 万人，在校生 306.26 万人。民办中等职业学校 2069 所，招生 78.68 万人，在校生 197.33 万人。民办高校 747 所（含独立学院 265 所，成人高校 1 所），普通本专科招生 175.37 万人，在校生 628.46 万人。硕士研究生招生 747 人，在学 1223 人。另有民办的其他高等教育机构 800 所，各类注册学生 74.47 万人。

对人口群体来讲，衡量其文化科学素质现代化的主要指标，一般可采用人口文化水平（教育程度）构成、文盲率（或识字率）、受过大学及以上教育者占总人口（或有文化的人口）比重、在校大学生人数占总人口比重、受过中等教育者占总人口比重、从事科学技术研究和应用者人数占总人口比重，科学研究工作者和技术人员构成、劳动者的受教育程度构成等。其中，最为常用的是 6 岁及 6 岁以上人口文化程度构成。

表 2—4 给出了我国主要年份的 6 岁及 6 岁以上人口文化程度构成。可以发现，新中国成立以来，人口的受教育程度不断升级，低学历人口比例逐步下降，高学历人口比例逐步上升。其中，未上学人口比例从 1949 年的 80% 下降到 1982 年的 31.87% 和 2015 年的 5.69%；小学文化程度人口比例从 1964 年的 48.78% 下降到 1982 年的 39.94% 和 2015 年的 26.22%；初中文化程度人口比例从 1964 年的 7.93% 提高到 1982 年的 20.03% 和 2015 年的 38.22%；高中文化程度人口比例从 1964 年的 2.27% 提高到 1982 年的 7.48% 和 2015 年的 16.44%；大专及以上文化程度人口比例从 1964 年的 0.72% 下降到 1982 年的 0.68% 后，提高到 1990 年的 1.59% 和 2015 年的 13.33%。

表 2—4　　　1964—2015 年 6 岁及 6 岁以上人口文化结构　　　单位：%

指标	1949	1964	1982	1990	2000	2010	2015
未上学人口比例	80	40.3	31.87	20.60	9.54	5.00	5.69
小学文化程度人口比例	—	48.78	39.94	42.27	38.18	28.75	26.22
初中文化程度人口比例	—	7.93	20.03	26.50	36.52	41.7	38.22
高中文化程度人口比例	—	2.27	7.48	9.04	11.95	15.02	16.44
大专以上文化程度人口比例	—	0.72	0.68	1.59	3.81	9.53	13.33
合计	—	100	100	100	100	100	100

注：新中国成立初期我国缺乏对各类受教育程度人口的调查数据。

资料来源：摘自《剑桥中华人民共和国史》。1949 年中国的文盲率大约是 80%，而且被视为识字的 20% 的人当中，已经包括了那些只认识几百个中国汉字的人和在今天只能列为半文盲的人。其他年份的数据来自人口普查资料和人口抽样调查资料。

第三节　人口现代化研究进展

人口现代化研究的核心问题包括人口现代化的概念与内涵、指标体系与测量方法、发展进程与推进路径等。目前，国内外有关人口现代化的研究基本上都是围绕以上问题展开的。其中，既有侧重于学理的理论探讨研究，也有侧重于测量、评价和解决问题的实证研究。

人口现代化的概念与内涵是中国人口学家的创新性尝试。20世纪90年代初，我国著名人口学家刘铮教授曾经率先提出了"人口现代化"这一崭新的概念，试图对人口与发展问题做出更全面、更科学的诠释的创新尝试。"人口现代化"概念的主体是对一国或一个地区人口发展状况的综合描述。[①] 它不仅包括人口再生产类型由传统向现代、人口年龄结构由年轻型向年老型、人口素质由低到高的转变，也包括人口产业结构由以第一产业为主向以第二和第三产业为主、人口城乡结构由以农村人口为主向以城市人口为主、人民的生活水平由低到高的转变。[②] 20世纪后半叶，作为一个占据世界人口1/5的泱泱大国，中国人口从"高出生、高死亡"向"低出生、低死亡"转变。随后中国的人口与发展也进入了一个全新的历史时期和阶段，人口总量从长期持续增长向"零"增长过渡，人口规模由增变减，人口健康素质不断提升和人口老龄化不断攀高，人口迁移流动突破制度障碍迅速加大加快，人口教育文化素质不断提高，等等。

就人口现代化的进程研究而言，测量指标体系的建构是基础问题之一。刘铮认为人口现代化的测量指标体系主要包括两个方面：一是人口再生产类型现代化；二是人口素质的现代化。[③] 查瑞传认为

---

① 参见刘铮《人口现代化与优先发展教育》，《人口研究》1992年第2期。
② 参见本刊编辑部《中国人口现代化：挑战与展望》，《人口研究》2001年第1期。
③ 参见刘铮《刘铮文选》，中国人口出版社1994年版。

人口现代化的测量指标体系主要包括五个方面：一是人口出生死亡变动；二是人口年龄结构变动；三是人口文化素质水平；四是人口行业职业分布变动；五是人口地域迁移变动。[1] 张开敏认为人口现代化的测量指标体系包括三个方面：一是人口的生育模式；二是人口构成；三是人口素质。[2] 陈友华认为人口现代化的评价指标体系包括四个方面：一是生育现代化；二是人口素质现代化；三是人口结构现代化；四是经济现代化。[3] 王学义认为人口现代化的测度指标体系包括五个方面：一是人口再生产类型；二是人口素质现代化；三是人口结构现代化；四是人口城市化；五是生育现代化。[4]

此外，人口现代化的进程与经济社会现代化进程的协调程度也是主要的研究内容之一。"人口现代化"作为整个现代化体系的一个方面，是与社会经济的现代化过程相互推动的。在时间发展进程上，人口现代化和社会经济现代化之间可以是同步发展，也可能是某一方面滞后。人口现代化可以成为推动社会经济现代化的助推器和催化剂，也可能对社会经济的发展产生不利的影响，即人口现代化并不一定都是从积极的方面与社会经济的现代化相联系。反之亦然。在世界各国的发展过程中，这两种状况均有发生。近年来有关我国人口现代化进程的实证型和应用型研究也在逐渐增多。其中，多位学者对我国不同地区的人口现代化发展现状进行实证测算分析。[5] 例

---

[1] 参见查瑞传《人口现代化问题》，《人口与计划生育》1994年第3期。
[2] 参见张开敏《社会主义市场经济与人口现代化》，《社会科学》1994年第5期。
[3] 参见陈友华《人口现代化评价指标体系研究》，《中国人口科学》2003年第3期。
[4] 参见王学义《人口现代化的测度指标体系构建问题研究》，《人口学刊》2006年第7期。
[5] 参见陈春燕、李晓东、李啸虎、唐伟、李凤华《新疆各地州市人口现代化差异分析及评价》，《西北人口》2017年第7期；黄健元、杨飞《人口现代化状况评析——基于苏、浙、沪、京、粤、鲁、全国的比较》，《西北人口》2008年第4期；陈君武、王亚龙《甘肃省人口现代化进程分析与思考》，《发展》2015年第2期；徐愫、李享《江苏省人口现代化进程评价研究》，《人口与社会》2014年第6期。

如，贺满林、陈俐、王大奔就中国人口现代化水平的区域分布差异进行了主成分聚类分析，① 周炎炎就中国人口现代化与经济社会发展的系统模型进行构建及实证分析，② 等等。

就人口现代化与社会经济的互动关系而言，则包括对推动人口现代化过程的各种直接和间接动因及其社会经济影响的研究。③ 穆光宗、苗景锐就"人口现代化"和"生育现代化"的关系进行了分析。④ 王学义引入人口控制力概念来阐释人口现代化的经济社会发展效应（或经济社会发展力）。⑤ 人口控制力主要由生育文化力、政府控制力构成：生育文化力是生育文化对生育行为的影响和作用力量，它作用于经济社会发展所产生的效应通常表现在四个方面；政府控制力是政府为实现其人口战略目标和人口经济规划去干预人口运行、调控人口变动的能力，它对经济社会发展的推动作用首先表现为生育率快速下降所带来的收益。王学义基于人口转变论对人口现代化的生成背景和推进模式进行了阐释。⑥ 在特定背景下，世界人口现代化过程表现为三种基本的推进模式。第一种模式是人口现代化的自发型内生模式。主要是针对欧洲尤其是西欧发达国家或地区而言的一种经济动因模式。第二种模式是人口现代化的外推型外生模式。主要是针对发展中国家或地区而言的一种控制动因模式。第三种模式是人口现代化的混合型模式（内生模式与外生模式相结合）。主要

---

① 参见贺满林、陈俐、王大奔《中国人口现代化水平区域分布差异的主成分聚类分析》，《南方人口》2003 年第 9 期。

② 参见周炎炎《人口现代化与经济社会发展系统模型构建及实证分析》，《统计与决策》2014 年第 5 期。

③ 参见本刊编辑部《中国人口现代化：挑战与展望》，《人口研究》2001 年第 1 期。

④ 参见穆光宗、苗景锐《人口现代化和生育现代化：人口发展与计划生育工作的根本目标》，《人口学刊》2002 年第 12 期。

⑤ 参见王学义《人口现代化效应研究——基于人口控制力的分析视觉》，《理论与改革》2004 年第 11 期。

⑥ 参见王学义《人口现代化研究》，中国人口出版社 2006 年版。

是针对后起现代化国家或地区而言的一种经济动因、控制动因合力而为的模式。此外，部分学者还关注了人口现代化对人口群体的一些影响。例如，陈友华、吴凯分析了人口现代化对人口结构的影响。[①]

第四节　结论与建议

现代化的实质是人的现代化或者说是人口素质的现代化。新中国成立以来，我国人口现代化进程大致体现在三个方面。第一个方面，人口再生产类型由"高出生、高死亡、低增长"继续向"低出生、低死亡、低增长"转变并趋于稳定，劳动年龄人口在总人口中的比重不断增多并保持高位，为经济社会的加速发展提供了有利的人口条件。第二个方面，人口健康素质持续改善，人口健康寿命不断延长，健康老龄化成为未来一段时期的基本趋势。第三个方面，人口文化教育素质持续提升，高学历高技能人才在总人口中的比重不断提高成为新的变化趋势。

总体来讲，我国人口现代化的进程基本上可以简单概括为从"数量红利"走向"质量红利"的过程。但是，目前中国人口现代化总体水平还不高。中国实现了人口转变和生育转变，并不等于实现了人口现代化。处于现代化进程中的中国人口与发展虽然取得了伟大的成就，但同时也面临进一步发展的诸多问题与挑战。

从社会经济现代化发展趋势来看，人在社会经济发展中的地位和作用日益提高。随着知识经济时代的到来，世界经济的发展日益向科技、知识和信息倾斜，人的知识和创新能力逐渐成为制约经济和文化发展的关键。现代全球企业的发展和维系，日益需要依靠人

---

① 参见陈友华、吴凯《人口现代化对人口结构的影响分析》，《人口学刊》2007年第3期。

才战略，世界产业日益需要依靠人才资源，世界经济日益需要依靠人才动力；社会的现代化，离不开人口素质的现代化。针对当前人口与经济社会发展过程中存在的困难和具体问题，加快人口现代化进程，特别是人口健康素质和文化教育素质的不断提升和改善，可望为21世纪中叶中国全面实现现代化的宏伟目标提供更加良好的人口环境。这对于中国的现代化建设和实现可持续发展战略具有至关重要的意义。

针对当前人口与经济社会现代化进程中存在的问题，如何提高人口健康素质和文化教育素质将是未来一段时期人口现代化研究的重点领域。而人力资本投资，将成为促进人口健康素质和文化教育素质提高的积极影响因素。与维持人口的生存和发展所实施的包括人力、物力和财力的人口投资不同，人力投资更强调人力资源的开发，强调在教育、培训和健康等方面对人进行的投资。人力资本投资，将对人口素质的提高产生全面而深刻的影响，是现代化建设过程中必须予以高度重视的工作。

第 三 章

新中国 70 年家庭结构变迁

自中华人民共和国成立以来，综合国力日益强盛，城乡社会发生翻天覆地的变化，人民的物质生活水平不断改善。在集体化、工业化、城市化、市场化、全球化、信息化等一系列因素影响下，社会结构、价值伦理不断处于转型重塑之中，社会组织形态也在持续发生变化。而家庭作为社会组织最基本的单元，其巨变也体现在家庭结构、代际关系、生育、婚配、养老等方方面面。

家庭结构是家庭研究中最重要的领域之一，有关新中国成立后家庭结构变迁的研究也非常丰富。相关研究或基于国家人口普查、1%人口抽样调查数据，[1] 或基于研究机构、大学组织的调查数据，[2]

---

[1] 参见王跃生《当代中国城乡家庭结构变动比较》，《社会》2006年第3期；王跃生《中国城乡家庭结构变动分析——基于2010年人口普查数据》，《中国社会科学》2013年第12期；杨菊华、何炤华《社会转型过程中家庭的变迁与延续》，《人口研究》2014年第2期；胡湛、彭希哲《中国当代家庭户变动的趋势分析——基于人口普查数据的考察》，《社会学研究》2014年第3期。

[2] 最典型的当属中国社会科学院牵头组织的相关研究项目，包括：1980年至1981年"七地区调查"、1983年"五城市家庭调查"、1993年"七城市家庭调查"、1998年"现代中国城乡家庭研究"、2007年"城乡家庭调查"、2008年"中国五城市家庭调查"等。参见陈玉光、张泽厚《论我国人口的家庭结构》，《人口与经济》1983年第4期；沈崇麟、杨善华《当代中国城市家庭研究——七城市调查报告和资料汇编》，中国社会科学出版社1995年版；马春华、石金群、李银河、王震宇、唐灿《中国城市家庭变迁的趋势和最新发现》，《社会学研究》2011年第2期。

或以家庭结构变迁的村庄历史个案数据为依据。① 从理论视野看，经典家庭现代化理论在我国家庭结构变迁的研究中影响甚广，即随着工业化、城市化的推进，世界各国都将由传统扩大家庭转变为核心家庭。② 该理论的主要假设，尤其是家庭结构变迁的动力和方向，在欧美国家引发了大量的学术争论和批评。③ 中国家庭结构变迁的经验研究文献对经典家庭现代化理论持不同态度。不少学者认为随着中国城市化和工业化的推进，家庭结构逐渐趋于小型化，家庭和婚姻的变迁程度与社会变迁程度基本同步。④第二类研究认为我国家庭结构正在走向核心化、小型化，但认为家庭变迁的动力不仅仅来自于城市化和工业化，更与改革开放前农业集体化制度削减传统大家庭生产职能密切相关。⑤ 第三类研究也赞同我国家庭结构的核心化早在集体化时期就已发生这一观点，但其在计算国家人口普查数据后发现改革开放后，家庭结构核心化趋势并未进一步增强，直系家庭也未进一步衰落。⑥

---

① 参见费孝通《论中国家庭结构的变动》，《天津社会科学》1982 年第 3 期；费孝通《家庭结构变动中的老年赡养问题——再论中国家庭结构的变动》，《北京大学学报》（哲学社会科学版）1983 年第 3 期；费孝通《三论中国家庭结构的变动》，《北京大学学报》（哲学社会科学版）1986 年第 3 期；王跃生《中国城乡家庭结构变动分析——基于 2010 年人口普查数据》，《中国社会科学》2013 年第 12 期。

② William Goode, *World Revolution and Family Patterns*, New York: The Free Press of Glencoe, pp. 368 – 369.

③ 参见唐灿《家庭现代化理论及其发展的回顾与评述》，《社会学研究》2010 年第 3 期。

④ 这类研究总体赞同家庭现代化理论的相关假设，是我国家庭结构变迁研究中比较主流的观点，马春华等（2011）对相关文献进行了梳理。参见杨善华、沈崇麟《城乡家庭：市场经济与非农化背景下的变迁》，浙江人民出版社 2000 年版；杨菊华、何炤华《社会转型过程中家庭的变迁与延续》，《人口研究》2014 年第 2 期。

⑤ 参见王天夫、王飞、唐有才等《土地集体化与农村传统大家庭的结构转型》，《中国社会科学》2015 年第 2 期。

⑥ 参见王跃生《华北农村家庭结构变动研究——立足于冀南地区的分析》，《中国社会科学》2003 年第 4 期；王跃生《当代中国城乡家庭结构变动比较》，《社会》2006 年第 3 期；王跃生《中国城乡家庭结构变动分析——基于 2010 年人口普查数据》，《中国社会科学》2013 年第 12 期。

本章将借助国家人口普查、1%抽样调查、统计年鉴和学术研究文献中的村庄家庭结构变迁数据，以家庭户规模、家庭类型结构、家庭代数结构、家庭人数分布四个指标综合勾勒新中国成立70年以来的家庭结构变迁，在资料允许的情况下也将尽可能比较不同阶段城乡家庭结构的差异及其各自的变迁趋势。我们赞同第三类研究的观点，对前两类研究持保留态度，认为家庭结构变迁与集体化、城市化、工业化等多重因素有关，改革开放后我国家庭结构既有总体趋于小型化的一面，又有传统家庭形态稳定的一面。与前人研究相比，本章主要有如下特点：（1）增加2010年以后的数据，这一个阶段呈现的趋势与2010年之前略有不同，这既有助于我们进一步反思中国经验与西方经典家庭现代化理论的分殊，也有助于理解我国家庭结构变动中的波动与反复；（2）不同时期家庭结构小型化与核心化趋势并不同步，且影响因素也不太一样，改革开放前家庭类型结构趋于核心化，但在家庭户规模上却大幅波动，改革开放后规模总体小型化，但未有进一步的核心化趋势，已有研究并未对其中的差异进行仔细辨析；（3）在资料使用方面，主要运用国家人口普查、1%人口抽样调查、统计年鉴数据，[①] 这些数据比小规模抽样调查数据更有说服力，但考虑到土改与集体化时期官方数据相对有限，我们尽可能借助这一时期研究文献中的村庄历史个案数据和抽样调查数据，尽可能多角度还原这一时期的家庭结构变迁趋势。

新中国70年的历史进程将被划分为如下四个阶段：土改与集体化时期（1949—1965年）、"文化大革命"时期（1966—1978年）、

[①] 家庭类型结构的数据主要转引自王跃生、曾毅对人口普查数据的整理，后文会有进一步介绍。参见王跃生《华北农村家庭结构变动研究——立足于冀南地区的分析》，《中国社会科学》2003年第4期；王跃生《当代中国城乡家庭结构变动比较》，《社会》2006年第3期；王跃生《中国城乡家庭结构变动分析——基于2010年人口普查数据》，《中国社会科学》2013年第12期；曾毅、李伟、梁志武《中国家庭结构的现状、区域差异及变动趋势》，《中国人口科学》1992年第2期。

改革开放前期（1979—2000 年）、改革开放深化期（2001—2018 年）。总体来讲，我国的家庭结构呈现小型化趋势，但不同时期存在波动，且传统大家庭仍占有一席之地。土地改革、农业集体化、政治运动、计生政策、工业化、城市化、农村联产承包责任制等多重因素，是推动家庭结构变迁的重要力量。

第一节　土改与集体化时期（1949—1965 年）

这一时期的数据资料并不多，但我们仍然可以从一些官方统计数据和学者的村庄调研案例中，勾勒出新中国成立初期家庭户规模和家庭类型结构的变化。

一　家庭户规模

图 3—1 显示了新中国成立初期我国家庭户规模的变化趋势，1949—1965 年的数据来源于《中国人口统计年鉴（1988）》。为了更清楚地显示新中国成立后家庭户规模的变化，本章引入中华民国内政部人口局 1947 年的家庭统计数据。[①] 从图 3—1 中，我们可以非常清晰地看到，新中国成立初期的家庭户规模相比 1947 年，有大幅度的下降。1947 年户均人口规模为 5.35 人，1953—1965 年则从未超过 4.60 人。土地改革、农业集体化运动和"四清"运动，不断削弱传统私有制经济下家庭的农业生产职能，从而动摇联合大家庭存在的基础。集体经济制度下，家庭不再是独立的生产单位，家长权威削弱，子女对大家庭的经济依赖降低，有分家倾向；而父母为减轻负担、减少家庭矛盾也愿意分家。1958—1960 年的集体食堂制度更进一步冲击了传统大家庭"共灶合餐"的习俗；而"四

---

① 参见马侠《中国家庭户规模和家庭结构分析》，《人口研究》1984 年第 3 期。

清"运动则是对传统道德伦理和家长地位的又一次重大削弱。[①]

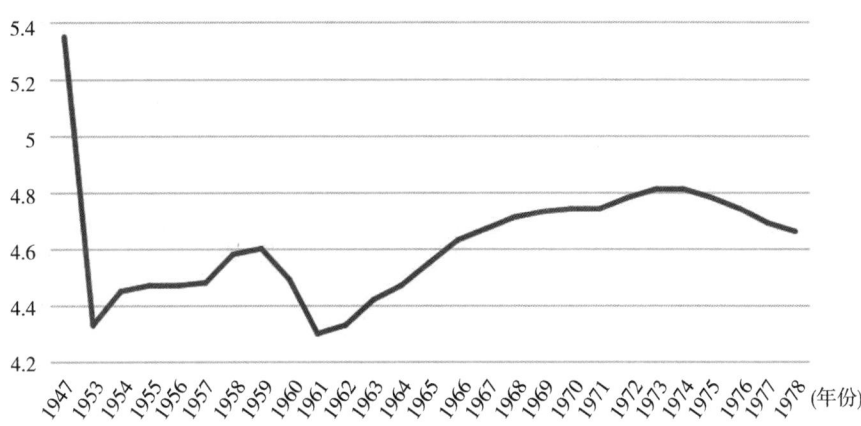

图3—1 改革开放前历年家庭户规模（单位：人）

资料来源：1947年的数据由中华民国内政部人口局统计；1949—1988年的数据来源于国家统计局人口统计司的《中国人口统计年鉴（1988）》（中国展望出版社1988年版）。

进一步对这一时期内部的变化趋势进行分析（图3—1），则不难发现，家庭户规模在1953—1959年总体呈上升之势，其后两年则相对而言有较大幅度下降，1962年之后又开始上升。两次规模上升是新中国成立后广大人民生活水平提高、医疗技术进步、社会安定背景下生育率上升、死亡率下降的结果；而1959—1961年的家庭户规模下降趋势则是三年自然灾害期间经济困难、口粮供应紧张、生

[①] 参见费孝通《论中国家庭结构的变动》，《天津社会科学》1982年第3期；陈玉光、张泽厚《论我国人口的家庭结构》，《人口与经济》1983年第4期；马侠《中国家庭户规模和家庭结构分析》，《人口研究》1984年第3期；邵秦、胡明霞《中国家庭结构历史分析》，《中国人口科学》1988年第4期；王跃生《华北农村家庭结构变动研究——立足于冀南地区的分析》，《中国社会科学》2003年第4期；王天夫、王飞、唐有才等《土地集体化与农村传统大家庭的结构转型》，《中国社会科学》2015年第2期。

育率下降、死亡率上升的直接反映①。

表3—1　　　　　　三次人口普查的家庭户规模　　　　　单位：人

年份	全国	市镇	乡村
1953	4.30	4.66	4.26
1964	4.29	4.11	4.35
1982	4.43	3.95	4.57

资料来源：转引自马侠《中国家庭规模和家庭结构分析》(《人口研究》1984年第3期)，其统计出来的三次人口普查数据与《中国人口统计年鉴（1988）》（中国展望出版社1988年版）略有差异。

城乡之间的差异也值得重视。从表3—1的三次人口普查数据看，1964年、1982年市镇家庭户规模小于乡村，这与我国历史大多数时期的城乡家庭差异趋势是相符的。但1953年的乡村家庭户规模低于市镇这一现象，却是土地改革、农业合作化等重大制度变革背景下农村大家庭分家、家庭户大量增长的产物。② 在这三次人口普查中，乡村家庭户规模逐步上升，市镇则大幅度下降。城乡家庭户规模变化方向呈相反趋势，很大程度上与生育率有关，乡村总和生育率长期高于城市，且在1964年以后城市总和生育率的年平均下降速度远高于农村。③

二　家庭类型结构

有关家庭代数结构和人数分布的数据比较缺乏，但一些经典的村庄调查则为我们揭示了这一时期农村家庭类型结构的变化。自

---

① 参见陈玉光、张泽厚《论我国人口的家庭结构》，《人口与经济》1983年第4期；马侠《中国家庭户规模和家庭结构分析》，《人口研究》1984年第3期；邵秦、胡明霞《中国家庭结构历史分析》，《中国人口科学》1988年第4期；王跃生《社会变革与当代中国农村婚姻家庭变动——一个初步的理论分析框架》，《中国人口科学》2002年第4期；王德文《人口低生育率阶段的劳动力供求变化与中国经济增长》，《中国人口科学》2007年第1期。

② 参见马侠《中国家庭户规模和家庭结构分析》，《人口研究》1984年第3期。

③ 参见林富德《我国生育率转变的因素分析》，《人口研究》1987年第1期。

1936年在江村进行经典的人类学田野调查后，费孝通随后又对江村进行了多次回访，并对家庭类型结构的变迁进行了比较。1936年、1950年、1964年的数据显示，江村的核心家庭所占百分比分别为23.7%、32.3%、44.7%，核心家庭逐步上升，并在逾十年的集体化进程后一跃成为最主要的家庭类型结构；而直系家庭的百分比则逐步下降，分别为45.4%、35.5%、20.5%；复合家庭则在江村一直不多见，百分比分别为3.3%、4.9%、2.4%。在观念意识上，江村农民将直系家庭作为其主导的家庭类型结构，父母一般会与一个已婚的儿子共同居住。① 导致直系家庭减少、核心家庭增多的原因有三方面：一是集体化将家庭生产职能剥离到集体；② 二是40年代末期江村人口增长导致60年代核心家庭增加；三是农村副业收入下降、经济困难导致两代之间尤其是婆媳之间关系紧张。③

王跃生考察了自1930年以来冀南五个村庄家庭类型结构的历史变迁。④ 王跃生与费孝通对核心家庭的定义有所不同，王跃生将"夫妇中只有一方健在同子女组成的家庭"归为核心家庭，而费孝通则将这种情况归为残缺家庭。冀南五村庄核心家庭所占百分比总体高于江村，残缺家庭则低于江村，部分与统计口径的差异有关。两者在直系家庭、复合家庭方面统计口径比较一致。从数据上看，在1956年以前，冀南五村庄直系家庭所占百分比总体上比江村低；复合家庭相比江村更高一些。不过，传统大家庭逐渐解体、核心家庭比例上升的历史趋势在冀南五村和江村则是一致的。冀南农村家庭类型结构变迁具体表现为：复合家庭所占百分比，从土改前、土改

---

① 参见费孝通《三论中国家庭结构的变动》，《北京大学学报》（哲学社会科学版）1986年第3期。

② 参见费孝通《论中国家庭结构的变动》，《天津社会科学》1982年第3期。

③ 参见费孝通《三论中国家庭结构的变动》，《北京大学学报》（哲学社会科学版）1986年第3期。

④ 参见王跃生《华北农村家庭结构变动研究——立足于冀南地区的分析》，《中国社会科学》2003年第4期。

(1946年)、高级社前夕（1956年）到1966年，依次降低，甚至在部分村庄消失；直系家庭占比在1956年及以前一直比较稳定，然而到1966年，受"四清"运动"破四旧""立四新"的影响，在部分村庄有大幅度下降；核心家庭占比则逐步上升。家庭类型结构的变迁，总体上受到土改、农业集体化和政治运动的影响。1966年，冀南五村庄的核心家庭占总体比重在61.2%至71.7%之间，直系家庭在12.6%至23.7%之间，复合家庭在0至1.6%之间。同一时期浙江萧山和湖北洪湖两个村庄的核心家庭占总体比重分别为60.2%、63.2%，直系家庭分别占21.9%、32.7%，复合家庭分别占1.2%、0.5%。[①] 这两个村庄核心家庭、复合家庭占比与冀南五村庄接近。

另一个比较值得注意的现象是，在家庭结构核心化的大趋势下，农村的家庭户规模却略有增长。一方面，土改、集体化、"四清"运动削弱传统大家庭的生产职能和大家长权威；另一方面，新中国成立后民众生活水平的提升（尽管中间穿插了三年自然灾害时期）、医疗技术的进步、社会安定，总体上促进了生育率的提高和死亡率的下降，从而导致传统大家庭瓦解与家庭户规模增长并存的趋势。

中国社会科学院社会学研究所于1983年组织的"五城市家庭调查"有助于我们了解该时期城市家庭类型结构的变迁。此次调查对调查对象结婚时婆家和娘家的家庭类型结构进行了询问，从中我们可以勾勒出不同时期的情况。女性婆家核心家庭占总体比例，在1958—1965年相比之前略有上升，复合家庭占比则有所下降。女性娘家的核心家庭占比在1950—1965年呈逐步上升趋势，直系家庭占比则在1954年后开始下降。[②] 从这个数据看，城市家庭结构的核心化至少在民国时期就确立了；城市家庭在这一时期也呈现出一定的家庭核心化趋势，但变化幅度比农村小；与新中国成立前的家庭类型结构相比变化趋势也并不明朗。当然，因为一些新婚家庭在婚后可能不会立即与父

---

① 参见王跃生《当代中国城乡家庭结构变动比较》，《社会》2006年第3期。
② 参见仇立平《我国城市家庭结构变动及其发展的模型研究》，《人口研究》1987年第5期。

母分家，所以这种推算方法可能低估核心家庭的比例，在评估女性婆家的家庭类型结构变化趋势时也可能会有一定的局限。

三 小结

综上所述，在土改与集体化时期，家庭户规模相比新中国成立前有大幅度下降。在该时期内部则呈现"上升—（短暂）下降—上升"的趋势。在城乡之间，则体现为市镇家庭户规模不断下降、乡村逐步上升的相异路径。该时期乡村家庭户平均规模在家庭核心化趋势下仍有所上升，与1949年后人民生活水平提高、社会安定、医疗技术进步等大背景下生育率上升、死亡率下降有关。从农村家庭类型结构看，则展现了传统大家庭解体、家庭核心化的大趋势。土改、农业集体化和"四清"运动是导致农村家庭结构变化的重要因素。城市家庭类型结构以核心家庭为主导，在这一时期内也有一定的家庭核心化趋势。不过从数据看，家庭结构的核心化趋势在民国时期就确立了。当然，由于历史统计资料的限制，我们尚难以演示该时期家庭代数结构和家庭拥有人数分布的总体情况和变化趋势。

第二节 "文化大革命"时期（1966—1978年）

除家庭户规模外，这一时期的家庭类型结构、代数结构、人数分布数据均比较缺乏。考虑到这一时期的统计资料相对有限，本章将以1982年人口普查的数据或其他1982年前的调查数据代替1978年这个时间点的情况，并将这些数据与"文化大革命"期间或1949年前的数据对比，勾勒这一时期家庭结构的变迁。农村联产承包责任制大规模推广是在1982年1月1日中共中央批转《全国农村工作会议纪要》以后的事情，城市体制改革则更晚，对外开放也只是在小范围试行，这几年与集体化时期有较大程度的延续性，数据替代方案因此具备一定的合理性。

一 家庭户规模

从该时期家庭户规模变化趋势看（图3—1），1966—1973年总体呈上升趋势，1974年后开始逐渐下降；相比土改与集体化时期，则总体有所增长。如前所述，在人民生活水平和医疗条件改善的大背景下，高出生率、低死亡率使得人口持续增长，进而导致家庭户人口规模的增加。[①] 1964年对计划生育的宣传，首先导致了城镇生育率的下降。而20世纪70年代开始的计划生育工作，则对控制城乡（尤其是城镇）的生育水平和家庭户规模起到关键作用。[②] 另外，从城乡看（表3—1），1964—1982年，乡村家庭户规模在增长，市镇则有所下降。如前所述，这在很大程度上与城乡生育率的差异有关，乡村总和生育率不仅高于城市，且在1964年以后城市总和生育率的年平均下降速度远高于农村。[③]

二 家庭类型结构

几乎所有来自城乡的调查都反映了这一时期的家庭核心化趋势。从农村家庭类型结构看，中国社科院人口研究中心1980—1981年在江、浙、川、陕等七个地区1016户的调查资料显示，核心家庭占总体比重在1940年前后为30%，1981年则增至36%；直系家庭则由43%增至55%；复合家庭则由23%下降至6%。[④] 但这一数据应该有

[①] 参见陈玉光、张泽厚《论我国人口的家庭结构》，《人口与经济》1983年第4期；王德文《人口低生育率阶段的劳动力供求变化与中国经济增长》，《中国人口科学》2007年第1期。

[②] 参见林富德《我国生育率转变的因素分析》，《人口研究》1987年第1期；王跃生《社会变革与当代中国农村婚姻家庭变动——一个初步的理论分析框架》，《中国人口科学》2002年第4期。

[③] 参见林富德《我国生育率转变的因素分析》，《人口研究》1987年第1期。

[④] 参见陈玉光、张泽厚《论我国人口的家庭结构》，《人口与经济》1983年第4期。

些偏误，可能高估了非核心家庭的比重、低估了家庭的核心化程度。因为在马侠本人的研究中，1981年七地区农村家庭户平均规模为5.58人，远高于1982年人口普查的4.57人。① 在此次人口普查中，全国核心家庭（包括只有夫/妇一人的缺损核心家庭）、直系家庭、复合家庭占总体的比重分别为68.30%、21.74%、0.92%，② 亦与七地区的调查结果有较大差别。在其他村庄的调查数据中，1981年江村的核心家庭占总体比重为38.7%，直系家庭占38.5%；③ 1982年河北定县东庞庄乡的核心家庭、直系家庭分别占63.0%、30.5%，而浙江镇海县中宅村两类家庭则分别占82.8%、13.3%；④ 1982年山东泰安市前灌村两类家庭分别占62.1%、11.5%。⑤ 这些村庄的核心家庭占比均高于中国社科院人口研究中心七地区的调查，直系家庭占比均低于七地区调查。

不过七地区调查反映出"文化大革命"时期相比新中国成立前的家庭核心化趋势，在上述地区也得到印证。这一时期核心家庭占总体比重相比新中国成立前均有提升，复合家庭占比均有所降低。但与七地区调查有所不同的是，上述地区的直系家庭占比相比新中国成立前都要更低。⑥

若论这一时期相比1965年以前家庭类型结构的变化，江村

---

① 参见马侠《中国家庭户规模和家庭结构分析》，《人口研究》1984年第3期。

② 参见王跃生《中国城乡家庭结构变动分析——基于2010年人口普查数据》，《中国社会科学》2013年第12期。

③ 参见费孝通《三论中国家庭结构的变动》，《北京大学学报》（哲学社会科学版）1986年第3期。

④ 参见邵秦、胡明霞《中国家庭结构历史分析》，《中国人口科学》1988年第4期。

⑤ 参见吕德才《改革中农村家庭结构变动趋向的社区分析——前灌村个案研究之一》，《人口学刊》1996年第3期。

⑥ 参见费孝通《三论中国家庭结构的变动》，《北京大学学报》（哲学社会科学版）1986年第3期；邵秦、胡明霞《中国家庭结构历史分析》，《中国人口科学》1988年第4期；吕德才《改革中农村家庭结构变动趋向的社区分析——前灌村个案研究之一》，《人口学刊》1996年第3期。

的调研结果与其他地区结论不一。江村1981年的核心家庭所占比重相比1964年降低了6.0个百分点，直系家庭和复合家庭则分别上升了18.0和0.8个百分点，费孝通援引了农民的解释，认为这主要是人口增长、房屋紧张所致。其他地区的调研则反映了农村家庭持续的核心化趋势。[①]浙江镇海县中宅村从1952年、1972年再到1982年，核心家庭占比依次上升（分别为59.2%、67.4%、82.8%），直系家庭比重依次下降（分别为29.0%、24.2%、13.3%），复合家庭则逐渐消失（分别为10.5%、0.8%、0）。[②]山东泰安市前灌村1982年的直系家庭所占比重相比1962年也降低了3.1个百分点。[③]

1983年的"五城市家庭调查"的数据结果显示，这一时期相比土改与集体化时期，城市的家庭核心化趋势明显。女性婆家核心家庭占总体的比重逐步上升，1958—1965年为52.51%，1966—1976年为60.16%，1977—1982年为67.55%。女性娘家核心家庭占总体的比重亦呈现出类似的变化趋势，在三个时段分别为67.88%、67.13%、69.28%。女性婆家的单身及其他家庭、女性娘家的复合家庭和单身及其他家庭，在这三个时段占总体的比重则均呈现为依次下降的趋势。[④]而潘允康、潘乃谷从天津某街道居民点调查得出的核心家庭比例还要更高一些，核心、直系、联合三类家庭占总体的比重分别为82.9%、15.3%、0.7%。[⑤]

---

① 参见费孝通《三论中国家庭结构的变动》，《北京大学学报》（哲学社会科学版）1986年第3期。

② 参见邵秦、胡明霞《中国家庭结构历史分析》，《中国人口科学》1988年第4期。

③ 参见吕德才《改革中农村家庭结构变动趋向的社区分析——前灌村个案研究之一》，《人口学刊》1996年第3期。

④ 参见仇立平《我国城市家庭结构变动及其发展的模型研究》，《人口研究》1987年第5期。

⑤ 参见潘允康、潘乃谷《试论我国城市的家庭和家庭结构》，《天津社会科学》1982年第3期。

三 家庭代数结构和人数分布

最后，看看这一时期家庭代数结构和人数分布的总体情况，以及与新中国成立前相比呈现出的变化趋势。从家庭代数结构看，1982年以二代户为主体，一代户、二代户、三代及以上户比例分别为13.74%、67.45%、18.79%；而1930年李景汉教授的河北定县调查的数据结果则分别为2.52%、48.93%、48.53%。一代户、二代户比例大量增加，而三代及以上户比例则大幅度减少。从家庭人数分布看，1982年一人、二人户比例分别为7.94%、10.06%，相比1930年的河北定县调查、1931年卜凯教授在22省的调查、中国社科院人口研究中心的七地区调查（针对1930—1940年的情况）结果，均有明显增加；三人、四人、五人、六人户分别占16.05%、19.56%、18.35%、13.11%，相比上述三次调查结果，则有不同程度的提升；七人及以上户占14.90%，相比上述三次调查结果，有明显下降。这两个指标显示的变化趋势，与新中国成立以来家庭核心化的总体趋势是一致的。[①]

四 小结

综上所述，"文化大革命"时期的家庭户规模，相比土改与集体化时期，总体有所增长；在这一时期内部则呈现先升后降之趋势。前期家庭户规模的上升仍然与医疗条件改善、人民生活水平提高、社会安定背景下的高出生率、低死亡率有关；后期的下降趋势则与计划生育的推行（尤其在城市）有关。"三普"相比"二普"，乡村家庭户规模有所增长，市镇则相反，这与城乡间生育率的差异以及计划生育的执行程度有关。从城乡家庭类型结构看，"文化大革命"时期相比上一时期，总体呈现出更为明显的核心化趋势（费孝通研究的江村是例外）。家庭代数结构相比新中国成立前，更趋向于一代

---

① 参见马侠《中国家庭户规模和家庭结构分析》，《人口研究》1984年第3期。

户、二代户。而从家庭人数分布看，七人及以上户比例，较新中国成立前有明显下降，而一人户、二人户比例则相对有明显增加。与新中国成立前相比，家庭类型结构趋于核心化，代数结构则更为简化。

值得注意的是新中国成立前30年，家庭类型结构核心化、代数减少与家庭户规模略有增长的现象并存。其变迁动力有所不同：1949—1978年我国家庭户规模和家庭人数分布的变化，受集体经济制度、生活条件、医疗水平、自然灾害、计划生育政策等多重因素的影响；家庭类型结构和代数结构的变化，则是土改、农业集体化和各类政治运动影响下家庭生产职能弱化、大家长权威受冲击的结果。

第三节　改革开放前期（1979—2000年）

自1982年进行第三次全国人口普查以来，我国的人口普查和人口抽样调查数据更为丰富，且汇集成册，部分学者也对1982年以后人口普查中有关家庭结构的相关数据进行了测算。因此，本章接下来将主要借助官方公布的人口普查、1%抽样调查、统计年鉴数据，以及王跃生基于1982年以来的普查数据算出的不同家庭类型结构比例，勾勒出改革开放后的家庭结构变迁趋势及城乡差异。[①]

一　家庭户规模

前文提到，自1974年后，我国家庭户规模开始逐步下降。如图3—2所示，自改革开放至2000年，家庭户规模的下降趋势更为明显。1979年的家庭户规模为4.65人，1982年第三次全国人口普查

---

① 参见王跃生《当代中国城乡家庭结构变动比较》，《社会》2006年第3期；王跃生《中国城乡家庭结构变动分析——基于2010年人口普查数据》，《中国社会科学》2013年第12期。

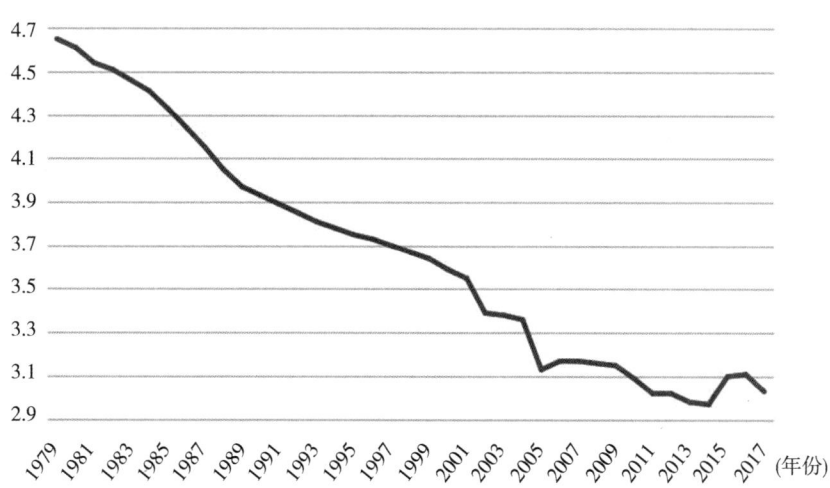

图 3—2 改革开放后历年家庭户规模（单位：人）

资料来源：1988—2006 年《中国人口统计年鉴》，2007—2017 年《中国人口和就业统计年鉴》，2018 年《中国统计年鉴》。

时降至 4.51 人，1990 年"四普"时降至 3.93 人，2000 年"五普"时进一步降至 3.59 人。导致家庭户规模下降的因素首先是计划生育。1982 年 9 月，计划生育政策被党的十二大定为基本国策，同年 12 月又被写入宪法。1991 年 5 月，党中央、国务院作出《关于加强计划生育工作严格控制人口增长的决定》，旨在进一步贯彻执行计生政策，严控人口增长。其次，随着经济生活水平的进一步提高、女性受教育水平提高和价值观念的转变，国人的生育意愿也在降低。[①]在严厉的计生政策和国人生育意愿的综合作用下，我国的出生率在这一时期持续降低。[②] 最后，改革开放后，农村联产承包责任制改革

[①] 参见侯佳伟、黄四林、辛自强等《中国人口生育意愿变迁：1980—2011》，《中国社会科学》2014 年第 4 期。

[②] 参见王德文《人口低生育率阶段的劳动力供求变化与中国经济增长》，《中国人口科学》2007 年第 1 期。

虽然使农民家庭的生产职能得以部分恢复，但工业化、城市化的迅速扩展，却又发挥着削弱传统大家庭的农业生产和收入分配职能的作用，并进一步推动流动人口与农村家庭的居住分离。[①] 改革开放后家庭户规模降低，与出生率降低密切相关。而出生率又受制于计划生育政策、经济发展、教育水平提高、年轻人生育观念变化等因素。同时，在工业化、城市化的冲击下，农村分田到户虽然恢复了家庭部分生产职能，但在这一时期并没有导致传统大家庭的复归，家庭结构的核心化趋势得以保持。

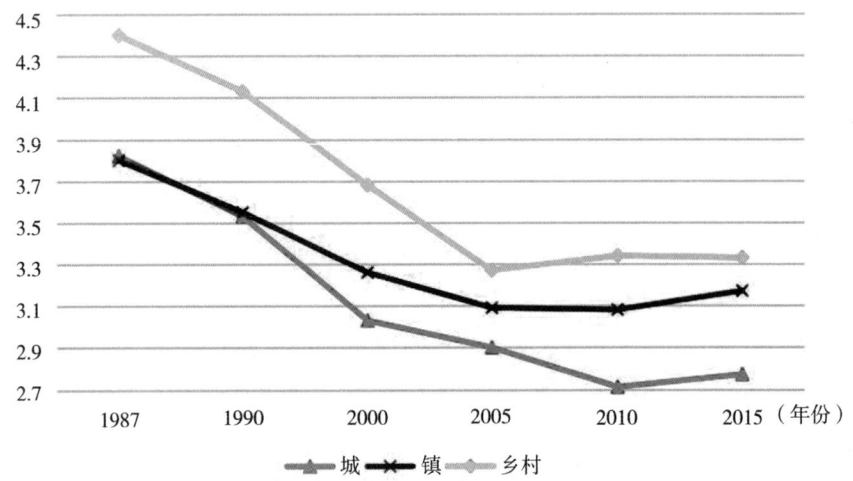

图3—3　改革开放后城乡家庭户规模（单位：人）

资料来源：《中国1990年人口普查资料》《中国2000年人口普查资料》《中国2010年人口普查资料》，以及《中国1987年1%人口抽样调查资料》《2005年全国1%人口抽样调查资料》《2015年全国1%人口抽样调查资料》。

图3—3借助我国人口普查和1%抽样调查数据进一步揭示了城市、镇、乡村的家庭户规模及其变化趋势。总体上，乡村的家

---

① 参见王天夫、王飞、唐有才等《土地集体化与农村传统大家庭的结构转型》，《中国社会科学》2015年第2期。

庭户规模均高于城市和镇。从各自的变化趋势看，乡村1987年、1990年和2000年的家庭户规模分别为4.40人、4.13人和3.68人，城市和镇在1987年、1990年的家庭户规模比较接近（城市分别为3.82人、3.53人，镇分别为3.80人、3.55人），2000年城市迅速降至3.03人，而镇则只降至3.26人。严格的计划生育政策是乡村、镇、城市家庭户规模下降的共同因素。经济发展、教育水平提高进一步导致城市的生育意愿和生育水平下降。另外，流动人口的大量涌入也增加了城市单人户和夫妻核心家庭的数量，从而进一步助推城市家庭小型化的趋势，降低城市家庭户规模。乡村和镇家庭户规模下降也与工业化、城市化背景下的人口流动趋势有一定关联。

二 家庭类型结构

从家庭类型结构看（表3—2），这一时期核心家庭、直系家庭占总体的比例相对比较稳定，核心家庭占绝对主导地位，但直系家庭也没有进一步减少。虽然单人户占比在2000年略有上升，复合家庭占比较小，且在2000年进一步下降。王跃生将核心家庭进一步进行细分为夫妇核心、标准核心、夫妇分居核心、单亲核心、扩大核心、过渡核心，将直系家庭细分为三代及以上直系、二代直系、隔代家庭。[①] 从核心家庭看，2000年夫妇核心家庭比例相比1990年有大幅度提升（分别为12.93%、6.49%），标准核心家庭则相应降低（分别为46.75%、53.53%）；夫妇分居核心、单亲核心、扩大核心所占比例较低，且在"三普""四普""五普"中均逐渐降低。直系家庭方面，三代及以上直系家庭占比一直稳定在17%左右，是最主要的直系家庭类型结构；二代直系家庭占比逐渐降低；隔代家庭则由1990年的0.91%增至2000年的2.11%，

---

① 参见王跃生《中国城乡家庭结构变动分析——基于2010年人口普查数据》，《中国社会科学》2013年第12期。

增幅明显。① 单人户、夫妇核心家庭的增长，标准核心家庭的减少，是现代化、工业化、城市化背景下民众婚育观念变化、流动人口家庭成员分离等因素作用的结果，显示了家庭结构的小型化趋势。而直系家庭（尤其是三代及以上直系家庭）比例的相对稳定则说明，农村联产承包责任制下农村家庭生产职能部分复归，传统家庭形态在我国的现代化进程中仍占有一席之地。

表3—2　　　　　　　改革开放后家庭类型结构　　　　　　单位:%

家庭类型结构	1982年	1990年	2000年	2010年
核心家庭	68.30	70.61	68.18	60.89
直系家庭	21.74	21.33	21.72	22.99
复合家庭	0.92	1.08	0.56	0.58
单人户	7.98	6.34	8.57	13.67
残缺家庭	0.84	0.57	0.71	0.93
其他	0.22	0.88	0.26	0.93

资料来源：王跃生根据"三普""四普""五普""六普"数据整理。

进一步比较城市、镇、乡村的家庭类型结构及其各自在1990—2000年的变化。1990年，城市、镇、乡村的家庭类型结构差别并不大。乡村单人户、夫妇核心家庭的比例略低于城市和镇，三代及以上直系家庭的比例则略高于后两者。2000年，乡村核心家庭（尤其是夫妇核心家庭）、单人户占总体比例明显低于城市和镇，直系家庭（尤其三代及以上直系家庭）占比则明显比城市和镇高，② 这说明乡村在更大范围内保留了传统大家庭结构。

---

① 参见王跃生《中国城乡家庭结构变动分析——基于2010年人口普查数据》，《中国社会科学》2013年第12期。

② 参见王跃生《当代中国城乡家庭结构变动比较》，《社会》2006年第3期。

在比较1990—2000年城市、镇、乡村家庭类型结构的变化之前（表3—3），有必要对直系家庭数据进行一定的修正。由于曾毅等对1990年普查数据的统计未纳入二代直系家庭，为统一两个数据的比较口径，2000年的数据也减去二代直系家庭，扣减后城市、镇、乡村的直系家庭比例分别为14.41%、15.53%、22.20%。[①] 从两次普查数据看，城市、镇、乡村的核心家庭比例均有所降低，单人户比例均有所提高，其中乡村的核心家庭比例降幅最大，城市和镇的单人户比例增幅则相对更明显；乡村直系家庭比例有所提高，而城市和乡镇则有所降低。进一步对核心家庭和直系家庭进行细分和比较，[②] 可以看到，2000年城市、镇、乡村的夫妇核心家庭比例较1990年均有一定程度降低；城市和镇的三代及以上直系家庭比例均略有降低，而乡村则略有提高；城市、镇、乡村的隔代家庭比例均有提高，但乡村增幅最大。从这一时期的变化趋势看，城市和镇的家庭结构更趋小型化，而乡村则同时存在着三代及以上直系家庭、单人户、夫妇核心家庭比例增长趋势。

表3—3　　　　　　　改革开放后城乡家庭类型结构　　　　　单位:%

家庭类型结构	1990年[①]			2000年			2010年		
	城	镇	乡村	城	镇	乡村	城	镇	乡村
核心家庭	74.4	73.2	73.8	71.44	70.87	66.28	65.30	63.53	57.02
直系家庭	16.5	18.1	18.8	16.26	17.53	24.83	15.28	21.52	28.52
复合家庭	1.4	1.2	1.0	0.69	0.63	0.50	0.40	0.66	0.67
单人户	6.7	6.7	5.9	10.38	10.04	7.52	17.03	12.97	11.79

---

① 参见王跃生《当代中国城乡家庭结构变动比较》，《社会》2006年第3期；王跃生《中国城乡家庭结构变动分析——基于2010年人口普查数据》，《中国社会科学》2013年第12期。

② 参见王跃生《当代中国城乡家庭结构变动比较》，《社会》2006年第3期。

续表

家庭类型结构	1990年①			2000年			2010年		
	城	镇	乡村	城	镇	乡村	城	镇	乡村
残缺家庭				0.71	0.56	0.74	0.72	0.66	1.18
其他	1.0	0.8	0.7	0.52	0.36	0.13	1.28	0.67	0.81

注：曾毅等《中国家庭结构的现状、区域差异及变动趋势》一文中数据只保留小数点后一位，且未有残缺家庭和二代直系家庭两个类型结构，因此表3—2中1990年的直系家庭也未包含二代直系家庭数据。

资料来源：曾毅、李伟、梁志武《中国家庭结构的现状、区域差异及变动趋势》，《中国人口科学》1992年第2期；王跃生《当代中国城乡家庭结构变动比较》，《社会》2006年第3期；王跃生《中国城乡家庭结构变动分析——基于2010年人口普查数据》，《中国社会科学》2013年第12期。根据"四普""五普""六普"数据整理。

三　家庭代数结构

图3—4显示，改革开放前期，二代家庭占绝对主导地位。家庭的代数结构在1982年、1987年和1990年未有明显变化，1987年一代家庭比例相比1982年略有降低，二代、三代及以上家庭比例则略有提高。而在1990年和2000年两次普查数据中，家庭代数结构则有较大变化，一代家庭在10年间增长了9.55个百分点，二代、三代及以上家庭则分别降低了8.74、0.82个百分点。一代家庭增长、二代家庭减少与家庭类型结构的变化趋势是一致的，即单人户、夫妇核心家庭增长，标准核心、二代直系、复合家庭减少。

再看城市、镇、乡村的家庭代数结构和各自的变化趋势（表3—4）。1990年城市、镇、乡村的家庭代数结构差别不大，城市一代家庭比例略高于镇和乡村，三代及以上家庭比例则略低于镇和乡村。2000年，乡村的一代家庭比例明显低于城市和镇，而三代家庭比例则明显高于后两者，二代家庭比例在三者间差别不大。如前所述，城乡之间家庭类型结构也存在着类似的差异，乡村的单人户和夫妇核心家庭比例明显更低，三代及以上家庭比例明显更高。

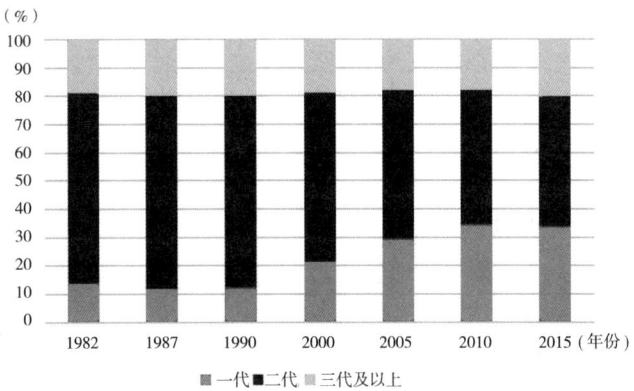

图 3—4　改革开放后家庭代数结构（单位：%）

资料来源：《中国 1982 年人口普查资料》《中国 1990 年人口普查资料》《中国 2000 年人口普查资料》《中国 2010 年人口普查资料》，以及《中国 1987 年 1% 人口抽样调查资料》《2005 年全国 1% 人口抽样调查资料》《2015 年全国 1% 人口抽样调查资料》。

表 3—4　　　改革开放后城乡家庭代数结构　　　单位：%

城乡	家庭代数结构	1990 年	2000 年	2005 年	2010 年	2015 年
城	一代	13.40	28.37	33.44	41.17	39.58
城	二代	67.66	58.13	52.73	47.16	45.97
城	三代及以上	18.94	13.50	13.83	11.67	14.45
镇	一代	11.94	25.22	30.38	33.65	31.23
镇	二代	67.51	59.66	53.19	49.64	47.90
镇	三代及以上	20.55	15.12	16.44	16.71	20.87
乡	一代	11.42	18.21	26.59	29.77	30.57
乡	二代	68.62	59.72	52.50	47.54	45.07
乡	三代及以上	19.96	22.07	20.91	22.69	24.36

资料来源：《中国 1990 年人口普查资料》《中国 2000 年人口普查资料》《中国 2010 年人口普查资料》，以及《2005 年全国 1% 人口抽样调查资料》《2015 年全国 1% 人口抽样调查资料》。

在 1990—2000 年，城市、镇、乡村一代家庭比例均有提升，分别增长了 14.97、13.28、6.79 个百分点；二代家庭比例均有所降低，分别降了 9.53、7.85、8.9 个百分点；城市、镇的三代及以上家庭分别降低了 5.44、5.43 个百分点，而乡村则增长了 2.11 个百分点。城市、镇、乡村家庭代数结构与家庭类型结构，呈现出类似的变化趋势。

四 家庭人数分布

从家庭人数分布看（图 3—5），1982 年、1987 年、1990 年、1995 年，占比最高的是三人、四人、五人户，2000 年则变为三人、四人、二人户。从柱形图也可以看出，1982—2000 年，三人及以下户总比例稳步增长，五人及以上户总比例则逐渐下降；四人户比例在 1982—1995 年逐渐增长，之后开始下降。家庭人数分布的变动，与家庭户规模的变化趋势总体一致。

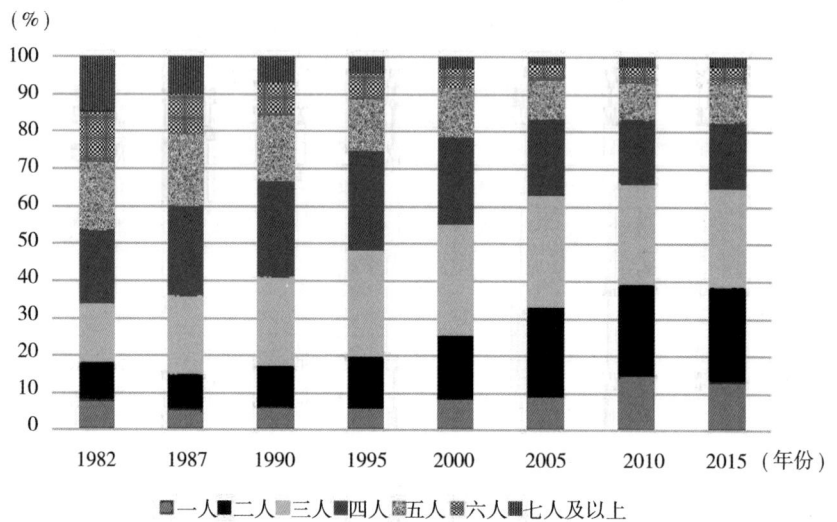

图 3—5 改革开放后家庭人数分布（单位:%）

资料来源：《中国 1982 年人口普查资料》《中国 1990 年人口普查资料》《中国 2000 年人口普查资料》《中国 2010 年人口普查资料》，以及《中国 1987 年 1% 人口抽样调查资料》《1995 年全国 1% 人口抽样调查资料》《2005 年全国 1% 人口抽样调查资料》《2015 年全国 1% 人口抽样调查资料》。作者根据改革开放后四次普查资料算出的"一人户"比例，与王跃生根据四次人口普查数据算出的"单身户"家庭比例，略有差异。

进一步借助人口普查和1%抽样调查数据对1987年、1990年、2000年城市、镇和乡村的家庭人数分布进行比较（图3—6至图3—8）。数据显示，在这三个时间点，城市和镇的三人及以下户总比例高于乡村，且调查时点越往后，与乡村的差异越大；四人及以上户总比例低于乡村，且调查时点越往后，四人户、五人户比例与乡村的差异越大。

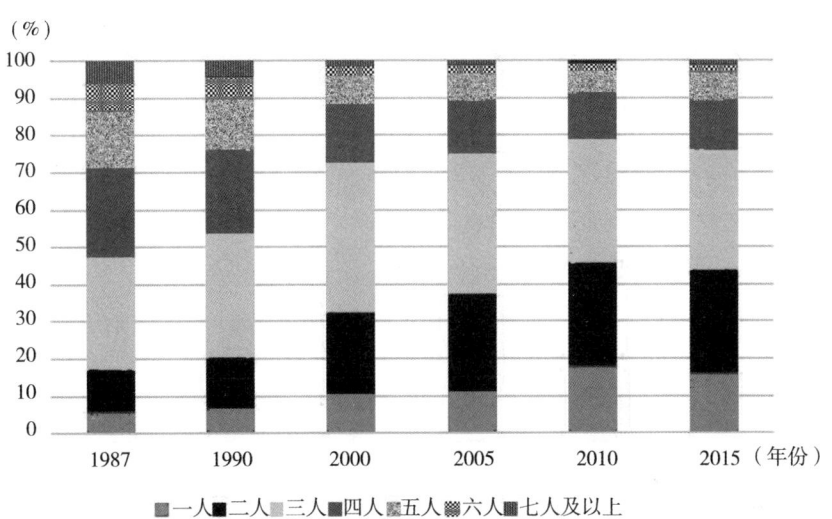

图3—6 改革开放后城市家庭人数分布（单位:%）

资料来源：《中国1990年人口普查资料》《中国2000年人口普查资料》《中国2010年人口普查资料》，以及《中国1987年1%人口抽样调查资料》《2005年全国1%人口抽样调查资料》《2015年全国1%人口抽样调查资料》。

最后看1987年、1990年、2000年三个调查时点城市、镇、乡村家庭人数分布的变化趋势。城市和镇三人及以下户总比例均呈逐渐上升之势，四人及以上户比例均逐渐下降（图3—6、图3—7）。乡村三人及以下户的比例呈逐渐上升之势，五人及以上户的比例逐渐下降，四人户比例最高，且相对稳定（图3—8）。城市、镇、乡村家庭人数分布在三个调查时点的变化均反映了家庭小型化的大趋势。

104 新中国社会建设70年

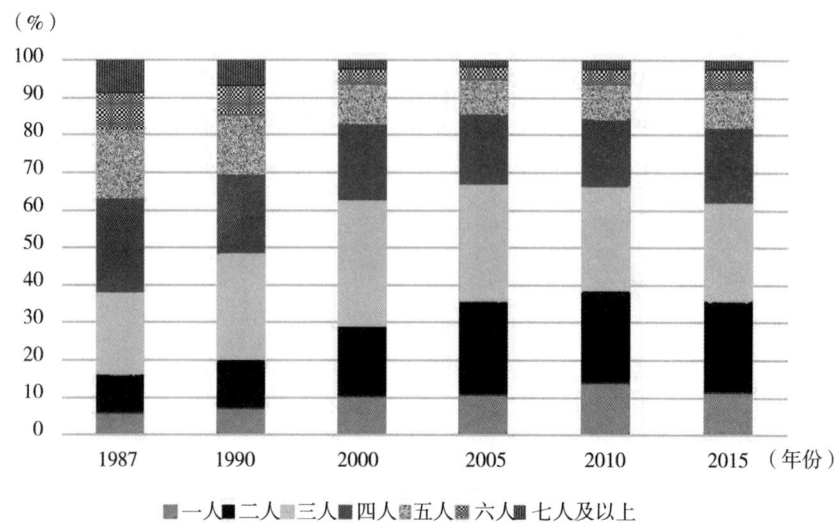

图3—7 改革开放后镇家庭人数分布（单位：%）

资料来源：《中国1990年人口普查资料》《中国2000年人口普查资料》《中国2010年人口普查资料》，以及《中国1987年1%人口抽样调查资料》《2005年全国1%人口抽样调查资料》《2015年全国1%人口抽样调查资料》。

五 小结

通过综合分析人口普查、1%抽样调查、统计年鉴数据以及二手研究文献，本章发现，在1979—2000年，中国的家庭日益小型化。家庭户规模延续了集体化后期的下降趋势，从1979年的4.65人下降为2000年的3.59人。家庭类型结构以核心家庭为主导，单人户、夫妇核心家庭、隔代家庭比例有所增长，标准核心家庭、复合家庭、二代直系家庭比例减少，三代及以上直系家庭比例保持稳定。家庭代数结构则体现为二代家庭为主导、代数结构变少的趋势，一代家庭比例上升，二代家庭比例下降。从家庭人数分布看，三人户、四人户的比例相对较高，三人及以下户比例稳步增长，而五人及以上户则逐渐下降。

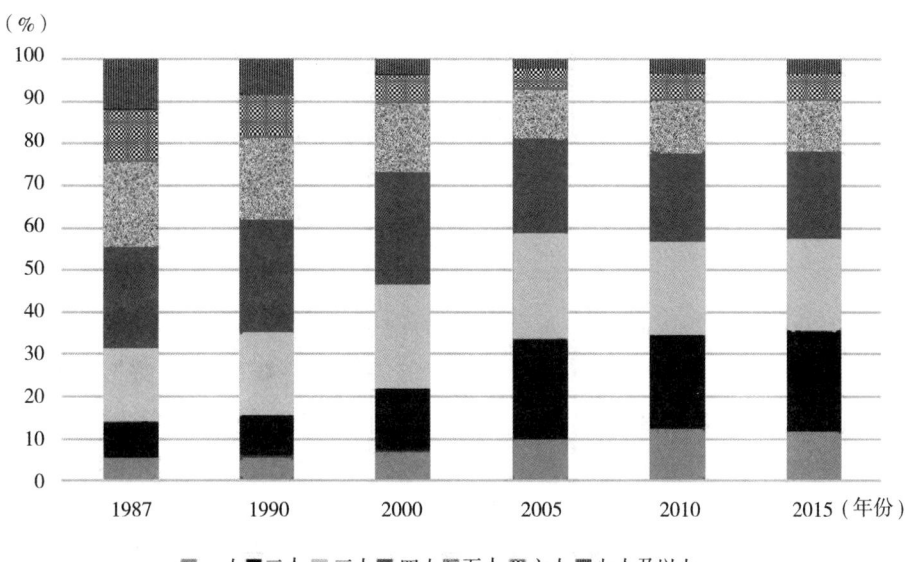

图 3—8　改革开放后乡村家庭人数分布（单位:%）

资料来源:《中国1990年人口普查资料》《中国2000年人口普查资料》《中国2010年人口普查资料》，以及《中国1987年1%人口抽样调查资料》《2005年全国1%人口抽样调查资料》《2015年全国1%人口抽样调查资料》。

城乡家庭结构存在一定差异。乡村家庭户规模一直高于城市和镇。在家庭类型结构方面，乡村也保留着更高比例的直系家庭（尤其是三代及以上直系家庭），单人户、夫妇核心家庭的比例则比城市和镇更低，乡村的家庭结构既有小型化趋势，又更富传统色彩。家庭代数结构方面，城市和镇的一代户比例比乡村低，三代及以上户比例比乡村高。从家庭人数分布看，城市和镇的三人及以下户总比例高于乡村，四人及以上户总比例低于乡村；家庭类型结构、代数结构、人数分布的城乡差异，均在2000年人口普查数据中表现得更为明显。

这一时期城乡家庭结构的变化趋势略有差异，但均体现出家庭结构小型化的大趋势。城市、镇、乡村的家庭户规模在这一时期均呈下降之势，不过在1990—2000年，城市家庭户规模的下降速度要比镇更快。家庭类型结构方面，城市、镇、乡村的单人户、夫妇核心家庭比例均有所提高；标准核心家庭比例均有所降低；城市和镇的三代及以上直系家庭比例有所降低，而乡村则有所增长。家庭代数结构呈现出类似的变化趋势，2000年城市、镇、乡村一代家庭比例均比1990年高；二代家庭比例均比1990年低；城市和镇的三代及以上家庭比例在降低，而乡村却略有增长。最后看1987年、1990年、2000年三个时点家庭人数分布的变化，城市、镇和乡村的三人及以下户总比例均逐步增长；五人及以上户总比例逐渐下降。

　　计划生育政策的严格推行，有效降低了这一时期的出生率，并在很大程度上型塑了家庭的小型化趋势。工业化、城市化的迅速扩展带来了人口跨地区流动的浪潮，并进一步带来农村地区空巢、独居和城市非家庭化迁移比例的增长；经济发展和教育水平的提高则带来民众（尤其是城市居民）生育意愿的下降，这些因素进一步推动了家庭结构的小型化趋势。而联产承包责任制的推行则部分恢复了家庭的生产职能，从而为农村直系家庭、三代及以上户的稳定存在（甚至增长）提供重要土壤。尽管这一时期家庭结构小型化趋势明显，但核心化趋势却没有进一步增强。

第四节　改革开放深化期（2001—2019年）

　　进入21世纪后，我国改革开放力度进一步加大。伴随着市场化、工业化、城市化、信息化的持续推进，我国民众的生活水平、受教育程度不断提升，区域间的人口和各类要素流动加快，价值观念也日益多元化。

一　家庭户规模

　　我国这一时期家庭户规模（图3—2）总体仍在变小，但存在一定波动。2001年家庭户规模为3.55人，2005年降至3.13人，2006

年又回升至 3.17 人，随后在数据上保持了 4 年的稳定，2010 年又开始下降，2014 年降至 2.97 人，为历史最低，随后又经历升降，2015 年、2016 年、2017 年分别为 3.10 人、3.11 人、3.03 人。

家庭户规模整体下降但又在 2005 年以后发生波动，可能是我国经济、社会、人口和制度层面一系列因素综合作用的结果。从经济与社会层面看，我国经济持续发展，民众的生活质量和受教育程度不断提升，加上城市化带来的生活压力，总和生育率降低，民众对婚育的选择日趋多元化，单人户和夫妇核心家庭比例增长，由此导致家庭户规模的降低。[1] 但从人口层面看，长期的计生政策导致许多家庭只有一个子女，这些子女更有可能与父母共同居住生活、组成直系家庭。这是因为当代独生子女在成家之后面临着经济（如城市购房）和抚育子女方面的需求。紧密的经济联系和抚幼需求的增加，为传统的直系家庭赋予了新的存在土壤；而少子化趋势下家庭内部兄弟姐妹间的冲突也会减少，分家的动力进一步减弱。[2] 人口流动趋势的变化也有可能推动家庭户规模的变化。人口流动固然会带来家庭成员的分离和子女一辈经济上的独立，[3] 并带来空巢、独居家庭的增多。[4] 但近年来人口流动趋势发生变化。一方面，流动人口越来越多地回流至中西部地区和家乡附近发展。2010 年的人口普查和 2015 年的 1% 抽样调查数据显示，我国流动人口开始呈现东部地区向中西部地区回流的趋势；2008 年以来的《农民工监测调查报告》也显

---

[1] 参见杨菊华、何炤华《社会转型过程中家庭的变迁与延续》，《人口研究》2014 年第 2 期；胡湛、彭希哲《中国当代家庭户变动的趋势分析——基于人口普查数据的考察》，《社会学研究》2014 年第 3 期。

[2] 参见王跃生《中国城乡家庭结构变动分析——基于 2010 年人口普查数据》，《中国社会科学》2013 年第 12 期；胡湛、彭希哲《中国当代家庭户变动的趋势分析——基于人口普查数据的考察》，《社会学研究》2014 年第 3 期。

[3] 参见杨菊华、何炤华《社会转型过程中家庭的变迁与延续》，《人口研究》2014 年第 2 期。

[4] 参见王跃生《中国城乡家庭结构变动分析——基于 2010 年人口普查数据》，《中国社会科学》2013 年第 12 期。

示，东部地区外出农民工占总体比例逐渐减少，中西部地区本地农民工占比逐渐提升。返乡流动人口无论是在家庭附近发展，还是周边城镇工作购房，他们都更容易与父母、配偶、子女共同生活。另一方面，沿海城市农民工携妻带子、家庭化迁移的比例也越来越高。流动人口回流家乡和家庭化迁移这两大趋势，共同推动了家庭户规模的增长趋势。最后，随着我国2011年以来"双独二孩""单独二孩""全面二孩"等政策的相继实施，一定程度上阻止了出生率的下滑趋势，并对家庭户规模产生一定影响。

这一时期的家庭户规模也呈现出较强的城乡差异（图3—3）。乡村家庭户规模最大，然后是镇，城市最低。乡村与城市家庭户规模的差距在2010年达到最大（分别为3.34人、2.71人）。从各自的变化趋势看，乡村和镇的人口规模在这一时期相对稳定，城市变动更大一些。乡村家庭户规模在2005年降至最低（3.27人），2010年、2015年略有回升（分别为3.34人、3.33人）；镇家庭户规模在2005年、2010年降至较低水准（分别为3.09人、3.08人），2015年略有回升（3.17人）；城市家庭户规模在2005年、2010年持续下降（分别为2.90人、2.71人），2015年略有回升（2.77人）。总体来说，乡村、镇和城市的家庭户规模在进入21世纪后都呈现出先降后回升的趋势。

二　家庭类型结构

这一时期的家庭类型结构，只有2010年的"五普"数据，虽然难以反映2010年以后的情况，但将其与2000年的数据进行对比，仍能看出21世纪第一个十年的变化趋势（表3—2）。相比2000年，2010年的核心家庭比例下降7.29个百分点，单人户比例增长了5.10个百分点，直系家庭也增长了1.27个百分点。进一步对核心家庭和直系家庭进行细分。数据显示，相比2000年，2010年标准核心家庭下降了13.61个百分点，降至33.14%，其主导地位已大大削弱；夫妇核心家庭则增长了5.53个百分点，增至18.46%；直系家庭中，三代及以上直系家庭的比例在21世纪头十年保持稳定，二代直系和隔代家庭略有增长。单人户、夫妇核心家庭增长，标准核心家庭大幅度降低，反映了现代化、城市化进程中民众婚育观念和选择的变化，晚婚、晚育、不婚、丁克等现象日益增多。城市化背景下大规模的人口流动也导致单人户、夫妇核心家庭、隔代家庭的增长。但计划生育政策导致的少子化趋势，又增强了父母与年轻夫妇共同生活的趋势，减少了直系家庭分家的可能性，从而导致二代直系家庭的增长和三代及以上直系家庭的稳定。[①]

对这一时期的城乡家庭类型结构进行比较，如表3—3所示，2010年乡村核心家庭比例低于城市和镇；直系家庭的比例在乡村、镇、城市之间依次下降；城市的单人户比例则比乡村和镇高。进一步对"六普"中的核心家庭和直系家庭进行细分，[②] 则可以发现：2010年乡村夫妇核心家庭比例在城市、镇、乡村之间依次下降；城市、镇的标准核心家庭比例接近，均比乡村要高；三代及以上家庭、隔代家庭比例在乡村、镇、城市之间依次下降；乡村二代直系家庭比例高于镇和城市。

再看这一时期城市、镇、乡村家庭类型结构的变化（表3—3）。2010年城市、镇、乡村的核心家庭比例相较于2000年均有下降，其中乡村下降最快；单人户比例均有增长，其中城市增长最快；乡村和镇的直系家庭比例均有所增长，城市则略有下降。进一步对核心家庭和直系家庭进行细分，[③] 则可以发现：2010年城市、镇、乡村的夫妇核心家庭比例相较于2000年均有增长；标准核心家庭均有下降，其中乡村下降最快（分别为30.92%、46.48%）；乡村、镇的三代及以上直系家庭有所增长，城市略有下降；乡村、镇的二代直

[①] 参见王跃生《中国城乡家庭结构变动分析——基于2010年人口普查数据》，《中国社会科学》2013年第12期。

[②] 同上。

[③] 同上。

系、隔代家庭均有所增长。从家庭类型结构的变化趋势看，21世纪头十年，城市的家庭结构进一步小型化；乡村和镇则是传统直系家庭与现代小家庭同时增长。另外，与乡村标准核心家庭大幅度下降并行的是单人户、夫妇核心、三代及以上、二代直系、隔代家庭的增长，这表明，在城市化大背景下，人口流动加剧了部分家庭的独居、空巢和隔代照料趋势，而代际互助和流动人口返乡又促使另一部分家庭更紧密地联系在一起。

三 家庭代数结构

与家庭户规模的波动类似，这一时期家庭代数结构也开始呈现出与前一时期不一样的态势（图3—4）。2005年、2010年的一代户比例持续增长（分别为29.35%、34.18%），二代户比例持续下降（分别为52.69%、47.83%），三代及以上户的比例则比较稳定（分别为17.96%、17.99%）。家庭代数结构在21世纪前十年呈现的变化趋势，与家庭户规模和家庭类型结构数据是一致的。然而到2015年，家庭代数结构却没有持续之前的趋势，一代户、二代户比例（分别为33.79%、46.02%）相比2010年均略有降低，三代及以上户的比例相应增长了2.21个百分点（20.20%）。

在2005年、2010年、2015年三个时点的人口普查或抽样调查数据中（表3—4），一代户比例均表现为城市、镇、乡村依次降低，二代户比例在城乡之间差异不大，三代户比例则均表现为城市、镇、乡村依次提高。

从变化趋势看（表3—4），城市和镇的一代户比例在2005年、2010年经历连续上升后，在2015年有所下降；乡村的一代户比例也是在这两个调查时点经历了连续上升，在2015年略有增长；城市、镇、乡村的二代户比例在三个调查时点均呈逐渐下降的态势；城市三代及以上户的比例在2010年降至最低，2015年却又有所回升；镇三代及以上户的比例在21世纪前十年略有上升，在2015年迅速增长了4.16个百分点；乡村三代及以上户的比例则自2005年开始持续上升。2010年家庭代数结构与家庭类型结构数据显示的变化趋势一致，但2015年的数据则显示三代及以上直系家庭比例可能略有扩大，直系家庭在进入21世纪后并没有进一步走向衰落。

四 家庭人数分布

家庭人数分布与家庭代数结构的变化趋势类似（图3—5）。这一时期，二人、三人、四人户仍然是相对主流的类型结构。相比2000年，2005年三人及以下户总比例增长，四人及以上户总比例下降，体现出鲜明的家庭小型化趋势。之后情况有所变化。2010年、2015年相比2005年调查时点数据，一人、二人、六人及以上户比例增长，三人、四人户比例下降。家庭代数结构与人数分布在2010年后的变化趋势共同说明，传统大家庭有重新焕发生机之势，家庭结构小型化的趋势未必会进一步发展。如前所述，这可能与两个因素有关：一是推行数十年的计生政策造就大批独生子女，这一人群在成家之后面临着经济（城市购房）和抚育子女方面的强烈需求，传统直系家庭的生产职能虽然削弱，但收入分配和劳务互助的职能被重新激发；二是流动人口返乡或举家迁往沿海大城市，一定程度上推动家庭户规模增长。

再对2005年、2010年、2015年城市、镇和乡村的家庭人数分布进行比较（图3—6至图3—8）。数据显示，三人及以下户总比例在城市、镇和乡村之间依次下降；[①] 四人及以上户总比例在城市、镇和乡村之间依次增长。

最后看2005年、2010年、2015年城市、镇、乡村家庭人数分布的变化趋势（均以前一调查时点数据为参照）。城市2005年、2010年均表现为一人、二人户比例上升，三人及以上户总比例下降；2015年则表现为一人、三人户比例下降，四人及以上户总比例

---

① 唯一的例外是，2015年乡村一人户比例略高于镇（分别为11.81%、11.37%）。

上升（图3—6）。镇2005年二人户比例大幅度增长，三人及以上户总比例相应下降；2010年突出表现为一人户比例增长，三人户比例下降；2015年主要表现为一人户比例下降，四人及以上户总比例上升（图3—7）。乡村2005年三人及以下户总比例增长，四人及以上户总比例下降；2010年二人、三人、四人户比例下降，五人及以上户总比例增长；2015年变化不大（图3—8）。

五　小结

21世纪初，我国的家庭结构总体仍在保持小型化趋势，但这种趋势在2005年后似乎并没有进一步发展。传统直系家庭有重新焕发生机的势头。家庭户规模总体在降低，但2005年后存在一些波动，2015年家庭户规模甚至比2014年增加0.13人。在2010年的家庭类型结构数据中，既有单人户、夫妇核心家庭比例增长的一面，也有三代以上直系家庭比例保持稳定的一面。从家庭代数结构看，一代户比例呈现出先升后略降的趋势，二代户比例持续下降，三代及以上户则先降后升。从家庭人数分布看，2010年、2015年相比2005年调查时点数据，一人、二人、六人及以上户比例增长，三人、四人户比例下降。

这一时期城乡之间的差异，与前一时期相比，有一定的延续性。乡村家庭户规模最大，城市最低。乡村核心家庭的比例低于城市和镇；直系家庭的比例在乡村、镇、城市之间依次下降；城市的单人户比例则比乡村和镇高。一代户比例表现为城市、镇、乡村依次降低，二代户比例在城乡之间差异不大，三代户比例则表现为城市、镇、乡村依次提高。三人及以下户总比例在城市、镇和乡村之间依次下降，四人及以上总户比例在城市、镇和乡村之间依次增长。

乡村、镇和城市的家庭户规模在进入21世纪后都呈现出先降后回升的趋势。乡村、镇和城市家庭代数结构、人数分布也体现出类似的趋势。乡村2010年回升，三代及以上户、五人及以上户总比例增长；城市和镇也在2015年回升，三代以上户、四人及以上户总比例增长。家庭类型结构方面，这一时期只有2010年的数据，与2000年相比，城市、镇、乡村的单人户、夫妇核心家庭比例均有增长；标准核心家庭比例均有下降；乡村和镇的直系家庭也有所增长，城市则略有下降。

这一时期两个趋势值得注意：第一，家庭户规模总体下降与家庭核心化程度降低可谓一体两面，人口流动使得空巢、独居现象大量增加，现代社会民众婚育观念变化，导致单身户、夫妇核心家庭比例增加，标准核心家庭比例大幅度下降，家庭户规模也随之下降；第二，2015年家庭户规模、代数结构、人数分布的反弹，说明现代化、城市化、工业化并不必然导致家庭结构的线性变化，传统直系家庭反倒成为民众应对城市化困境的宝贵资源，这与经典家庭现代化理论预言的趋势恰恰相反。

第五节 结论

总体上看，新中国成立70年来我国的家庭结构趋于小型化。新中国成立前（1947年）家庭户规模为5.35人，新中国成立初（1953年）快速降为4.33人，2017年家庭户规模进一步降至3.03人。当然，家庭户规模并非呈线性降低之势。1953—1973年，我国人民物质生活、医疗水平不断提高，社会安定，出生率上升，人均寿命提高，家庭户规模总体呈上升之势。当然，1959—1961年自然灾害的发生也导致家庭户规模短暂的下降趋势。1974—2005年，我国的家庭户规模不断下降。这是我国计划生育政策执行日趋严格、民众婚育观念变化、工业化和城市化背景下人口大量流动等因素综合作用的结果。2006年家庭户规模略有上升，随后下降，2015年又有回升。家庭户规模的回升是独生子女婚后与父母组成直系家庭、流动人口家庭化和计生政策放宽等因素综合作用的结果。

改革开放前，我国的家庭类型结构变化主要体现为核心家庭比例提高、复合家庭比例降低。改革开放后,直系家庭的比例比较稳定(2010年略有上升),复合家庭比例较低,核心家庭比例在2000年后降幅较大,单身户比例在2000年后增幅较大。进一步对核心家庭和直系家庭进行细分发现,夫妇核心家庭比例自1982年"三普"以来呈上升趋势;标准核心家庭比例自1990年"四普"以后逐渐下降;三代及以上直系家庭保持稳定;隔代家庭有所增长。改革开放后家庭类型结构的变化既呈现小型化的趋势(单身户、夫妇核心家庭比例上升),又保留着传统的大家庭结构(直系尤其是三代及以上直系家庭长期比较稳定)。家庭代数结构方面,改革开放初期一代、二代户比例相比新中国成立前有较大幅度增长,三代及以上户比例则相应有较大幅度降低。改革开放后,一代户比例总体趋于增长,二代户比例总体趋于下降,三代及以上户比例相对稳定。2015年的情况有所不同,三代及以上户比例增长,一代户比例略有下降。

从家庭人数分布看,改革开放初期,一人、二人户比例相比1949年前有明显增加,七人及以上户比例相应降低。改革开放后至2010年以前,一人、二人户比例继续增长,三人、四人、五人户先增后降,六人及以上户比例逐渐下降。2010年以后的情况有所不同,一人、二人、六人及以上户比例增长,三人、四人户比例下降。

城乡之间的家庭户规模、类型结构、代数结构、人数分布也有差异。总体而言,家庭结构的小型化程度在乡村、镇、城市三者之间依次递增。改革开放前,乡村家庭户规模总体上升,市镇家庭户规模逐渐下降;城市与乡村的家庭类型结构均体现出核心化趋势,即核心家庭比例增长,复合家庭比例下降。改革开放后,城市、镇、乡村的家庭户规模总体上均呈下降之势,城市和镇的家庭户规模在2015年的抽样调查数据中略有回升,而乡村的家庭户规模在2010年的普查数据中已有反弹趋势。改革开放后城市、镇、乡村的家庭人数分布也体现出类似的变迁趋势。从改革开放后城市、镇、乡村的家庭类型结构变迁看,单人户、夫妇核心家庭比例均有所提高;标准核心家庭比例均有所降低;城市的三代及以上直系家庭比例有所降低，乡村有所增长，镇的三代及以上直系家庭则先降后增；乡村和镇的隔代家庭比例均逐渐增长。最后看城市、镇、乡村的家庭代数结构变化，乡村一代户比例逐渐增长，城市和镇的一代户比例先是逐渐增长，在2015年有所下降；城市、镇、乡村的二代户比例逐渐下降；乡村的三代及以上户比例在经历小幅度波动后，自2005年后逐渐上升，城市和镇的三代及以上户比例则是先呈下降趋势，在2015年的抽样调查数据中有所增长。

总体而言，我国家庭结构趋于小型化，在城乡之间存在一定差异。与家庭结构小型化并存的，是传统大家庭在改革开放后的相对稳定。进入21世纪后，我们甚至可以看到三代及以上户比例、六人及以上户比例增长的现象。与我国已有的家庭结构变迁研究相比，并对照经典家庭现代化理论，本章发现：（1）新中国成立70年来，家庭结构总体呈小型化趋势，但在改革开放后，核心化趋势并没有进一步强化，传统直系家庭、三代及以上户家庭仍然占有一席之地，这与王跃生、杨菊华等人的研究发现是一致的。[1]（2）家庭结构变迁的动力不仅来源于城市化、工业化，也与土地改革、农业集体化、政治运动、计划生育、农村联产承包责任制等因素密切相关，这与王跃生、王天夫等人的观点一致。[2]（3）不同时期家庭结构小型化与核心化趋势不太一致，土改和集体化时期家庭类型结构核心化但家庭户规模略有增长，改革开放初期家庭户规模持续下降但家庭类型结构核心化趋势并未增强，进入21世纪后家庭户规模总体进一步下降但核心家庭比例也在下降，推动家庭户规模和类型结构的动力

---

[1] 参见王跃生《当代中国城乡家庭结构变动比较》，《社会》2006年第3期；王跃生《中国城乡家庭结构变动分析——基于2010年人口普查数据》，《中国社会科学》2013年第12期；杨菊华、何炤华《社会转型过程中家庭的变迁与延续》，《人口研究》2014年第2期。

[2] 参见王跃生《华北农村家庭结构变动研究——立足于冀南地区的分析》，《中国社会科学》2003年第4期；王天夫、王飞、唐有才等《土地集体化与农村传统大家庭的结构转型》，《中国社会科学》2015年第2期。

机制也有所不同，家庭现代化理论和我国的经验研究均未对此进行仔细区分。（4）家庭户规模、代数结构、人数分布在2015年人口抽样调查数据中的反弹，与经典家庭现代化理论预言的趋势是相反的，说明随着城市化和工业化的深度推进，我国的家庭结构未必以线性化的方式演进，城市化进程中日益增长的抚幼需求、购房压力、流动人口家庭团聚需求，很大程度上依然需要依靠传统大家庭来化解。

第 四 章

新中国 70 年收入分配变迁

新中国成立 70 年收入分配格局的变化，在每个历史时期都与国家经济政策与社会治理方式的调整密切相关。经过长期的探索实践，中国按劳分配为主体、多种分配方式并存的分配制度框架基本确立，市场机制和政府调节机制在收入分配中的作用逐步厘清，以税收、社会保障、转移支付为主要手段的再分配调节机制初步形成，中等收入群体持续稳定扩大，收入分配体制促进国民经济发展和人民生活水平提升的功能充分体现。70 年收入分配的变化过程充分体现了经济因素与社会因素的相互交融，构成了探索中国特色社会主义建设道路的重要篇章。

第一节 单位制与人民公社制下的
收入分配（1949—1978年）

新中国成立之后，中国社会逐步形成了独特的城市单位体制和农村的人民公社体制，国家的社会动员能力和资源动员能力大大提升。在城市中，1953 年开始的对于手工业和资本主义工商业的社会主义改造促进了单位体制的发展，1957 年"一五"计划的完成大致可以作为单位制形成的标志。在农村，1958年8月，中央政治局北戴河会议作出了《关于在农村建立人民公社问题的决议》；到了1958年底，全国农户的99%以上参加了公社。经历了数次调整过程之后，以1962年9月《农业六十条》为标志，"三级所有、队为基础"的人民公社制度基本定型。城市单位制和农村人民公社制成为形塑当时中国收入分配格局的最重要因素。

在城市单位内部，收入与职务等级严格对应。1955年至1956年的工资改革，建立了国家机关、企事业单位干部工人的等级分配制度：党政机关干部分为30个行政等级；企业工人分为8个技术等级；专业人员如工程技术人员、教师等也都相应有了各自的等级体系。经过几次调整之后，1960年的工资标准一直延续到1985年，干部的工资基本没有大的变动。不同所有制形式的企业之间的工人收入也有差距。全民所有制企业工人的平均工资普遍高于城镇集体所有制企业工人。据统计，1952年至1978年，国有企业工人年平均工资比集体企业工人高150元。[1] 单位属性成为决定当时城镇居民收入和福利待遇的最重要因素。

在人民公社内部，收入分配主要是通过工分制进行的。工分制的初衷是要贯彻按劳分配。具体来说，即以生产队为核算单位，以生产队内的家户为基本单位进行分配。每个家户全年总收入也就是由每家的总工分乘以工分值。家户内的总工分的构成，又可以分为评分记分和定额记分两种类型。每个劳力都会依据其性别和年龄，被评定出底分或基础分。在工分制的分配制度下，劳动者的实际报酬经常仅反映他的出勤情况，而与实际劳动成果脱节，但在某些村落，也实行计量与底分或基础分相结合的工分计分办法。但总体来说，"大锅饭"式的计分办法一方面造成了劳动过程中的偷懒和

---

[1] 王爱云：《试析新中国成立后中国身份社会的形成及其影响》，《中共党史研究》2011年第12期。

"搭便车"行为,另一方面也同时造成了大量无效劳动的存在。[1]

在单位制和人民公社制下,政府和集体对于收入分配有着主导权。当时的收入分配问题被主要概括成为"正确处理国家、集体和个人之间的关系",以及"积累与消费之间的关系"。为了尽快建立社会主义的工业化基础,当时实行了重积累、轻消费的政策。在这样的理念下,城乡居民的收入增长比较缓慢。在1956年至1976年大约20年,城市单位工资基本上是冻结的。据估计,1957—1977年,中国农民每人每年平均收入从40.5元增加到64.98元,平均每人每年只增加1.2元;同期人均占用的粮食每人每年只增加1市斤。总体而言,当时的收入分配格局是相对均等化的,基尼系数比世界上大多数发展中国家都要低:城市的基尼系数在0.20以下;农村的基尼系数略高,但多数估计在0.21至0.24之间。[2]

与此同时,当时的收入分配制度也存在如下严重问题:工资长期冻结造成了职工的实际劳动贡献与劳动报酬之间的差异;不同文化程度职工之间的工资差异很小,教育收益率大大低于世界各国的平均水平;农村居民无法享有与城镇居民相同的实物补贴权。[3] 城乡体系的高度分割导致城乡收入差距相对突出。户籍制度严格限制农村居民迁入城市,粮食统购统销制度以低价收购农产品去供给工业化所需资金。李实等根据国家统计局公布的数据进行了计算,在不考虑城镇居民的实物性补贴的情况下,1978年城镇居民的人均货币收入与农村居民的人均纯收入之比达到2.4倍。[4] 收入分配格局当中的上述不合理之处,是与城市单位体制和农村人民公社体制相联系

---

[1] 参见张江华《工分制下的劳动激励与集体行动的效率》,《社会学研究》2007年第5期。

[2] 参见赵人伟、李实《中国居民收入差距的扩大及其原因》,《经济研究》1997年第9期。

[3] 同上。

[4] 参见李实等《中国居民收入分配实证分析》,社会科学文献出版社1996年版,第5页。

的。要改变这些不合理之处，仅仅从收入分配本身入手显然是不够的，但是收入分配体系的改革为更大范围、更为深刻的改革提供了重要的突破口与入手点。

第二节 "允许一部分人先富起来"
（1978—1992 年）

1978 年，通过全国性的"真理标准"大讨论，"两个凡是"的方针被彻底否定，重新确立了解放思想、实事求是的指导思想。在为十一届三中全会做准备的中共中央工作会议闭幕会上，邓小平同志提出："要允许一部分地区、一部分企业、一部分工人农民，由于辛勤努力成绩大而收入先多一些，生活先好起来。一部分人生活先好起来，就必然产生极大的示范力量，影响左邻右舍，带动其他地区、其他单位的人们向他们学习。这样，就会使整个国民经济不断地波浪式地向前发展，使全国各族人民都能比较快地富裕起来。"[①]"允许一部分人先富起来"成了激发社会活力、促进变革变迁的重要口号。在农村中推行的"联产承包责任制"改革和在城市中推行的"扩大企业自主权"等改革，大幅提升了城乡居民收入，乡镇企业和个体私营经济的兴起使得居民收入渠道多元化。1987 年，党的十三大明确提出"社会主义初级阶段实行按劳分配为主体，多种分配方式并存"的分配政策，主张"在促进效率提高的前提下体现社会公平"。中国特色社会主义的收入分配制度的原则由此建立，为以后收入分配制度改革的深入指明了方向。

家庭联产承包责任制实行之后，农业生产变为分户经营、自负盈亏，"保证国家的，留足集体的，剩下都是自己的"。与此同时，农副产品价格也有所提高，流通也放松了管制。以此为激励，绝大

[①] 《邓小平文选》第 2 卷，人民出版社 1994 年版，第 152 页。

多数农户从农业经济增长中获得了显著收益,农村改革达到了效率提高与收入公平分配相统一的目标。1982年,全国农民人均纯收入达到270元,比1978年增加1倍多。自1985年起,以"合同订购"和下达"订购任务"的方式取代了原来的粮棉油等重要农产品的统购统销体制。1985年,公安部颁布了《关于城镇暂住人口的暂行规定》,确立了与城镇户口制度相衔接的流动人口管理制度,正式采取"允许农民进城开店、设坊、兴办服务业,提供各种劳务"的政策。此外,在此期间乡镇企业异军突起,迅猛发展,成为农村经济的重要组成部分。农产品销售市场的不断开放、剩余劳动力流动的逐渐松动、乡镇企业的蓬勃发展等,使得农民收入较快提升。此外,非农收入在农村收入分配中发挥着越来越重要的作用,非农收入成为解释农村收入增加的主要因素。

党的十一届三中全会提出探索经济管理体制的任务之后,全国各地相继开展了扩大企业自主权的试点工作,以增加工资、发放奖金、实行利润留成等手段刺激职工的生产积极性。这在增进企业收益的同时,也显著地增加了企业职工的个人收入。随着改革的深入开展,工人的工资外收入比重也增大了。据国家经济体制改革委员会分配司的调查,1978年工人人均工资外收入51元,1985年增加到245元,1990年增加到654元。[①] 承包制的推行进一步拉开了企业内部职工之间的工资收入差距,也拉开了企业之间和部门之间的工资收入差距。在这一时期,非国有部门经济也迅速发展起来。1981年7月,国务院出的《关于城镇非农业个体经济若干政策性的规定》明确指出:从事个体经营的公民,是自食其力的独立劳动者。由此,个体经济在制度层面上获得了合法地位,个体户的数量和从业人员迅速扩展。1985年,城市经济体制改革全面铺开,个体户的发展空间得到扩展。这个时期的个体经济已经不再只是起到"拾遗补缺"的

[①] 参见国家经济体制改革委员会分配司编《差距与公平》,中国经济出版社1993年版,第28页。

作用了，它已经成为经济结构中的重要组成部分。1988年3月，《宪法修正案》明确指出："国家允许私营经济在法律规定的范围内存在和发展，私营经济是社会主义公有制经济的补充。"1988年6月《中华人民共和国私营企业暂行条例》颁布，私营企业的法律地位也正式确立。根据这一条例，凡雇工8人以上，企业资产为私人所有者均可申请成立私营企业。到1992年底，全国个体工商户数达到1534万户，从业人员达到2468万人；全国私营企业户数达到139633户，从业人数达到23万人。伴随着非国有部门的发展，收入格局也发生了深刻变化，一些高收入职业和人群开始出现，国有与非国有部门之间的收入差距也开始显现。由于沿海地区在对外开放上的区位优势，再加上国家对于沿海地区发展的战略倾斜，沿海地区与内陆省份的收入差距在这一阶段也开始扩大，地区间差距在总收入差距中的占比逐渐上升。

第三节 "坚持效率优先、兼顾公平"
（1993—2002年）

1992年10月，中共中央第十四次代表大会提出要"建立社会主义市场经济体制"。1993年11月，中共中央第十四届三中全会作出了《中共中央关于建立社会主义市场经济体制若干问题的决定》，提出了建立社会主义市场经济体制的总体规划，为20世纪90年代经济体制改革确立了行动纲领，并确立建立现代企业制度、加强宏观调控等改革重点。党的十五大在收入分配政策上提出要"坚持效率优先、兼顾公平"的制度配置，这些原则在不同发展阶段起到了激励社会成员积极性和主动性的重要作用，极大解放和发展了生产力。随着市场化的不断推进，各种社会要素开始加速流动，收入分配格局相应发生了重大变化。

市场经济体制的深化为大批拥有较高人力资本和政治资源的人

提供了增加收入的机会。许多人开始放弃体制内工作,转而到市场中寻求新的发展机会,由此出现了所谓的"下海潮"。部分私营企业主以及合资企业中的管理人员成为新的高收入阶层。此外,随着住房商品化改革的推进,以及居民金融资产的增长,财产性收入的比重开始逐步增加。城市居民财产收入从1988年占个人总收入的0.49%上升到了1995年占个人总收入的1.3%;如果把自有住房租金估价也算作一种财产性收入,那么1995年城镇居民的财产收入已达到11.58%。[①]

继20世纪70年代社办企业和自带口粮进城务工开始,大量农村剩余劳动力离开乡村外出经商打工。这不仅减轻了农村剩余劳动力的压力,而且对于提高农民收入起到了很大的促进作用,农民的工资性收入不断增加。1994年政府大幅度提高农副产品的收购价格,这也刺激了农业生产的增长和农户收入的增加。尽管如此,农村居民收入增加速度仍然低于城镇居民。根据赵人伟和李实的研究,城乡居民人均实际收入的比率1983年为2.15倍;到了1987年,其比率已恢复到改革前夕的1978年的水平,到1994年达到新的高点,即2.93倍。[②]

与此同时,国有企业经营制度的改革也步步深入。在国有企业的大面积亏损影响下,部分企业工人面临下岗困境。据统计,1997年末有1270万下岗工人,1998年末有877万,1999年末有937万,2000年末有911万。[③] 大体而言,下岗职工中女性偏多、年龄偏大、文化程度偏低,主要来自国有企业、集中在制造业,下岗前大多为一般工人,家庭收入水平较低。由于这部分人上有老、下有小,家庭生活负担沉重,经济状况也不好,下岗对于他们的生

[①] 参见赵人伟、李实《中国居民收入差距的扩大及其原因》,《经济研究》1997年第9期。

[②] 同上。

[③] 参见谢桂华《市场转型与下岗工人》,《社会学研究》2006年第1期。

活造成了较大影响。部分下岗工人由于再就业困难而成为新的城市贫困人口。

伴随着社会体制格局的上述变动,中国城乡居民收入的基尼系数也开始上升。中国社会科学院经济研究所收入分配课题组于1988年和1995年对城乡居民收入分配状况进行了抽样调查。根据抽样调查数据计算:"农村的基尼系数从1988年的0.338上升到1995年的0.429,同期城镇的基尼系数从0.233上升到0.286,全国的基尼系数从0.382上升到0.445。"[1] 该课题组2002年调查结果显示,当时全国的基尼系数接近0.46。从全国样本的10等分组的各自平均收入来看,1988年的最高收入组获得的总收入份额是最低收入组的7.3倍,而2002年调查结果显示,最高的10%人群组的平均收入是最低的10%人群组的19倍。[2]

面对收入差距的迅速拉大,政府逐步建立起了个人所得税调节机制和社会保障调节机制,这些成为政府调整收入分配格局的重要手段。1993年10月31日,第八届全国人民代表大会常务委员会第四次会议发布了新修改的《中华人民共和国个人所得税法》,规定不分内外,所有中国居民和有来源于中国所得的非居民,均应依法缴纳个人所得税。[3] 个人所得税实行分类分率的模式,工资薪金所得实行超额累进税率。个人所得税由此成为调节收入差距的重要工具之一。此外,1993年劳动部颁布了《企业最低工资规定》。1994年生效的《中华人民共和国劳动法》进一步明确规定,"国家实行最低工资保障制度,用人单位支付劳动者的工资不得低于当地最低工资标准"。最低工资保障制度成为政府调节企业工资分配,保障劳动者特别是低收入劳动者权益的重要手段。

---

[1] 赵人伟、李实:《中国居民收入差距的扩大及其原因》,《经济研究》1997年第9期。

[2] 参见李实、岳希明《中国城乡收入差距调查》,《财经》2004年第3/4期合刊。

[3] 《中华人民共和国个人所得税法》是1980年公布的,但当时的个人所得税仅针对外籍个人征收。

20世纪90年代,为了缓解国有企业转型造成的社会冲击,保障下岗失业人员的基本生活,城镇最低生活保障制度应运而生。各个城市根据当地的经济发展水平、居民收入、消费情况以及地方财政财力,制定各自对于贫困人口的补贴标准。适度扩大低保覆盖面,提高低保救助补贴标准,这可以起到有效调节收入分配差距的作用。1997年中国财政中用于社会救济和社会保障的投入只有一大项"抚恤和社会福利救济费",总量不到150亿元,占整个财政支出的1.5%左右,相当于国内生产总值的0.2%。这个情况在1998年出现了转折,政府在此后几年里增加了两个预算新科目,"社会保障补助支出"和"全国社会保障基金"。到2002年,"抚恤和社会福利救济费""社会保障补助支出"和"全国社会保障基金"三项支出的总额已高达1716.5亿元,是1997年的11.5倍,占财政总支出的比重从1997年的1.5%升至2002年7.8%,占国内生产总值的比重从0.19%升至1.68%。[①]

第四节 "生产要素按贡献参与分配"
（2003—2012年）

进入21世纪以来,按照科学发展观和构建社会主义和谐社会的要求,收入的初次分配制度和再分配制度改革均取得新进展。居民收入占国民收入比重有所提高,农村居民收入增速快于城镇居民,城乡收入差距缩小态势开始显现,收入再分配调节机制进一步得到完善。在初次分配中,党的十七大提出了"生产要素按贡献参与分配"的原则,指出"初次分配和再分配都要处理好效率和公平的关系,再分配更加注重公平"。

[①] 参见王绍光《平等问题研究框架》,载王绍光《安邦之道》,生活·读书·新知三联书店2007年版,第247页。

2004年中央"一号文件"宣布用5年时间取消农业税，大幅增加涉农补贴，推行直补政策，并逐步扩大对农民的补贴范围。2006年，比原计划提前3年彻底取消了农业税。农业补贴资金规模从2002年的1亿元增加到2012年的1653亿元，10年累计安排7631亿元。随着上述政策措施的贯彻落实，农民家庭经营收入和转移性收入快速增长，全国农民人均纯收入由2003年的2622元增加到2011年的6977元。北京大学"中国家庭追踪调查"数据显示，2010—2012年，全国城镇人均家庭纯收入增长了22%，农村人均家庭纯收入增长了34%，农村家庭收入的增长速度明显高于城镇家庭，城乡居民收入差距出现了缩小趋势。2012年城镇人均家庭纯收入为16491元，农村人均家庭纯收入为10050元。在这一时期，即使是农村家庭，工资性收入的比重也已经超过50%——在这一项内容上，已与城镇家庭不相上下。城乡之间的差异更多表现为：农村家庭更多依赖经营性收入，而城镇家庭的转移性收入、财产性收入所占比重较高。[①]

大力推进基本公共服务均等化是调整收入分配格局的重要方式。2005年10月11日中国共产党第十六届中央委员会第五次全体会议通过的《中共中央关于制定国民经济和社会发展第十一个五年规划的建议》中，首次提出"公共服务均等化"。国家集中了大量财力用于保障和改善民生，建立了公共财政的转移支付调节体系。进入21世纪以来，政府加大了对教育、就业、社会保障、医疗卫生、保障性住房、扶贫开发等方面的支出，进一步加大了对中西部地区特别是革命老区、民族地区、边疆地区和贫困地区的财力支持，完善了普通高中、普通本科高校、中等职业学校和高等职业院校家庭经济困难学生国家资助政策。2003年劳动和社会保障部、建设部发布了《关于切实解决建筑业企业拖欠农民工工资问题的通知》。2004年，新修订的《最低工资规定》出台，各地区最低工资标准的提高

[①] 参见谢宇等《中国民生发展报告（2013）》，北京大学出版社2013年版，第32页。

幅度和调整频率不断加大。尽管学术研究的结论不一，但多数人认为最低工资政策在缩小收入差距和保障劳动者权益方面发挥了积极作用。2008年开始施行的《劳动合同法》也有力地保障了劳动者收入权益。

上述调整收入再分配的政策措施取得了一定效果。根据刘伟等人的测算，2008—2014年中国人均GDP的实际年均增长率为8.1%，而城镇居民人均可支配收入和农村居民人均纯收入的实际年均增长率分别为8.2%和10%，都超过了经济增幅。[①] 这表明，这一时期居民家庭收入在国民收入中的占比在不断上升。根据国家统计局的统计，中国居民收入的基尼系数在2003年是0.479，在2008年上升到最高点0.491后就开始逐步回落，2012年的基尼系数回落到0.474。另有研究发现，这一时期不同收入阶层的收入变动趋势并不相同：中间收入阶层的家庭收入增长较快，而低收入阶层的收入增长速度低于其他收入阶层。[②]

第五节　进入新时代：收入分配制度改革的深化

党的十九大报告提出了中国特色社会主义进入了新时代的重大判断。中国社会主要矛盾已经转化为人民日益增长的美好生活需要和不平衡不充分的发展之间的矛盾。社会主要矛盾的变化是关系全局的历史性变化，收入分配制度改革也由此进入了新阶段。党的十九大报告在继承原有分配制度的合理因素过程中，有针对性地提出了改革的基本原则："坚持按劳分配原则，完善按要素分配的体制机制，促进收入分配更合理、更有序。鼓励勤劳守法致富，扩大中等

[①] 参见刘伟、蔡志洲《新世纪以来中国居民收入分配的变化》，《北京大学学报》2016年第5期。

[②] 参见谢宇《认识中国的不平等》，《社会》2010年第3期。

收入群体,增加低收入者收入,调节过高收入,取缔非法收入。"

深化收入分配制度改革的总体框架进一步明确。国务院2013年批转了发改委等部门《关于深化收入分配制度改革若干意见》(以下简称《若干意见》),全面阐述了下一步深化收入分配制度改革的总体要求和方向,直面收入分配领域中存在的突出问题,明确提出城乡居民收入实现倍增、收入分配差距逐步缩小、收入分配秩序明显改善、收入分配格局趋于合理的目标,以增加城乡居民收入、缩小收入分配差距、规范收入分配秩序为重点,从初次分配、再分配、农民增收和分配秩序等四个方面提出了相应的政策措施。

这一时期,要素价格市场化机制初步建立,初次分配制度得到完善。《若干意见》分别从劳动力、资本、技术、公共资源收益分配机制等方面明确提出:"完善劳动、资本、技术、管理等要素按贡献参与分配的初次分配机制;形成主要由市场决定生产要素价格的机制。"初次分配的改革方向,是要纠正要素价格形成机制的各种扭曲现象,按照市场化机制完善初次分配制度,充分体现各种要素的贡献大小,解决好"功能性分配"问题。2018年,国务院发布《关于改革国有企业工资决定机制的意见》,改变了过去国有企业工资总额增长同经济效益单一指标挂钩的办法,要求统筹考虑一揽子因素合理确定工资总额,更加符合市场经济规律和企业发展规律。与此同时,坚持效益导向,进一步完善了工资与效益联动机制,允许符合条件企业特别是主业处于充分竞争行业和领域的企业工资总额增长与经济效益增长同步,对主业不处于充分竞争行业和领域的企业,则继续实行工资总额和工资水平双重调控。市场竞争越充分、内控机制越健全的企业,拥有的工资分配自主权越充分,使工资决定机制改革更好体现了建立中国特色现代国有企业制度的要求,有利于倒逼国有企业加快改革步伐、提升公司治理水平。

公共服务均等化机制得到深化,收入再分配制度进一步完善。《若干意见》指出,"加快健全以税收、社会保障、转移支付为主要手段的再分配调节机制"。2018年8月31日,第十三届全国人民代表大会常务委员会第五次会议决定对《中华人民共和国个人所得税法》进行修改：工资薪金、劳务报酬、稿酬和特许权使用费等四项劳动性所得首次实行综合征税；个税起征点由每月3500元提高至每月5000元；首次增加子女教育支出、继续教育支出、大病医疗支出、住房贷款利息和住房租金等专项附加扣除；优化调整税率结构，扩大较低档税率级距。与此同时，政府多次出台政策措施，大力推进结构性减税，减轻中低收入者和小型微型企业的税费负担，这有利于结构优化、社会公平的税收制度的形成。覆盖城乡居民的社会保障体系不断完善，保障水平稳步提高，逐步实行全国统筹。城镇低保政策发挥了明显的再分配效应，而且有进一步完善的趋势。[1]

城乡一体化和融合发展水平提升，使农民收入较快增长。《若干意见》明确提出建立健全促进农民收入较快增长的长效机制，并围绕农民增收、农业补贴、土地增值收益分配、扶贫开发、农业转移人口市民化等提出了政策建议。党的十九大报告提出，确保到2020年中国现行标准下农村贫困人口实现脱贫。通过针对不同贫困区域环境、不同贫困农户状况，运用科学有效程序对扶贫对象实施精确识别、精确帮扶、精确管理的精准扶贫方式，现行标准下全国农村贫困人口从2012年末的9899万人减少到2018年末的1660万人，累计减少8239万人；贫困发生率从2012年的10.2%下降至2018年末的1.7%，累计下降8.5个百分点。2013—2018年，贫困地区农村居民人均可支配收入年均名义增长12.1%，扣除价格因素，年均实际增长10.0%，实际增速比全国农村平均水平高2.3个百分点。[2] 与此同时，农业转移人口市民

---

[1] 参见陈宗胜等《中国居民收入分配通论：由贫穷迈向共同富裕的中国道路与经验——三论发展与改革中的收入差别变动》，格致出版社2018年版，第827页。

[2] 参见《国家统计局：2018年全国农村贫困人口减少1386万人》，2019年2月15日，中国政府网，http://www.gov.cn/xinwen/2019-02/15/content_5365982.htm。

化机制逐步建立健全，户籍制度改革统筹推进。党的十八大以来，农业转移人口进城落户的门槛不断降低、通道逐步拓宽，已有9000多万农业转移人口成为城镇居民。2018年户籍人口和常住人口城镇化率分别提高到43.37%、59.58%，① 农业转移人口的收入水平和福利水准也由此得到提升。

收入分配秩序得到规范，保护合法收入，增强低收入者收入，调节过高收入，取缔非法收入，收入分配向橄榄型分配格局进一步迈进。党的十九大报告将扩大中等收入群体纳入两步走战略当中，提出到2035年"人民生活更为宽裕，中等收入群体比例明显提高"的目标。持续稳定扩大中等收入群体成为了实现共同富裕目标的重要途径。正如专家所言，"从总量上看，中国中等收入群体规模确实为世界之最，但从占比来看，中国中等收入群体比重与发达国家仍有较大差距……从2035年到本世纪中叶，中等收入群体比例应当达到70%左右，从而实现全体人民共同富裕的目标"②。

社会慈善事业在这一时期蓬勃发展，在调节收入分配中的作用进一步增加。在现代社会中，社会的公益慈善和社会捐赠活动具有越来越重要的收入调节功能，在一定程度上能够有效弥补初次分配和再分配在缩小居民收入差距方面的不足，因此被称为"第三次分配"。大力发展慈善事业、发挥其作为三次分配的补充作用在中国不仅可行而且必要。除了慈善意识的培养之外，合理的制度设计、恰当的政策引导、完善的法律规范是促进慈善事业发展的重要途径。公益慈善组织的审批程序不断简化，慈善捐赠的税收优惠政策也得以改善与落实。2016年3月16日，中国出台了《中华人民共和国慈

---

① 参见《发展改革委就建立健全城乡融合发展体制机制和政策体系有关情况举行发布会》，2019年5月6日，中国政府网，http://www.gov.cn/xinwen/2019-05/06/content_5389076.htm#1。

② 迟福林：《继续扩大中等收入群体》，《人民日报》2018年3月23日第13版。

善法》，对于慈善组织和慈善捐赠等都进行了较为详细的规定。根据中国社会科学院社会政策研究中心的统计，2017年中国社会捐赠总量已经达到1558亿元。[①] 随着民众慈善意识的增强和慈善组织的增多，中国必然会探索出符合当前经济社会发展阶段和国民文化心理的慈善发展模式。

在上述多项收入分配政策的推动之下，中国居民收入的城乡差距近几年继续保持总体下降的趋势：2013年城镇居民可支配收入为26467.0元，农村居民可支配收入为9429.6元，城乡收入比为2.81；2017年城镇居民可支配收入为36396.2元，农村居民可支配收入为13432.4元，城乡收入比为2.71。[②] 城乡居民的收入都有了较大增长，与此同时城乡收入差距进一步缩小。

第六节　中国收入分配体制改革的基本成就与经验

一　牢固确立了按劳分配和共同富裕的基本原则

在改革开放之初，中国在经济社会发展水平较为落后的情况下，确立了"效率优先、兼顾公平"的收入分配原则，鼓励一部分人先富起来，以先富带后富，最终走上共同富裕的道路。1992年，邓小平在南方讲话中进一步强调："走社会主义道路，就是要逐步实现共同富裕。"[③] 党的十八大报告指出，"实现发展成果由人民共享，必须深入收入分配制度改革"。党的十九大报告重申了"两个同步"，要"坚持在经济增长的同时实现居民收入同步增长，在劳动生产率

---

① 参见杨团主编《慈善蓝皮书：中国慈善发展报告（2018）》，社会科学文献出版社2018年版。
② 参见中华人民共和国国家统计局编《中国统计摘要（2018）》，中国统计出版社2018年版，第53页。
③ 《邓小平文选》第3卷，人民出版社1993年版，第373页。

提高的同时实现劳动报酬同步提高"。可以说，按劳分配和共同富裕的基本原则贯穿于长期的改革探索实践当中。

二 逐步厘清市场机制和政府调节机制在收入分配中的作用

经过不断探索，基本厘清了市场机制和政府调节机制在收入分配中的作用。在初次分配领域中，要通过市场调节机制体现经济生活的公平竞争，完善劳动、资本、技术、管理等要素按贡献参与分配的初次分配机制，推动各种所有制经济依法平等使用生产要素、公平参与市场竞争、同等受到法律保护。政府应该致力于建立一个公平竞争、公开透明、有序运行、充分发挥作用的市场，这是确保初次分配合理的关键性前提条件。此外，还应当建立政府、企业、劳动者三方的工资集体协商机制，这一方面能够提升劳动者报酬，另一方面也可以提升企业的运行效率。为了促进起点公平，政府还需要努力发展和实现基本公共产品和公共服务的"均等化"，既要起到充分的托底作用，又不能过于大包大揽过度发力。在再分配领域中，要通过政府调节机制对于初次分配结果的缺陷进行弥补，利用税收、公共服务、转移支付等多种手段推进基本公共服务的均等化，防范收入与财富差距的过分拉大。要从根本上改善收入分配格局，更重要的举措还在于多方面优化相关体制改革，如政府管理体制改革、财税制度改革、户籍制度改革、土地制度改革等。

三 始终坚持公平与效率兼顾的原则

公平与效率的关系是收入分配体制中的重大问题。实践证明，完全可以利用宏观战略和微观干预手段，使公平与效率目标融合到同一个发展框架中，满足社会需求，促进民众福祉。公平可以具体分为"规则公平""过程公平""结果公平"等不同维度。前两者与效率是没有矛盾的，是促进和保护效率的。后者与效率有一定此消彼长的关系，需要进行一定程度的权衡。关注公平并不意味着经济效率低下，促进公平的政策与促进效率的政策存在有机关联。[①]

以下发展政策既有利于收入公平也有利于经济效率的提升：营造公平竞争环境，以信贷和技术方式鼓励小型企业和社会企业的发展；重视"非正式部门"就业，提升普通人的潜能；促进地方社区发展，增强人们相互合作能力；培育各种社区公共组织，有序推进人们的民主参与和基层自治；逐步加大对教育、卫生和其他社会事业的财政投资和社会投入；增加社会服务开支，关注贫困人口的基本需求等。

四　不断完善政府履行再分配调节职能的手段

收入分配体制改革的成就之一是，形成了以税收、社会保障、转移支付为主要手段的再分配调节机制。尽管个人所得税的再分配效应与发达国家相比还存在一定差距，个税累进性主要来源于免征额效应而非税率结构，但是个税的收入分配调节功能还是得到了一定程度的发挥。[②] 目前逐步提升直接税比重、推进消费税税制改革，也将会使税收的这一功能进一步完善。以基本养老保险制度、基本医疗保险体系、保障性住房供给体系、低收入群体基本生活保障制度为支撑的社保体系发挥了重要的再分配作用。社保体系的覆盖面持续扩大，基本实现法定人员全覆盖，灵活就业人员、农民工等群体的参保比例也大幅提升，居民的转移性支出得到合理提高。通过增加一般性转移支付的规模和比重，地区间财力差距得到了缩小，直接用于民生的财政支出不断增加，城乡公共品供给逐步趋向平衡。通过具有中国特色的"对口支援"制度，地方政府间财政资金的横向转移支付得以实现，落后地区人口的收入由此得以提升。

[①] 参见贾康等《深化收入分配制度改革研究》，企业管理出版社2018年版，第109页。

[②] 参见陈宗胜等《中国居民收入分配通论：由贫穷迈向共同富裕的中国道路与经验——三论发展与改革中的收入差别变动》，格致出版社2018年版，第797页。

五 中等收入群体持续稳定扩大

2002年党的十六大报告就提出"扩大中等收入者比重"。扩大中等收入群体对于中国当前社会发展目标具有极为重要的意义,"中等收入人口比重上升"是实现小康社会的关键性指标。根据国家发改委社会发展研究所课题组的研究,1995年城镇中等收入者只占0.86%,2000年增长至4.34%,到2010年达到37%。另有学者将年收入为24000—240000元的人群划分为中等收入群体,调查数据同样显示出,中等收入群体的比例持续上升,从2001年的8.1%上升到2015年的47.6%。[①] 中等收入群体的持续稳定扩大,有效地避免了两极分化问题,使得中国社会结构朝着更加合理的橄榄型社会迈进。

[①] 参见李春玲《中国特色的中等收入群体概念界定——绝对标准模式与相对标准模式之比较》,载李友梅等《中国中产阶层的形成与特征》,社会科学文献出版社2018年版,第14页。

第 五 章

新中国 70 年居民消费变迁

　　新中国成立 70 年来，中国以人口众多、人均资源贫乏、人均收入较低的底子，发展成为世界第二大经济体，整体科技和经济实力向世界前列迈进。在这个过程中，中国居民生活日新月异，消费从较低水平阶段到基本实现小康生活水平，再到全面实现小康生活水平。在居民消费总量持续扩大的同时，居民消费需求也发生巨大变化，消费结构优化。但也要看到，当前制约居民消费扩大的障碍仍然突出。未来，中国要继续深化供给侧结构性改革，进一步完善消费领域的体制机制，促进中国居民消费结构持续升级。

　　消费在经济活动中是 GDP 的重要组成部分，体现着经济实力。一个国家居民消费需求的不断增长与技术创新、与生产效率的提高、与经济发展之间存在着复杂而又直接的相关关系。在改革开放以后，中国经济逐渐建立起完善的社会主义市场经济，经济发展日趋系统化、多样化，消费作为经济增长的三驾马车（出口、投资及消费）之一，对其增长提供了重要动力。

　　但要看到，消费需求的增长受制于经济体制和分配体制的制约。为此，在分析和总结 70 年来居民消费变迁历程时必须回顾一下分配与消费关系的变迁。我们将从以下几个阶段来回顾新中国成立 70 年来居民消费的变迁历程：

第一节　社会主义建设时期（1949—1977年）

　　社会主义建设时期可分为两个阶段。第一个阶段为社会主义改造时期（1949—1957年）。新中国成立初始，社会经济十分落后而且破坏严重，人民生活极端困难。据统计，解放初期商品极度匮乏，1952年全国社会商品零售总额仅实现277亿元。为了巩固新生的人民政权，迅速恢复国民经济，国家没收了官僚资本企业，并将其改造为社会主义国营企业，从而掌握了国民经济的命脉。其后，通过对资本主义工商业的社会主义改造，把私营工商业纳入社会主义轨道。到1957年底，全国接受改造的商业达到188.9万户。通过上述步骤，确立了国营经济的领导地位，稳定了物价，制止了通货膨胀，国家财政收支达到平衡。在农村地区，完成了新解放区的土改，连同老解放区，全国约有3亿无地少地的农民获得约7亿亩土地，并开始发展互助合作运动，极大地释放了农村生产力。1955年农村掀起农业合作化的高潮，到1956年，90%以上的农户参加了农业生产合作社，完成了从互助组到初级社再到高级社的转变过程。

　　第二个阶段为社会主义公有制商业的建立与发展时期（1958—1978年）。这一时期的主要目标为确立以计划经济为主导的社会主义公有制经济。在这期间，虽然经历过"大跃进"和"文化大革命"等非常时期，对社会秩序和国民经济生产造成较大阻碍，但从总体上看，以计划经济为主导的社会主义公有制商业和市场仍然取得了一定成绩。据统计，1957—1978年，商业销售商品总量大幅度增加，1957年社会商品零售总额仅有474.2亿元，到1978年则增加到1558.6亿元，增长2.3倍。其中，公有制商业占据绝对比重，在社会商品零售总额中，通过全民和集体所有制商业销售的商品零售额占到了98%。

　　总的来说，在社会主义建设时期，由于基本确立了单一的公有制经济制度，生产资料由政府主导的国营企业和集体所有制的人民公社按指令进行分配、生产，消费活动主要以供给制为主，由国家计划统一进行，消费品受落后生产力制约而缺少供给。国家通过统购统销方式分配生产和消费资料，受收入影响，居民消费水平和消费层次较低。

在这一时期，城乡居民消费的主要特征是：在城镇，居民消费主要依靠票据供应。在农村，粮油等产品实行工分制分配。

从 1953 年秋起，有关部门陆续通过了《关于实行粮食的计划收购与计划供应的决议》《关于在全国实行计划收购油料的决定》《粮食市场管理暂行办法》，后来国家又对棉花和棉布实行了计划收购和供应。

1955 年 8 月国务院颁布《市镇粮食定量供应凭证印制暂行办法》，各种粮票开始全面进入流通环节。1955 年 8 月 25 日，中国正式发行粮票，同年还发放了食用油票，此后又发放了布票、肉票、白糖票等。购物票证名目繁多，几乎涵盖了中国人日常生活的方方面面：鱼票、豆制品票、香烟票、针织品票、毛线票、鞋票、肥皂票、洗衣粉票、火柴票、家具券、手表券、缝纫机券、自行车券、电灯泡券、电视机券等，不一而足。除了中央发行的各种票据之外，各省（自治区、直辖市）地方也发行自己的票据。根据山东省档案馆"票证特藏室"提供的数据，到 1961 年，市场凭票供应的商品，达到了 156 种。

票证制与经济发展状况存在极大的关联。商品越匮乏，凭票供应就表现得越严重。在经济发展较好的 1964—1965 年，商品略为充足，票证就相对减少。在经济波动较大的年份，即便是票证规定的东西，在大多数地区都不能保证供应。[①]

总的来说，在社会主义建设时期，国家在低工资、高积累战略下将大量资金投入再生产以发展工业。通过工农业"剪刀差"，使得

---

① 参见焦连志《"票证社会"及其解体——以粮食计划票证为切入的中国传统社会研究》，复旦大学，博士学位论文，2007 年。

中国在一穷二白的基础上迅速依靠计划经济建立了比较齐全的工业基础，从而推动了工业化的进行。但其后果则是造成国内消费品短缺，社会消费品零售总额长期低位徘徊，经济增长依赖投资驱动，国民经济结构比例有所失调。

第二节 改革开放时期（1978年至今）

一 1978—1992年：经济体制改革目标的探索与确立

1978年，中国共产党第十一届三中全会胜利召开，确立了以经济建设为中心的改革方向，为中国经济与社会发展树立了新的里程碑。在农村，农业生产确立了以"包产到户"为核心的家庭联产承包责任制，极大提升了农民生产积极性。同时，农村集体企业也得到快速发展，承包制下乡镇企业的营利活动遵循生产效率和效益至上的原则，承包制在广大基层农村建立了"绩效意识"。在国企中，则是贯彻"政企分开"政策，使得承包制在国企中展开，明确了厂长责任制，使国企拥有了一定范围的经营权。

在这一阶段，生产力日益解放，尤其是纺织、食品加工等轻工业有了快速发展，并进一步放开了商品流通渠道和流通体制，城乡商业、服务业开始迅速发展。

与之相对应的，则是耐用消费品的消费开始兴起并进行更替，例如"老三件"即自行车、手表和缝纫机走进了大众生活，成为当时整个社会的主要消费潮流。而其后不久，以电视机、电冰箱和电动洗衣机为代表的"新三件"迅速替代了"老三件"，从而代表着城乡居民消费进入家用电器消费时代。

1992年邓小平同志南方谈话以后，市场经济体制改革进一步推动了居民的消费升级，各种新类型的家用电器不断涌现出来，空调、电话、录音机、录像机等开始进入城乡居民家庭。与此同时，交通通信、文教娱乐等方面的消费增长态势也较为抢眼，例如，固定电话在城镇居民家庭里得到了迅速普及,与之相关的信息服务消费也快速增长。从统计数据上看,社会消费品零售总额由1978年的1559亿元增长到1992年的10993.7亿元[①],年均增长率达到15%。

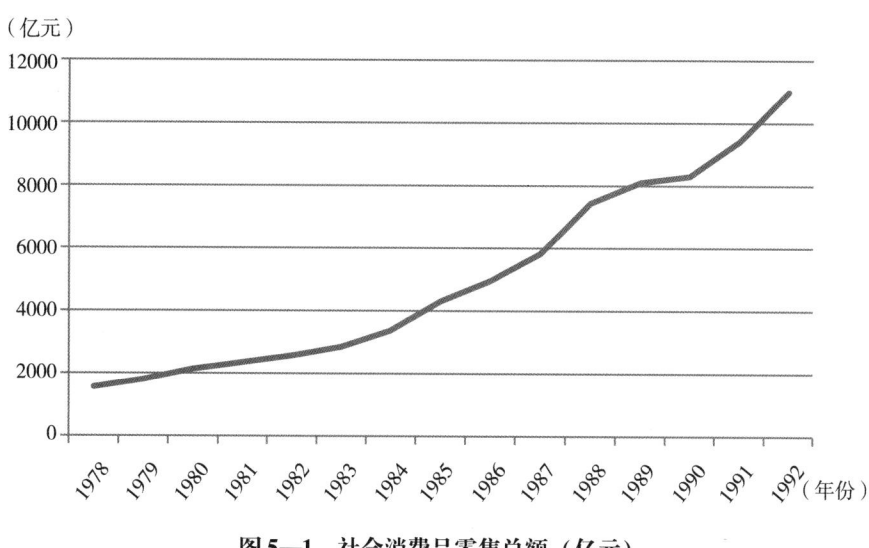

图5—1　社会消费品零售总额(亿元)

从居民消费水平上看,农村居民消费水平从1978年的138元增长到1992年的701元,增长了4倍多;城镇居民消费水平从1978年的405元增长到1992年的2009元,增长了将近4倍。城乡居民消费水平同步增长且增长迅速。尤其是在改革开放初期,据统计,1978年至1984年间,全国居民消费水平年均增长率达到14.48%[②],其中农村居民消费水平年均增长率高达29.8%,是城镇居民的2倍多。城乡消费水平差距则从1978年的2.9倍降低到1983年的2.1倍。但在随后几年,消费的城乡

---

① 资料来源:国家统计局网站数据库,http://data.stats.gov.cn/easyquery.htm?cn=C01,社会消费品零售总额在这一时期的统计口径为社会商品零售总额。

② 参见《国内市场繁荣活跃,消费结构转型升级——改革开放40年经济社会发展成就系列报告之七》,国家统计局,http://www.stats.gov.cn/ztjc/ztfx/ggkf40n/201809/t20180905_1621054.html,2018-09-05。

二元差距格局没能得到缩小，有所拉大（见图5—2）。

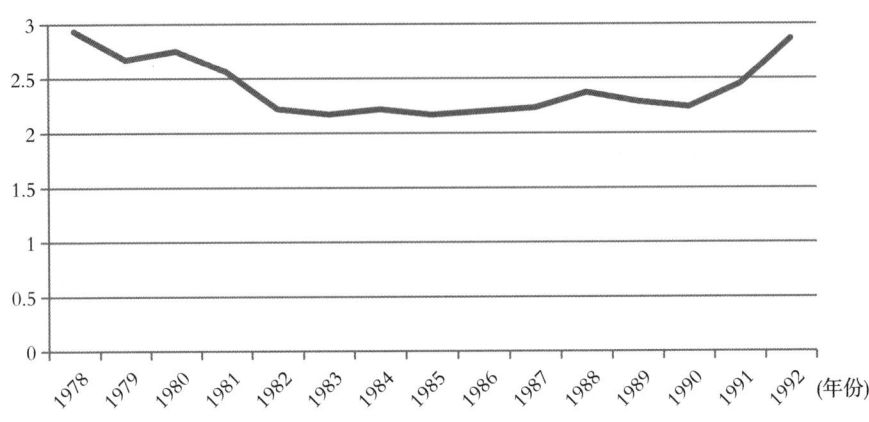

图5—2 城乡居民消费水平差距

资料来源：国家统计局网站数据库，http：//data.stats.gov.cn/easyquery.htm？cn=C01。

但改革开放极大地促进了中国生产力的发展，商品数量与类型大量增加。这一时期的一个重要标志即是凭票供应制度逐渐退出历史舞台。1985年国家取消粮食统购统销，各省市先后逐步取消票据和粮票制度。深圳特区率先在1984年11月1日取消一切"购物票证"，副食品全部放开价格，敞开供应。北京在1983年停用购物券和布票，1984年停用了牛奶供应证，1987年停用侨汇券，1991年停用食糖票，1992年停用肉票（猪、牛、羊）、蛋票、肥皂票、居民购货证。到1993年5月，北京开放粮油价格，流通了几十年的粮票、油票、城镇居民粮食供应证宣布作废。[①] 至此，"购物票证"退出历史舞台。

二 1992—2002年：社会主义市场经济的建立

1992年邓小平南方谈话之后，中国进入建立社会主义市场经济

---

① 参见万典武《从粮食棉布等票证的兴废看改革》，《商业经济研究》1998年第12期。

体制的新阶段。党的十四大将经济体制改革的目标模式定位于建立社会主义市场经济。政府支持和鼓励民营经济发展,随着1993年《公司法》的颁布,民营经济和国有经济的实现方式逐渐多样化,市场机制推动生产扩张,技术水平迅速提升,工业化过程的加速促进了国民财富积累。

1998年左右,中国经济出现了短暂的通缩现象,居民消费增长停滞,这其实是当时较为落后的生产关系不能满足人民生活需要的矛盾的表现。同时期,亚洲爆发金融危机,为了应对此次金融危机,中国政府做出了拉动经济增长、扩大内需的战略决策,并实施了积极的财政政策,这对稳定经济增长起到了至关重要的作用,而居民消费升级的步伐也没有停止。

随着国内市场的发展,居民消费逐渐由数量短缺转向供给充裕。社会消费品零售总额由1978年的1559亿元增加到2017年的366262亿元,年均增长15.0%。城镇居民家庭人均可支配收入从1991年的1700.6元增长到2000年的6280.0元,扣除物价因素,年均增长6.8%;人均生活消费支出从1991年的1453.81元增长到2000年的4998.00元;恩格尔系数从1992年的53.8%下降到2000年的39.4%。

从居民消费水平上看,到2002年农村居民消费水平增长至2157元,为1992年的3倍,年均增长率11.9%;城镇居民消费水平到2002年为7745元,为1992年的3.86倍,年均增长率14.4%。在这十年中,城镇居民消费水平的增长要略高于农村居民消费水平,城乡二元差距进一步扩大,城乡居民消费水平差距达到3.6倍(见图5—3)。

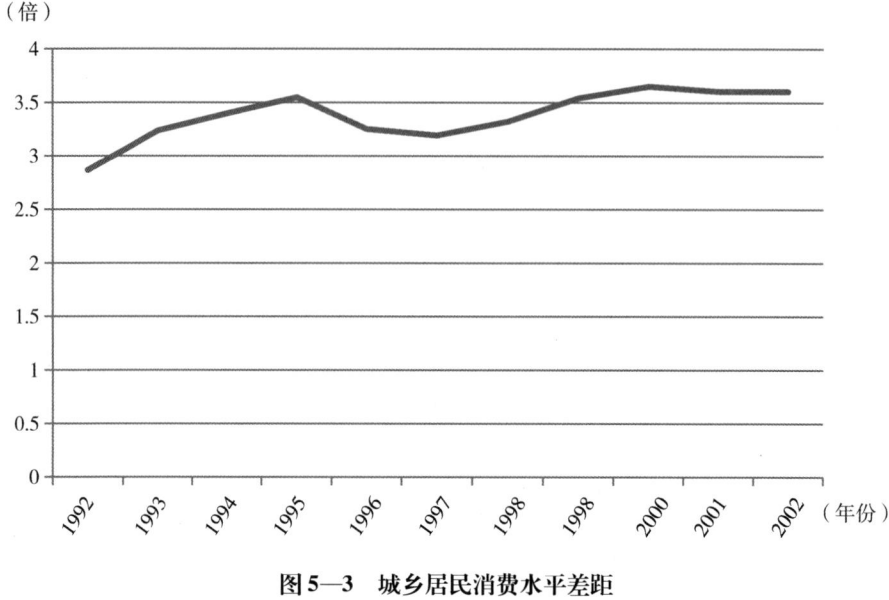

图 5—3　城乡居民消费水平差距

资料来源：国家统计局网站数据库，http://data.stats.gov.cn/easyquery.htm?cn=C01。

这一时期，也是中国居民消费的多元化时期，消费结构开始升级。例如，住行消费与服务消费所占比例开始上升。1998年7月，国务院发布《关于进一步深化城镇住房制度改革加快住房建设的通知》，标志着中国正式进入住宅市场化和住房消费货币化的新时代。在随后20年中，住房消费进一步拉动了GDP增长，并改变了中国城镇化进程。

与此同时，汽车与摩托车等开始广泛进入城乡居民家庭。20世纪80年代中期，发生了一次关于要不要发展轿车消费和轿车生产的争论。争论的结果是中国需要发展轿车，党中央决定，建立现代轿车工业，于1994年颁布了《汽车工业产业政策》。这是中国汽车产业发展中的一项重要决定，也是影响中国居民消费格局的一次重要决定。从此，汽车消费在居民消费结构中开始了突飞猛进的发展。

三　2002年至今：扩大开放与完善市场经济体制

2001年12月，经过15年的艰难谈判，中国终于加入世界贸易组织（WTO），代表着中国开始加快融入世界的步伐，中国的市场与世界的联系越来越紧密。加入世界贸易组织加速了中国经济发展，改变了中国的经济体制，开放的市场和国际贸易对于中国进一步深化改革发挥了重要作用。在2001年，中国是世界排名第六的出口国和进口国，而到了2010年，中国已经成为世界第一大出口国和第二大进口国。随着国际贸易的扩张与融入，中国城乡居民消费开始出现多元化、异质化以及个性化的特征，其中一个显著的表现即是奢侈品消费的崛起。数据显示，中国奢侈品消费规模占全球市场份额由2004年的12%增至2017年的22.1%，已是仅次于美国的全球第二大奢侈品消费市场。2018年，中国人在境内外的奢侈品消费额达到7700亿元人民币，占到全球奢侈品消费总额的1/3。[①]

同一时期，在经历了21世纪末的互联网泡沫破裂之后，中国互联网开始在电子商务领域发力，电子支付渠道的建立、物流运输领域的革新，大大改变了城乡居民的消费习惯与消费方式。电子商务及网络购物从一线中心城市开始，迅速向中小城市、县城、农村普及。在2008年以后，随着4G通信网络的普及，移动支付、共享经济、网络娱乐等新兴消费领域和消费方式更是呈现百花齐放欣欣向荣的局面。

网络零售规模不断壮大，成为消费增长的重要因素。2017年互联网普及率达到55.8%，其中农村地区互联网普及率达到35.4%，互联网上网人数7.7亿人，其中手机上网人数7.5亿人。根据《中国统计年鉴（2015）》，2014年，全国网上零售额为27898亿元，2018年达到90065亿元，增长2.2倍。2018年实物商品网上零售额增速比同期社会消费品零售总额高15.1个百分点，占社会消费品零售总额比重为23.6%。实物商品网上零售额对社会消费品零售总额所占比重逐年提高，这也说明消费增长动力在逐步转换。

---

① 参见麦肯锡《中国奢侈品报告（2019）》，2019年。

第三节　70年来中国居民消费发展的主要特点

一　消费水平实现跨越式增长

纵观新中国成立70年来，中国经济体制完成了从社会主义改造至建立计划经济，再转至社会主义市场经济的重大转变，从经济形态上看，则是跨过了农业经济、工业经济和数字经济的巨大发展历程。在这70年中，经过不断地制度优化，提升了经济效率，从而城乡居民消费形态和消费水平也相应发生了巨大变化。

据统计，中国的人均国内生产总值从1978年的381元增至2018年的64718元，翻了将近170倍。一般来说，将人均GDP超过4000美元的国家认定为中等收入国家。2010年，中国人均GDP迈过4000美元大关，并在短短几年，再度翻番；2018年的人均GDP约合9780美元，距离跨越国民经济"中等收入陷阱"的上限（12000美元）已经非常接近。

从人均可支配收入来看，1978年，中国城镇居民与农村居民人均可支配收入分别仅为343.4元和133.6元；到了2017年，人均可支配收入分别上涨至36396元和13432元，分别为1978年的约106倍和100.5倍（见图5—4）。

尤其是改革开放40余年来，商品品种日益丰富，居民消费活跃度不断提升，消费格局发生了根本性转变。以社会消费品零售总额为例，从1978年的1558亿元增长到2018年的38万亿元，增长了240余倍，年均增长率达到14.7%。[①] 2017年，限额以上单位粮油食品饮料烟酒、服装类商品零售分别为22035亿元和14557亿元，分别是1978年食品和服装类商品零售额的34倍和52倍，年均分别增长9.4%和10.7%。

---

① 受统计数据获取来源限制，本章仅使用1978年至今的官方统计数据。

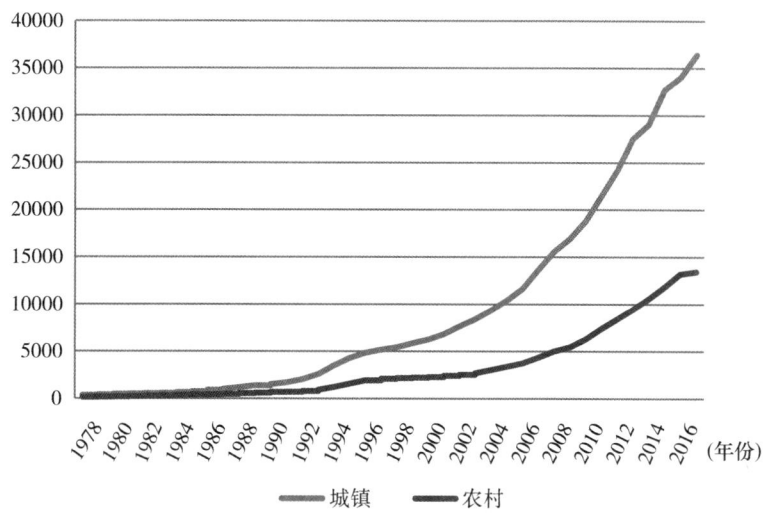

图 5—4　城乡居民家庭人均可支配收入（元）

1987年10月，党的十三大首次将"三步走"战略目标明确为经济建设目标。第一步：实现国民生产总值比1980年翻一番，解决人民的温饱问题；第二步：到20世纪末，使国民生产总值再增长一倍，人民生活达到小康水平；第三步：到21世纪中叶，人均国民生产总值达到中等发达国家水平，人民生活比较富裕，基本实现现代化。进入21世纪以来，中国已经完成了"三步走"战略的前两步，城乡居民生活基本达到了小康水平，转向进入全面建设小康社会时期。在此阶段，大力发展数字经济、人工智能，利用新型通信技术进行技术升级和产业改造，从而创造新型消费需求和满足居民消费需要将是主要任务。

二　消费结构不断升级优化

消费结构指消费过程中人们所消费的各种不同类型的消费资料的比例关系[1]。消费结构升级是指主流商品的消费需求由低级向高级

---

[1] 尹世杰：《中国当前扩大消费需求的几个问题》，《中国流通经济》2009年第23卷第7期。

变革的过程，一般表现为两种形式：一是由于消费层次的变化而带来新的消费项目，使得消费的构成及其比例关系发生变化，如从生存性消费向发展性消费转变；二是原有消费项目不变，但是各消费内容提升，向更高等级发展，例如换用功能更多的商品等。

消费结构升级对于经济增长是个巨大的动力。消费结构升级意味着对新产品的需求增加。[1] 随着消费结构升级，新产品的消费将从产品的先行消费者向整体消费者群体扩散，从而刺激企业围绕新产品展开生产竞争，并在市场竞争中提高产品治理和生产效率，进而对企业提出了更高的技术要求。[2] 所以说，消费结构升级是经济发展的动力。

70年来，随着居民收入水平的持续提高以及消费观念的转变，广大居民的需求由基本温饱需求，向满足基本小康的高层次物质需求和精神需求进行转变，居民消费需求阶段性升级，消费结构也发生了根本性变化，具体表现为：

（一）基本生存需求占比逐渐减小

在新中国成立初期，生产水平低下，物质资源匮乏，居民消费受物质资源限制以满足生存需求为首要目标，食品支出占家庭消费总支出的绝对比重。随着经济体制改革的深入和推进，生产力水平迅速提高，物质和服务日益丰富，居民消费能力不断增强。

通常以恩格尔系数（Engel's Coefficient）来衡量食品支出总额占居民家庭户消费支出总额的比重。数据显示，城镇居民家庭恩格尔系数从1978年的57.5%下降至2017年的28.6%，农村居民家庭恩格尔系数从1978年的67.7%下降至2017年的31.2%。[3] 这就是说，

---

[1] 参见俞剑、方福前等《消费结构升级、要素价格扭曲与中国农业劳动力转移》，《经济评论》2018年第1期。

[2] 参见闫志俊、于津平《产品技术复杂度与企业出口增长》，《国际贸易问题》2018年第2期。

[3] 参见国家统计局网站数据库，http://data.stats.gov.cn/easyquery.htm? cn = C01。

改革开放以来，中国社会的消费，首先从贫困水平升级到温饱水平，然后从温饱水平升级到小康水平，目前正在向相对富裕水平升级。[1]即使是在食品消费中，中国人也从以粮食为主的消费阶段过渡到以蔬菜、蛋、奶、肉、果品等为主而形成新消费趋势的阶段。比如说，从2013年到2016年，中国人的人均粮食消费量从148.7公斤降低到132.8公斤，但与此同时，干鲜瓜果类的消费量，则从40.7公斤增长到48.3公斤，蛋类消费量从8.2公斤增长到9.7公斤，肉类消费量从25.6公斤增长到26.1公斤。[2] 2017年，在限额以上单位商品零售类中，粮油食品饮料烟酒、服装鞋帽针纺织用品类商品占比分别为14.6%和9.6%，分别比1978年食品、服装类商品零售额占社会消费品零售总额的比重降低37.2个和12.4个百分点。

（二）耐用品消费迅速增长并日趋饱和

2012年，中国城镇居民平均每百户年末彩色电视机、洗衣机和电冰箱拥有量分别为136.1台、98台和98.5台，而1981年，城镇居民平均每百户年末拥有彩色电视机、洗衣机和电冰箱的数量分别仅为0.6台、6.3台和0.2台。2017年，汽车类商品零售额为4.2万亿元，比1998年增长169倍，近20年来年均增长速度超过30%。自2013年到2016年，中国每百户家庭家用汽车的拥有量，从16.9辆提升到27.7辆。自2000年到2018年，私人载客汽车拥有量从365万辆增长到1384万辆。[3]

（三）消费多元化，服务消费快速增长

在过去10年中，居民消费由实物型向服务型转变，文化娱乐、休闲旅游、教育培训、医疗卫生、健康养生等服务性消费成为新的消费热点，体验类消费快速发展。

---

[1] 参见张翼《改革开放40年来中国的阶层结构变迁与消费升级》，《社会科学文摘》2018年第11期。

[2] 同上。

[3] 参见国家统计局网站数据库，http://data.stats.gov.cn/easyquery.htm?cn=C01。

旅游成为城镇居民休闲度假的新方式。随着人们生活水平的提高和生活观念的转变,特别是国家法定节假日制度的实行,旅游市场持续增长,旅游消费持续升温。从短途周边到出境游,从跟团游到自助游,旅游产品多样性不断增多,旅游市场环境不断改善。从2009年到2018年,国内旅游总花费从10183.7亿元增长到51278.3亿元,国内旅游人均花费从535.4元增长到925.8元,国内旅游人次则增加了两倍,出境游人次则增加了2.4倍。[①]

在文化娱乐消费方面,城乡居民不断追求精神文化生活,文娱类消费日益受到居民的青睐。茶楼、酒吧、咖啡屋、书屋、度假村等多种休闲娱乐场所如雨后春笋般呈现。

据国家新闻出版广电总局电影局发布的数据显示,2018年全国电影总票房609亿元,比1990年增长超过24倍,年均增长约12%。特别是国产电影市场发展良好,从2013年起,其市场份额均保持在50%以上,在2018年国产电影扛起了票房的大梁,国产影片票房贡献超6成。

消费的结构性差异快速降低。长期以来,由于城乡二元结构性分割,无论是居民收入还是居民消费均存在明显的城乡结构性差异。在社会主义建设时期,城乡消费实行两套分配和消费制度,在城市实行的是分配制而在农村实行的则是人民公社制。为了快速实现工业化,中国通过"剪刀差"实现农业部门向工业部门的转移,因此造成长期以来城乡二元差距。在改革开放初期,通过确立家庭联产承包责任制,极大释放了农村生产力,农民生活水平得到迅速提高,从而城乡消费的二元差距得到缩小。但自20世纪80年代中期开始,改革的重点重新放回到城镇,农村发展步伐有所降低。在社会主义市场经济下,民营经济、个体经济等非公有制经济形式扩大了居民收入来源,多种要素参与分配,使得城乡居民收入差距、行业间居民收入差距均有所扩大,因此城乡消费差距反而重新扩大。进入21

[①] 参见国家统计局网站数据库,http://data.stats.gov.cn/easyquery.htm?cn=C01。

世纪后,中国进一步推进城镇化建设,城市化率迅速提升,国家加大了对农村地区的流通基础设施建设、消费和分配政策等诸多方面的支持,以工补农,以城促乡等新农村建设措施出台。2003年全国全面推进农村税费改革,农业税占比逐年下降,从1999年的4%下降到2003年的1%,并在2006年全面取消农业税。2004年起,国家逐步推进"村村通"工程建设,使绝大多数行政村实现通路、通水、通电、通电话网等基础设置,是国家加大公共资源配置提升经济发展结构转型政策的重要组成部分。在一系列国家配套政策的支持下,城乡二元差距有了极大改善。特别是"万村千乡市场工程"和"双百市场工程"的实施,极大地改善了农村流通状况,为农村消费品市场发展创造了良好的外部条件。

以1978年为参照点的城乡居民消费水平指数[①]显示,农村消费水平指数于2011年首次超过城镇消费水平指数,表明农村居民消费发展增长水平首次超过了城镇居民(见图5—5)。

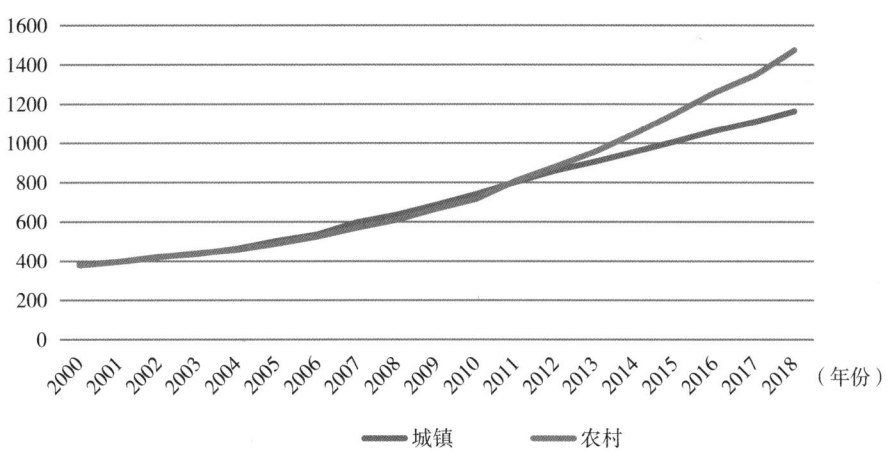

图5—5 城乡居民消费水平

资料来源:国家统计局网站数据库,http://data.stats.gov.cn/easyquery.htm?cn=C01。

---

① 1978年消费水平为100。

城乡居民消费水平差距则从 2000 年的 3.65 倍下降到 2018 年的 2.54 倍，为近 20 年来的最低水平（见图 5—6）。

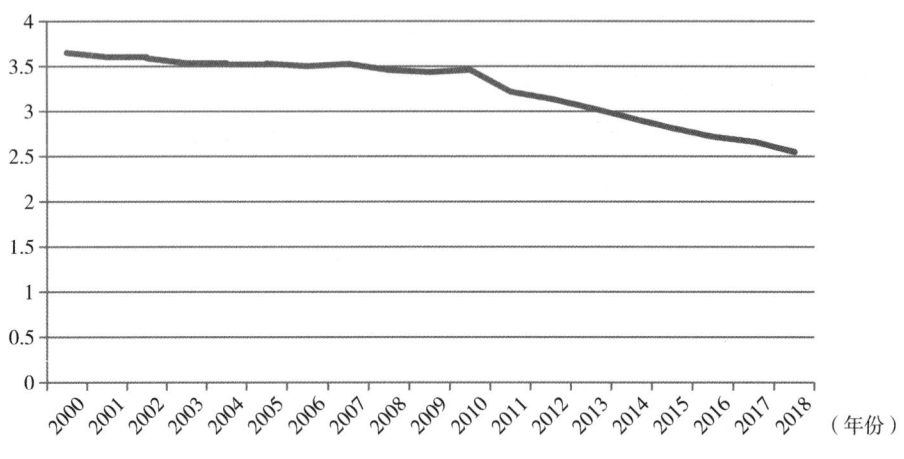

图 5—6　城乡居民消费水平差距

近年来，农村地区交通、物流、通信等基础设施建设进一步得到完善，互联网、移动通信和电子商务不断向广大农村地区延伸覆盖，促进了农村居民消费潜力持续释放。2017 年，中国乡村消费品零售额达 51972 亿元，是 1978 年的 64 倍，年均增长 11.3%。2013—2017 年，乡村消费品零售额年均增长 12.9%，年均增速比城镇消费品零售额高 1.8 个百分点。①

在消费的城乡结构不平衡不断改善的同时，地区间的不平衡也在向总体均衡转变。受传统经济发展及地理因素限制，中国产业结构呈现东部、中部、西部和东北部等几个不同的区域梯度。以华东和华南所构成的东部地区是改革开放的重要龙头区域，享受较为优惠的经济政策，民营经济发展活跃，市场经济配套设施完善，无论是在生产技术、生产效率还是在优化的产业结构上均与中部、西部

---

①　参见蒋强《中国消费结构的蝶变》，《中国经济报告》2018 年第 12 期。

等地区产生了比较大的差距。西部地区生产主要以围绕自然资源开采的基础工业和农业为主，资本、交通、市场资源等要素短缺，民营经济发展不活跃，因而内地地区居民收入增长在20世纪80—90年代低于东部地区。从数据上看，改革开放初期中国各地区居民人均消费水平趋于一致，差异程度较低。此后，东部与中部和西部地区消费水平逐渐产生差距，且该差距日趋扩大。

随着国家西部大开发、东北老工业基地振兴以及东部地区产业结构升级，东部先进的发展经验、管理经验以及迭代的产业链条开始向内地转移。在此背景下，不同地区之间的消费品市场发展速度和结构发生重大变化，区域市场开始呈现出均衡、协调发展的良好态势。东部地区消费品零售额占社会消费品零售总额的比重由1978年的36.3%逐年提升，至"十五"末期的2005年达到最大值54.3%，从"十一五"时期开始逐年回落，至2017年为51.5%。与之相应，中部、西部和东北地区占社会消费品零售总额的比重与东部地区的差距分别由1978年的11.9个、11.1个和22.1个百分点，扩大至2005年的34.9个、37.3个和45.2个百分点，而到2017年分别缩小至30.2个、32.8个和43个百分点，消费品市场向地区间总体均衡发展。[1]

三 新消费方式带来技术升级

随着信息技术的不断创新，消费方式也进行相应的技术升级，并反过来带动新技术经济的发展。随着4G通信技术的普及，手机支付、信用消费成为消费主要手段。传统的现金纸币交易所占比重大大降低，基于手机和移动支付的无现金交易成为城乡居民日常消费的主要使用方式。大数据应用也随着现代信息技术的发展影响了居民消费，全国范围的信用评估制度开始建立，信用消费大大提升了整体的社会交易效率，扫码支付、无人购物、信用租赁等新型消费

---

[1] 参见蒋强《中国消费结构的蝶变》，《中国经济报告》2018年第12期。

方式的出现标志着中国进入了信用经济时代。据艾瑞咨询数据，2017年中国信用卡期末应偿信贷余额达到4.06万亿元，年均复合增长率达到37%，为历年最高值。

第四节 结论

综上所述，回顾70年来中国居民消费变迁历程，居民消费方式发生了翻天覆地的变化，从计划经济时期的居民消费贫乏、同质化，到"双轨制"时期的日趋多元化，再到市场经济时代的理性化、差异化，中国消费市场规模持续扩大，居民消费结构不断更替升级。消费结构的转变升级对于满足人民日益增长的美好生活需要起到重要作用。在这个过程中，中国的GDP在投资、消费和出口三驾马车的拉动下逐渐跻身国际一流。随着近年来改革开放和"一带一路"建设的推进、供给侧结构性改革的调整优化，新的消费业态仍将继续快速增长，新的商业模式将不断涌现，居民消费对GDP发展的贡献比例将稳步上升，并将在今后一段时间继续增长。消费已成为中国经济迈向高质量发展的重要支撑。

第 六 章

新中国 70 年教育事业发展

　　文以载道，教以兴邦。教育事业在中国特色社会主义现代化建设过程中具有重要作用。在党的十九大报告中，习近平总书记指出"建设教育强国是中华民族伟大复兴的基础工程，必须把教育事业放在优先位置，深化教育改革，加快教育现代化，办好人民满意的教育。要全面贯彻党的教育方针，落实立德树人根本任务，发展素质教育，推进教育公平，培养德智体美全面发展的社会主义建设者和接班人。"自1949年新中国成立以来，中国教育事业逐渐走出了一条有中国特色社会主义发展道路，取得了举世瞩目的伟大成绩，为实现从文盲大国向人力资源大国，进而向人力资本强国的转变做出重要贡献。

第一节　70年来中国教育事业发展整体情况

　　新中国成立以来，特别是改革开放40年来，中国各级各类教育发展迅速，形成了学前教育、义务教育、高中阶段教育、高等教育、成人培训和扫盲教育、特殊教育、民办教育、现代远程教育、网络教育相结合的多层次教育体系。在城乡全面实现九年制义务教育，国民受教育水平显著提高，高中阶段教育发展迅速，普通高中与中等职业教育结构优化，高等教育开始进入大众化阶段，研究生和回国留学生不断增长，极大满足了广大人民群众提高素质、接受教育的需求，有中国特色社会主义教育体系正在形成。整体上看，从1949年到2018年，中国拥有各级各类学校从35.1万所发展到51.89万所，各级各类教育在校生从2554.7万人增加到2.76亿人，专任教师数从91.9万人增加到1673万人，文盲人数从新中国成立初期的4.34亿人下降到2010年的5466万人，年均减少729.5万人，文盲率也由80%降低到4.1%，基本消除了青壮年文盲；学前教育毛入学率达到81.7%，小学学龄儿童净入学率为99.95%，初中毛入学率为100.9%，高中毛入学率为88.8%，高等教育毛入学率为48.1%；小学、初中、高中、大学受教育程度人口比重分别达到94.72%、69.48%、31.42%、13.87%。中国教育事业显著提高了国民的科学文化素质，促进了国家"软实力"的提升，为全面建成小康社会，实现中华民族伟大复兴，建设中等发达国家奠定了坚实基础。

基础教育是提高中国科学文化素质的基础，在党中央领导下，中国克服人口众多、教育水平低、经济基础较差的巨大压力，顺利实现了普及九年制义务教育的战略任务。1986年的《义务教育法》将九年制义务教育上升到法律层次，并提出不收学费、杂费，由国家建立义务教育经费保障机制，保证了基础教育的公平性。到2010年底，全国2856个县（市、区）全部实现"两基"，人口覆盖率达到100%。2018年，小学净入学率达到99.95%，初中毛入学率达到100.9%[①]，小学毕业生升学率达到99.1%，初中升学率达到94.9%，高中升学率达到94.5%；义务教育阶段学校21.38万所，招生3469.89万人，在校生达到1.45亿人，九年制义务教育巩固率达到94.2%。义务教育制度极大地提高了国民受教育程度，接受小

---

① 毛入学率，指某一教育不分年龄的在校学生综述占该级教育国家规定年龄组人口数的百分比。由于包含非正规年龄组（低龄或超龄）学生，毛入学率可能会超过100%。参见教育部《2017年全国教育事业发展统计公报》，《中国地质教育》2018年第4期。

学初中教育人口比例从 1964 年的 33.01% 提高到 68.48%。① 在普及义务教育过程中，党和政府非常重视消除男女童入学差距和全面实施城乡免费义务教育。保障男童和女童平等接受教育的权利是一个国家教育事业发展的重要标准，由于历史文化的原因，在很长一段时间内女童在接受教育问题上受到歧视。中国政府特别重视消除性别不平等，自 20 世纪 90 年代以来，小学入学机会的男女差异逐步缩小，到 2006 年，男童女童小学净入学率分别达到 99.25% 和 99.29%，性别差异已经消除。同时，从 2006 年起到 2008 年秋，党和政府逐渐免除农村、城市义务教育阶段的学杂费，中国全面实现了免费义务教育，累计受益学生达 6.02 亿人。

高中阶段教育规模快速增长，普通高中和中等职业教育结构逐步改善，普及程度不断提高，教育质量逐步提高，为提升国民素质，促进国家经济社会发展做出积极贡献。中国高中阶段教育规模迅速扩大，已经形成了普通高中为主、中等职业教育为辅、成人高中为补充的完整的高中教育体系，全国高中阶段教育学校数量从 1949 年的 2158 所增加到 2018 年的 2.44 万所，招生从 12 万人增加到 1352.12 万人，在校生从 44 万人增加到 3931.24 万人，分别年均增长 3.53%、6.98%、6.63%，毛入学率达到 88.8%。普通高中作为中国教育事业的重要组成部分，其普及程度、办学水平、教学质量都显著提高，初步建立了多样化、开放性的教学体系。学校数量从 1949 年 1597 所增加到 2017 年 1.37 万所，在校生规模达到 2375.37 万人，为 1949 年（20.7 万人）的近 115 倍。职业教育在中国历史上有重要的地位，为国家经济社会发展提供了大量人力资源。1949 年，中等职业教育仅有学校 561 所，在校生 22.9 万人。② 为了将中

---

① 此数据是根据国家统计局网站（http://data.stats.gov.cn）提供的 2017 年每 10 万人小学和初中学历人口数量结算得到。

② 参见李艳丽、张振助《教育事业蓬勃发展，全民素质普遍提高》，载国家统计局编《新中国六十年》，中国统计出版社 2010 年版，第 107—112 页；卢金燕《中国中等专业学校教育六十年发展历程回顾》，《职教通讯》2011 年第 3 期。

国巨大的人口压力转化成人力资源优势，国家确立了大力发展职业教育的方针，全国中等职业学校发展到2017年的1.03万所，在校生达到1551.84万人，分别为1949年的18倍和68倍。普通高中和中等职业教育经过快速发展后，招生结构趋于稳定，在校生比例结构进一步优化，使城乡劳动力职业技能和就业能力大幅度提高，2017年全国具有高中以上学历人口比例达到31.42%，大大高于1964年的1.74%。

中国高等教育建立了研究生、普通本专科、成人本专科、网络本专科、高教自考本专科等多种形式的教学体系，建成了世界上规模最大的高等教育体系，实现了从精英化向大众化的历史性跨越，促进人力资本提升作用显著。70年来，中国高等教育学校从1949年的211所发展到2018年的3760所，其中普通高等学校2663所、研究生培养结构815所、成人高等学校282所，各种形式高等教育在学规模达3833万人，毛入学率达到48.1%，基本实现高等教育大众化。普通本专科学校招生规模从3.12万人增加到790.99万人，在校生规模从11.7万人增加到2831.03万人，年均增长率达到8.23%和8.16%；招收研究生从242人增加到85.8万人，年均增长12.39%，其中在学博士生38.95万人，在学硕士生234.17万人。每十万人高等教育在校生人数从1949年的22人增加到2017年的2576人，具有大专以上学历人口占全国比例从1964年的0.42%提高到13.87%。自高考制度恢复以来，从1977年到2017年，全国共有2.17亿人报名参加高考，其中1.15亿人被录取，录取率从5%提高到74.46%；普通高等学校共培养本专科毕业生9298.77万人，为中国经济社会发展培养大批优质人才。

成人教育与培训有力提升了劳动者素质，为中国社会主义建设和改革开放做出了重要贡献。新中国成立之初，为了扭转高文盲率现状，快速培养社会主义建设人才，国家大量开办扫盲班、职教学校等，成人教育迅速发展，成为中国教育体系的组成部分。2017年，全国接受各种非学历教育结业生5724.91万人次，注册学生数

5465.67万人次。其中,高等教育注册学生数898.59万人次,结业生968.29万人次;中等职业教育学生4538.3万人次,当年毕业4744.07万人次。[①]各种形式的职业培训、农村成人教育、企业职工教育和社区教育等提供中高等资格证书培训987.28万人次,岗位证书培训403.29万人次,成为中等职业教育和普通高等教育的有效补充。成人学历教育包括网络教育、成人自考、在职攻读等多种形式,成人本专科形式多样灵活,有函授、业余、全日制脱产等。2017年,成人本专科招生217.52万人,在校生544.14万人,毕业生247.04万人,为满足广大人民群众提高自身素质、多样化终身学习需求提供了保障。

学前教育和特殊教育是中国教育体系的重要组成部分,对促进儿童身心全面健康发展、保障残障儿童同等受教育权利都具有重要意义。1953年,中国仅有5469所幼儿园,在园幼儿数仅有43万。改革开放以来,中国学前教育发展迅速,幼儿园数量都在10万所以上,2018年达到26.67万所,入园儿童1863.91万人;在园幼儿数量达到4656.42万人,其中普惠性幼儿园在园人数占73.07%;3—5岁儿童毛入园率从2002年的36.8%提高到81.7%。中国特殊教育不断发展,已经逐步形成了既相对独立,又与普通教育有机结合的体系。1953年,特殊教育学校仅有64所,在校人数0.5万人,2018年,学校数达2152所,招生12.35万人,在校生66.59万人,其中普通小学、初中随班就读和附设特教班招生5.66万人,在校生33.24万人,专任教师5.87万人。

教师队伍建设成绩显著,学历达标率不断提高,整体素质全面提升,为教育质量的稳步提高提供了充足的保证。中国各级各类教育专任教师队伍持续增长,从1949年的91.9万人增加到2018

---

① 参见《各级各类非学历教育学生情况》,2019年3月28日,教育部,http://www.moe.gov.cn/s78/A03/moe_560/jytjsj_2017/qg/201808/t20180808_344697.html。

年的1673万人，增长18倍多。其中，小学专任教师从83.6人增加到609.19万人，初中教师从5.3万人增加到363.9万人，普通高中教师从1.4万人增加到181.26万人，普通高校教师从1.6万人增加到167.28万人，年均增长率分别达到2.88%、6.23%、7.19%、6.87%。自1993年的《教师法》对各级教师的学历要求作出规定后，中国各级教师学历合格率水平不断提升，特别是改革开放以来提高得更快。普通小学专任教师学历合格率从1978年的47.1%提高到2018年的99.97%，其中具有本科及以上学历教师比例由1995年的5.6%提高到59.12%。同期，初中专任教师学历合格率从9.8%提升到99.86%，其中具有本科及以上学历的比例由7.6%提高到88.22%；普通高中专任教师合格率达到98.41%，其中具有本科及以上学历的教师比例达92.1%；普通高校研究生以上学历教师比例达73.65%。教师素质的提高促进了教育教学质量的增长。

新中国成立以来，国际教育交流与合作不断取得新的进展。一方面，从早期留学苏联和东欧国家，转变为改革开放后向美国、英国、德国等发达国家，学习先进管理经验和文化知识。中国出国留学人员从1950年的35人增加到2018年的66.21万人；1978—2018年，各类出国留学人员累计585.71万人，其中153.39万人正在学习，365.14万人在完成学业后回国发展。① 20世纪80年代初，国家逐渐放开自费出国留学，自费留学人数和占比迅速增加，2018年自费留学51.94万人，占全部留学人员的78.45%。为了吸引优秀留学人员回国，国家先后设立"留学回国人员科研启动基金""高等学校优秀青年教师自主基金"等项目，教育部设立"国家优秀自费留学生奖学金"，吸引更多留学人员回国工作或以多种方式为国服务。

---

① 参见《2018年度中国出国留学人员情况统计》，2019年3月27日，教育部，http://www.moe.gov.cn/jyb_xwfb/gzdt_gzdt/s5987/201903/t20190327_375704.html。

在教育、科研领域，70%以上的高水平大学校长、80%以上的两院院士、90%以上的长江学者都有海外学习或工作经历。[①] 另一方面，中国大力吸引外国留学生，积极向海外传播中华文化。1951年，外国留学生在校数量仅有33人，截至2018年底，在全球154个国家和地区建立548所孔子学院、1193个中小学孔子课堂，全球共有204个国家和地区的各类留学生48.92万人来华学习。

第二节　基本完成社会主义改造时期（1949—1956年）

新中国成立之初，中国人口众多，教育水平非常落后，文盲率高达80%，特别是在农村地区，文盲率达到95%以上，小学入学率不足20%。1949年，中国只有小学34.68万所，在校生2439.1万人，普通中学4045所，在校生103.9万人，普通高校205所，在校生11.7万人。这一阶段国家主要任务是在全国范围内组织对农业、手工业和资本主义工商业进行社会主义改造，建设发展社会主义经济，建立计划经济集中统一体制，教育事业也围绕这一主题展开。

中央首先确立了中国教育方针，以指导教育工作。1949年9月，首次人民政治协商会议通过了《中国人民政治协商会议共同纲领》，提出"中华人民共和国的文化教育为新民主主义的，即民族的、科学的、大众的文化教育。人民政府的文化教育工作，应以提高人民文化水平，培养国家建设人才，肃清封建的买办的、法西斯主义的思想，发展为人民服务的思想为主要任务"。所以对旧教育制度、旧

---

①　参见《中国教育的世界胸怀——党的十八大以来教育改革发展成就评述·对外开放篇》，《中国教育报》2017年10月22日。

学校、旧知识分子等的社会主义改造成为一项重要任务。1949年12月23日,国家召开第一次全国教育工作会议,提出"以工农为主体,大量培养工农出身的新型知识分子"的教育方针,这与中国是"工人阶级领导的、以工农联盟为基础的人民民主专政的社会主义国家"的政体相适应。随后,相继召开了全国性的初等教育会议、中等教育会议、高等教育会议、工农教育会议、师范教育会议,部署教育方针和制定实施细则。

与此相适应,各级学校开始教学改革,创办工农速成中学和中等专业教育,积极开办扫盲班和成人教育,接办改造高等教育学校。1951年,国家发布《政府关于改革学制的决定》,废除了旧社会的教育结构,以法律形式正式地将特殊教育纳入国家教育体系。为了满足新中国经济发展对专业技术人才的需求,1952—1954年,国家相继颁布《关于整顿和发展中等技术教育的指示》《关于改进中等专业教育的决定》,建立了中等技术学校由中央部委集中统一管理的行政体制,加快中等职业教育发展。

面对新中国成立初期极其特殊的国际环境,中央做出了实行向苏联学习"一边倒"政策的决定,教育事业也全面向苏联学习。通过翻译苏联教育学理论著作和教材、邀请苏联专家担任教育顾问并授课、派遣留学生到苏联学习等方法,全国自上而下建立了苏式专科化教育模式。1950年6月,中国召开第一次全国高等教育会议,提出高等教育必须适应国家经济、政治和文化建设的需要,特别是经济建设的需要。政府首先接办旧国立、省立大学,改办私立大学为公立大学,并取缔教会学校;相继出台了《高等学校暂行规程》《关于实施高等学校课程改革的决定》等文件,初步建立了新中国的高等教育制度。

随后,1951年开始的高校调整就是实施"一边倒"口号的具体表现和全盘苏化的开始,对中国高教体制产生了深远影响。这次调整否定西方大学教育精髓的作用,照搬苏联高教体制,大量设置单一的专科学院,强调专业教育,否定通才教育;使理工院校分家,割断理工科的内在联系;撤销一批地方院校,导致地区间不平等加剧。[①] 经过此次调整,中国普通高等学校数量从1949年的205所下降到1953年的181所,随后逐步恢复一些被撤销的高校并建立一批新的高校,到1956年增加到227所,在校生规模由11.7万人发展到40.3万人,如图6—1。改造完成后,中国形成了高度集中计划和专门人才教育的苏联模式,国家对教育集中统一管理,学院、专业设置与行业、产品紧密相关,着重培养与经济建设相关的工程和专门人才。

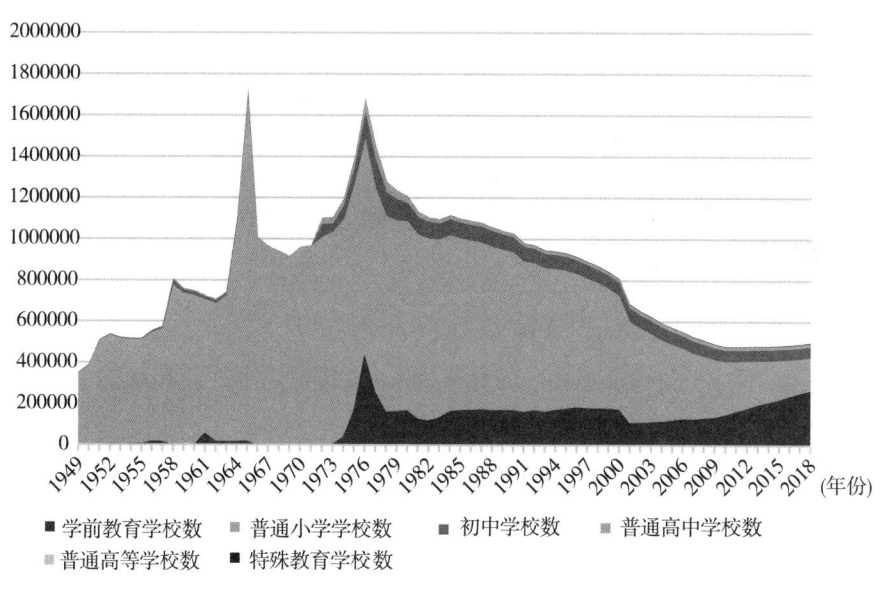

图6—1 各级各类教育学校数(所)

资料来源:《中国统计年鉴》《中国教育统计年鉴》《全国教育事业发展统计公报》历年数据;国家统计局,http://data.stats.gov.cn。

---

① 参见刘道玉《中国高等教育六十年的变迁》,《高教探索》2009年第5期。

第三节　社会主义建设时期（1957—1977年）

这一时期教育事业的发展可以分成两个阶段：1957—1965年，全面建设社会主义时期；1966—1976年，"文化大革命"时期。1957年，在社会主义改造基本完成的基础上，党领导全国各族人民开始转入全面的大规模的社会主义建设。受到"大跃进"运动和以高指标、瞎指挥、浮夸风和"共产风"为主要标志的"左"倾错误的影响，中国教育事业也出现了盲目扩张的错误，各级各类学校在全国范围内大兴大建。1958年，学前教育学校、普通小学、初中、普通高中、普通高校的数量是69.53万所、77.68万所、2.48万所、4144所、791所，分别比1957年增长4134.45%、41.93%、178.13%、89.74%、245.42%。同时，招生数量也实现巨大跨越，小学从1249.2万人增加到3000.5万人，初中从217万人增加到378.3万人，高中从32.3万人增加到56.2万人，本专科从10.6万人增加到26.5万人。

为了配合"大跃进"，中央在1958年4月发布《关于高等学校和中等技术学校下放问题的意见》，除少数学校由中央和教育部直接领导外，大部分普通高校、中等技术学校的管理权下放。全国兴起办农业中学的热潮，1年内建立的农业中学达到20000所，招生数达到200万人，许多行业和企业也办起了中等专业学校，原来一些行业所办的基础比较好的中等专业学校则升格为专科或本科学校。[①] 全国中等专业学校由1957年的728所增加到1960年的4261所，在校

---

① 参见李梦卿、周艳《新中国成立六十年中国职业教育政策综述》，《教育与职业》2009年第36期。

生由48.22万人增加到137.74万人。① 然而，学校数量和招生人数的增加无法掩盖合格教师队伍缺乏的困境，数量众多的小学校和学生缺乏必要的师资力量，教育教学质量下降严重。

随着党和国家在1960年冬天开始纠正"左"倾错误，提出了"调整、巩固、充实、提高"方针，教育领域"大跃进"的问题得到逐步解决，通过合并撤销等调整方式，扩大学校规模，减少数量，提高教学质量，逐步走上稳定发展的道路。各级各类学校数量在1960年达到最高值后开始下降，比如，普通本专科学校从1289所下降到1964年的419所，高中学校从4434所下降到4303所，招生人数也迅速减少。虽然教育领域的"左"倾错误思潮有所遏制，但是阶级斗争的形势却越来越紧张，多次掀起批判"资产阶级"教育思想的斗争，正常的教育教学受到阻碍，这种形式一直持续到"文化大革命"的爆发。

"文化大革命"期间，中国教育事业遭受严重破坏，在"以阶级斗争为纲"极左思想的影响下，各级各类学校停课、学生搞运动、老师受批斗，正常的教育教学活动几乎停滞，各级学校教育质量大幅度下滑。特别是高等教育受破坏程度尤其严重。高等教育领导管理体制无法正常运转，教学秩序无序混乱，大批院校停办、撤销或合并，教学科研停顿，教育质量培养规格水平严重下降，几乎丧失了培养高级专门人才的性质。② 比如，普通本专科学校数量在1971年下降到最低的328所，在1966—1969年也停止招生，在校生数量下降到1970年的4.8万人，如图6—2。正常的全国统一高考被取消，1973年全国高校开始招录工农兵学员，但由于基础知识太差，几乎无法完成学业。研究生招生在1966—1977年完全停止，中国高

---

① 参见卢金燕《中国中等专业学校教育六十年发展历程回顾》，《职教通讯》2011年第3期。

② 参见郭峰《新中国高等教育管理实践五十年》，《国家高级教育行政学院学报》1999年第5期。

等教育人才培养和科研能力与国际先进水平之间差距进一步拉大。虽然小学、初中、高中教育招生数量基本保持增长,但学校内的文化知识教育几乎被废除,大量学生在"上山下乡"运动的号召下离开学校,进入农村从事农业生产劳动。

1977年8月4日至8日,邓小平同志主持召开了科学和教育工作座谈会,作出了"尊重知识,尊重人才"重要讲话,重点阐述了教育路线、体制机制、教育质量、学风问题等内容,并作出要恢复高考的决定。10月21日,国务院转批教育部《关于1977年高等学校招生工作的意见》,规定恢复高等学校招生统一考试制度。当年冬天,570万考生走进曾被关闭10年的考场,其中27万多人成为"文革"后被录取的第一批高校新生,录取率为4.7%。中央恢复高考制度是中国教育事业"拨乱反正"的重大举措,促进了高等教育的恢复和发展,使人才培养走上健康的轨道。

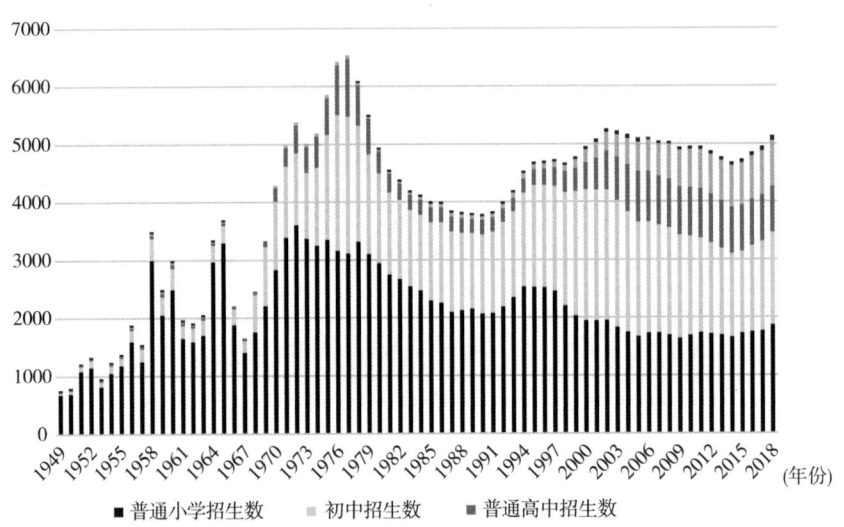

图6—2 各级各类教育招生人数(万人)

资料来源:《中国统计年鉴》《中国教育统计年鉴》《全国教育事业发展统计公报》历年数据;国家统计局,http://data.stats.gov.cn。

第四节　改革开放时期（1978—2012年）

改革开放以来，中国教育体制也经历巨大变革。1978年5月"真理标准"大讨论，为改革开放起到思想准备作用，也直接影响到教育事业发展。1978年12月，中共中央十一届三中全会确定了"解放思想，实事求是"的思想路线，作出了改革开放的总方针。在这一思想的指导下，中国教育界也开始系统性反思，力图创建有中国特色社会主义教育理论和教学体系。经过关于学制、外国教育思想、学生主体性教育、教育与市场经济关系、素质教育、教育现代化、课程改革等一系列教育思想和教育制度讨论，[①] 教育的性质、意义、作用、设置等内容逐渐明确，适应改革开放形势的教育体制初步形成。

适应经济改革和社会发展的需要，中国制定一系列法律法规明确了各界各类教育的合法性，保证了教育目标和战略的实施。比如，1986年《义务教育法》、1993年《教师法》、1995年《教育法》、1998年《高等教育法》、2002年《民办教育促进法》等相继出台，中国教育法制体系逐渐完善。20世纪80年代初，中央相继提出"四有"（有理想、有道德、有文化、有纪律）和"三个面向"（教育要面向现代化、面向世界、面向未来），成为教育发展的重要口号，在相当长一段时间内成为指导教育发展的重要思想。1985年5月，中央颁布《关于教育体制改革的决定》，提出"教育必须为社会主义建设服务，社会主义建设必须依靠教育"，改变了1958年提出的"教育为无产阶级政治服务"的方针，使中国教育走上为社会主义现代化建设服务的正确轨道。1993年2月，中共中央、国务院

[①] 顾明远：《中国教育科学走向现代化之路纪实——纪念共和国建国60周年》，《北京师范大学学报》（社会科学版）2009年第4期。

印发《中国教育改革纲要》,指出"教育是社会主义现代化建设的基础,必须坚持把教育摆在优先发展的战略地位",确定了教育事业的重要作用和意义。1999年,党中央相继发布《面向21世纪教育振兴行动计划》和《关于深化教育改革全面推进素质教育的决定》,进一步完善教育体制。

  普及义务教育是中国基础教育的重要任务。总体来看,中国义务教育改革经历了三个阶段:1980年代改善办学条件,1990年代基本实现"两基"目标,21世纪初全面实现"两基"目标。改革开放开始后,普及小学教育成为中国基础教育领域重点工作。1980年,国务院下发《关于普及小学教育若干问题的决定》,明确提出80年代要基本普及小学教育的任务,要求各级党政机关把它当成一件大事来抓。随后,中央《关于教育体制改革的决定》提出了在全国范围内普及九年制义务教育的决定,并实行分级管理体制。实施基础教育以来,中国文盲人数和文盲率显著下降。2000年,15岁以上人口文盲人数为8507万人,比1982年减少近1.4亿人,文盲率也由1992年的15.9%下降到6.7%,实现了联合国教科文组织《世界全民教育宣言》的目标。1986年,中国颁布和实施了《义务教育法》,从法律上保证了适龄儿童、少年接受义务教育的权利,实行九年制义务教育制度是国家必须予以保障的公益性事业。2003年9月,国务院发布《关于进一步加强农村教育工作的决定》,提出在全国基本普及九年制义务教育和基本扫除青壮年文盲的战略任务。到2011年底,全国2856个县(市、区)全部实现"两基",人口覆盖率达到100%,中国用了25年时间全面普及了城乡免费义务教育。2006年《义务教育法》明确了各级政府在义务教育投入上的法定责任,规定政府财政要全力保障义务教育经费。国家财政教育经费从1992年的728.75亿元增加到2006年的6348亿元,进而达到2012年的22236.23亿元,占国内生产总值比例从2.71%提高到4.28%,从总量上和占比上都实现快速增长,推动义务教育的更快发展。

  从新中国成立初期到20世纪90年代末,中国高等教育延续了精英教育模式。其主要原因包括：一是教育基础差、学生少，大学生享受干部待遇，经费支持成本较高；二是国家优先发展重工业，对发展高等教育重视不够；三是"文化大革命"对教育体系破坏严重，师资力量严重不足。1979年到1998年，普通本专科学校招生从27.5万人增加到108.4万人，每十万人口在校生从105人增加到504人，发展速度较为缓慢。在20世纪90年代中期，为了重新发展综合性大学，国家推行新一轮的院校调整合并，试图通过合并大量专业性高等教育学院建成综合性大学。普通高等学校数量从1994年的1080所下降到1997年的1020所，学校合并提高了教育容量，学生数量开始快速增加。

党和国家领导人意识到中国高等教育与世界发达国家的巨大差距，下定决心大力发展高等教育，培养高素质人才。1998年，全国人大颁布《高等教育法》，这是新中国首部高等教育法，扩大了高校办学自主权，明确了分级管理、分级负责的教育管理体制。1999年1月，《面向21世纪教育振兴行动计划》提出"积极稳妥发展高等教育"，随后在6月份的《关于深化教育改革全面推进素质教育的决定》提出"调整现有教育体系结构，扩大高中阶段和高等教育的规模，拓宽人才成长的道路，减缓升学压力。通过多种形式积极发展高等教育，到2010年，中国同龄人人口的高等教育入学率要从现在的9%提高到15%左右"，从此"高校扩招"开启了高等教育20年高速发展的序幕，全国高校普遍扩大招生比例，招生人数、在校生人数、毛入学率等指标均快速提升。以普通本专科为例，1999年中国招生159.7万人，比上年净增加51.3万人，增长率达到47.32%；到2012年，招生人数达到688.83万人，年均增长62.54万人，增长率达到15.29%。研究生教育也经历了同样的扩张，1999年全国招收研究生9.22万人，比上年增长27.17%，之后一直保持近20%的增长速度。2002年，中国高等教育毛入学率达到15%，提前8年进入大众化阶段。

随后几年，高等教育扩张速度放缓，但巨大的基数仍然推动扩招稳步前进。2012年,中国高等教育毛入学率达到30%,在校学生总规模达到3325万人,多年位居世界第一:其中,招收普通本专科学生688.83万人,普通本专科在校生达到2391.32万人,是1978年的17倍和28倍。高等学校和研究机构招收研究生58.97万人,在学研究生达到171.98万人,分别是1978年的55.07倍和157.29倍,年均增长率达到12.51%和16.04%,如图6—3。

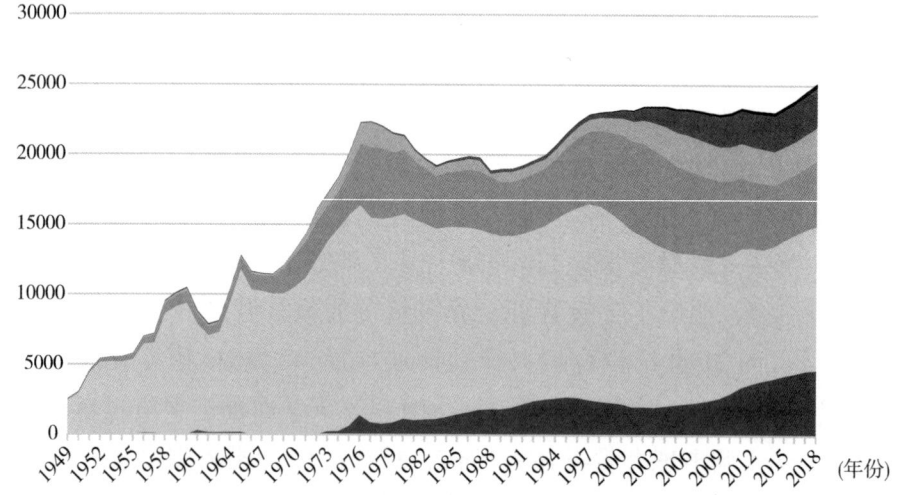

图6—3 各级各类教育在校生数(万人)

资料来源:《中国统计年鉴》《中国教育统计年鉴》《全国教育事业发展统计公报》历年数据;国家统计局,http://data.stats.gov.cn。

为了实施科教兴国战略,提高中国科技教育水平,培养高素质人才,迎接世界新技术革命的挑战,中国政府相继推出了"211工程"和"985工程"。"211工程"是指面向21世纪、重点建设100所左右的高等学校和一批重点学科的建设工程。1995年11月,国务院转批原国家计委、教委和财政部联合下发的《"211工程"总体建设规划》(计社会〔1995〕2081号),总体目标是"使100所左右的高等学校以及一批重点学科在教育质量、科学研究、管理水平和办学效益等方面有较大提高,在高等教育改革特别是管理体制改革方面有明显进展,成为立足国内培养高层次人才、解决经济建设和社会发展重大问题的基地"[1],对学校整体条件建设、重点学科建设、高等教育公共服务体系建设、资金保证和管理等方面提出要求。1998年5月4日,江泽民同志在北大建校100周年庆祝大会上宣告:"为了实现现代化,中国要有若干所具有世界先进水平的一流大学。"教育部为落实中央精神,决定在实施"面向21世纪教育振兴行动计划"中,从机制创新、队伍建设、平台建设、条件职称和国际交流与合作等方面,重点支持部分高校建设世界一流大学和一批国际知名的高水平研究型大学,简称"985工程"。截至2011年底,中国总共设立"211工程"高校116所、"985工程"高校39所,并决定不再新设两个工程的学校。

改革开放后,民办教育迅速复苏,学校数量、招生人数不断增加,办学范围也涵盖从基础教育到高等教育。1982年,第五届全国人大《宪法修改草案的报告》中提出"两条腿"办教育的方针,随后在1985年,中央发布《关于教育体制改革的决定》,提出"地方要鼓励和指导国家企业、社会团体和个人办学",非学历教育的文化补习班应运而生。1987年,国家教委颁布《关于社会力量办学的若干暂行规定》,并财政部联合颁布《社会力量办学财务管理暂行规定》,民办社会培训班开始出现。1992年,邓小平同志南方谈话后,民办教育改革春风已然复苏。6月,改革开放后第一所民办小学"光亚小学"成立,代表着民办教育正式进入学历教育领域。1997年7月,国务院颁布《社会力量办学条例》,这是新中国第一个规范民办教育的行政法规,保护并提高了社会力量办学的积极性。2002年12月28日,九届全国人大常委会审议通过了《民办教育促进

---

[1] 《国家计委、教委、财政部关于印发〈"211工程"总体建设规划〉的通知》,1995年11月18日,计社会〔1995〕2081号。

法》，进而在 2004 年 2 月 25 日，国务院通过《民办教育促进法实施条例》，以法律形式明确了民办教育的法律地位，确定了政府促进民办教育的方针和原则，规范了管理和监督原则，促进了民办教育快速健康发展。2012 年，全国共有各级各类民办学校 13.99 万所，其中幼儿园 12.46 万所、小学 5313 万所、初中 4333 所、高中 2371 所、中职 2649 所、高校 707 所；各类教育招生 1454.03 万人，各类教育在校生 3911.02 万人；另外，民办培训机构 2.02 万所，培训人次 860.64 万。

中国农村地区人口众多，户籍人口数量长期占全国 50% 以上，但教育基础薄弱，教育人才匮乏，是中国提高国民素质的重点难点。特别是农村地区义务教育问题集中在以下三个方面，中小学生上学困难和辍学等问题严重，教师合格率低、教育质量不高，教育投入严重不足。[1] 而且各地经济社会发展水平不同，公共资源聚集、办学条件、教育质量的城乡差距被进一步拉大。以义务教育阶段为例，与城乡二元结构相适应的户籍、土地、税收、社保制度是城乡教育差距形成的制度根源，同时，"分级办学"体制、重点学校或示范校政策、差别待遇的教师政策等精英化取向的教育政策是加大这一差距的直接因素。[2] 为了提高农村教育水平和效益，促进城乡优质教育资源共享，国家从 2002 年开始，先后实施"国家贫困地区义务教育工程""农村中小学现代化远程教育工程"等项目。其中，农村中小学现代化远程教育工程通过建立教学光盘播放点、卫星教学收视点、计算机教室三种模式，将城市优质教育资源输送到农村去。计划用 5 年时间，使 11 万个农村小学教学点基本配备教学光盘播放系统，38.4 万所农村小学基本建设卫星教学收视点，4

---

[1] 参见王德文《中国农村义务教育：现状、问题和出路》，《中国农村经济》2003 年第 11 期。

[2] 参见鲍传友《中国城乡义务教育差距的政策审视》，《北京师范大学学报》（社会科学版）2005 年第 3 期。

万所农村初中基本建成计算机教室，有效缓解农村地区（特别是西部边远贫困地区农村）中小学教育资源匮乏和师资短缺的问题，提高师资水平和教学质量。到 2007 年，中西部农村中小学拥有光盘播放系统 44 万套、卫星接收系统 26.5 万套、计算机教学系统 4.1 万套，基本完成工程目标。为了进一步普及义务教育，中央决定从 2006 年起逐步实行免费义务教育，到 2008 年底中国城乡基本实现免费义务教育。

职业教育一直是中国教育体系中的重要组成部分，为经济建设和改革开放提供了大量专业技术人员。1979 年 6 月，全国五届人大二次会议指出，"中等教育与要有计划地举办各种门类的中等职业教育"，1980 年开始，中央国家部委出台一系列文件，[①] 改革中等教育结构，提倡发展职业技术教育。1985 年，中央《关于教育体制改革的决定》进一步指出，"调整中等教育结构，大力发展职业技术教育，发展职业技术教育要以中等职业技术教育为重点，发挥中等专业学校的骨干作用"，肯定了中等职业教育的核心作用。1991 年 10 月，国务院下发《关于大力发展职业技术教育的决定》中，指出要"提倡产教结合，工学结合"，明确了职业教育教学的产教结合模式，学校自主招生，学生自主就业。1996 年 9 月，全国人大常委会发布《职业教育法》，规定"职业教育是国家教育事业的重要组成部分，是促进经济、社会发展和劳动就业的重要途径"，肯定了职业教育在中国教育体系中的合法地位。2002 年，国务院先后颁布《关于大力发展职业教育的决定》和《关于大力推进职业教育改革与发展的决定》，中等职业教育加快发展步伐，学校数量和招生人数持续增长。2009 年，全国中等职业教育学校（包括普通中等专业学校、职业高

[①] 这些文件包括：1980 年，中央转批《全国劳动就业会议文件的通知》，国务院转批教育部《全国中等专业教育工作会议纪要》，国务院转批教育部和国家劳动总局《关于教育结构改革的报告》；1983 年，教育部等四部委发文《关于改革城市中等教育结构、发展职业技术教育的意见》。

中、技工学校和成人中等专业学校）1.44万所，招生812.11万人，在校生人数达到2195.2万人，分别是2002年的1.8倍、2.1倍。为中国经济社会发展培养大批中高级技能型人才，提高了劳动者素质。

第五节　社会主义新时代（2012年至今）

党的十八大以来，以习近平同志为核心的党中央高瞻远瞩，以破除万难的勇气，锐意推进全面深化改革，大力促进教育公平、调整教育结构、提高教育质量，中国教育事业取得新的辉煌。2018年5月2日，习近平总书记在北京大学师生座谈会上强调："教育兴则国家兴，教育强则国家强。"党的十八大以来，在以习近平同志为核心党中央的坚强领导下，坚决贯彻落实习近平新时代中国特色社会主义思想，统筹推进"五位一体"总体布局，协调推进"四个全面"战略布局，对教育工作作出一系列重大决策部署，深化改革中国教育体制机制障碍，教育事业取得新的巨大成就。

由于历史的、经济的、政策的原因，各地教育资源存在分布不均衡状况，市场经济的竞争压力导致教育不均衡问题加剧。中国教育体制具有政府主导的特征，为了迅速培养人才，服务经济社会建设，在条件有限的情况下，政府优先发展部分重点中小学，大量资源也向这些学校倾斜，造成基础教育质量的不平等，特别是城乡教育差距显著。随着市场经济的发展，以市场配置劳动力资源的机制基本建立，就业竞争压力逐步增大，高等教育的竞争压力逐渐传递到基础教育，反向加强了义务教育阶段的竞争，进一步加剧了学校之间教育资源配置不均衡，造成了公立学校教育不公平。[①] 为了改善

[①] 参见翟博《均衡发展：中国义务教育发展的战略选择》，《教育研究》2010年第1期。

教育不平等程度，使更广大人民群众享受更好教育供给，国务院在2012年9月发布《关于深入推进义务教育均衡发展的意见》，从办学经费、教育资源、教师配置上提出具体要求。

党的十八大以来，中国县域义务教育均衡化发展成效显著。全国已有2717个县通过均衡教育国家督导评估，16个省（自治区、直辖市）整体通过认定；[1] 全国累计资助学生4.25亿人次，资助金额达6981亿元，其中财政投入达4780亿元；实施教育精准扶贫，覆盖全国2600多个县近22万所义务教育学校，中央累计投入1336亿元，带动地方投入2500亿元。[2]

中国教育管理采取中央领导、地方负责、分级管理的体制，教育改革也基本上采取自上而下的路径，这是与中国政治体制和治理结构相适应的。在管理体制上，中国政府通过法律政策、人事组织、评估拨款等途径，对各级教育管理体制、发展规模、速度、区域布局、办学方式、学科设置等实施全面统筹，形成了政府主导下的行政管理模式。[3] 同时，每一时期的教育改革都是政府根据核心任务提出改革目标和设想，确定改革内容和进程，各级政府负责落实这些目标和设想，其政策制定、政策实施、效果评价、保障机制等方面都是从中央到地方、政府到学校、学校到教师分级传递执行。[4] 政府主导教育模式有利于在短期内迅速形成合力，实现教育数量的迅速发展，但是由于缺少市场调节和社会力量参与，这种政府主导的模式容易导致行政管理和主观决策过强，出现专家与社会监督缺位，

---

[1] 参见《2018年全国义务教育均衡发展督导评估工作报告》，《中国教育报》2019年3月27日第3版。

[2] 参见《努力让十三亿人民享有更好更公平的教育》，《人民日报》2017年10月17日第1版。

[3] 参见赵俊芳《中国高等教育改革发展六十年的历程与经验》，《中国高教研究》2009年第10期。

[4] 参见石中英、张夏青《30年教育改革的中国经验》，《北京师范大学学报》（社会科学版）2008年第5期。

滋生更多官僚特权，造成社会公众漠视，失去丰富的社会资源。[1] 为了解决教育管理体制弊端，中央不断推进中国教育领域综合改革，逐步取消对学校的直接行政管理，鼓励、引导社会力量投资办学，扩大社会资源投入，重视运用立法、拨款、规划、信息服务、政策指导和必要的行政手段进行宏观管理。习近平总书记在2018年9月10日全国教育大会上的讲话，为坚决破除制约教育事业发展的体制机制障碍指明了方向和路径，对建设有中国特色社会主义教育体系具有重要意义。

政府主导、运动式的政策对教育事业的快速扩展具有积极作用，但是盲目追求数量和发展规模的指导思想缺乏对教育发展规律的认知，不利于中国教育质量提升和高素质人才培养。新中国历史上，教育界有两次较大规模的急速盲目扩张，第一次发生在1958年"大跃进"时期，第二次发生在1999年高等教育扩招时期。这两次运动对于中国教育事业普及具有积极作用，但是忽视质量纯粹的数量和规模扩张，降低了教育的品质与效率，浪费了巨大的人力和资源，对社会资源造成的损失巨大。而且，研究生的快速扩招使中国学位制度的声誉受到毁灭性的影响，中国的博士、硕士迅速贬值，学位教育成为某些官员、社会名人"镀金"的场所，学位泡沫化、学位的商品效应凸显。[2]

新中国成立后，如何在一穷二白的基础上办教育是摆在党和国家面前的一道难题。为了体现社会主义特征，中国逐渐形成了以财政性教育经费为主、多元化非财政性经费的结构，既有政府托底保障，又鼓励了社会投入的积极性。财政性教育经费包括财政预算内教育经费、各级政府征收用于教育的税费、企业办学中的企业拨款、

---

[1] 参见赵俊芳《中国高等教育改革发展六十年的历程与经验》，《中国高教研究》2009年第10期。

[2] 参见储朝晖《中国教育六十年发展的启示》，《河北师范大学学报》（教育科学版）2014年第2期。

校办产业和社会服务收入中用于教育的经费;非财政性教育经费包括民办学校中举办者投入、社会捐赠经费、学杂费等事业收入和其他收入。① 但是,由于东西部、城乡经济发展水平差异较大,再加上中央地方分税制改革,基础教育财政压力大部分落到乡镇,导致农村地区义务教育财力薄弱,农民税收负担过重,严重影响了农村地区教育投入的增长。② 取消义务教育阶段收费在很大程度上缓解了这一问题,但是由贫穷导致的城乡、区域义务教育差距依然很严峻。2016 年 9 月 9 日,习近平总书记在北京八一中学考察时指出:"要推进教育精准脱贫,重点帮助贫困人口子女接受教育,阻断贫困代际传递,让每一个孩子都对自己有信心、对未来有希望。"为此,党的十八大以来,党中央、国务院高度重视学生资助工作,建立了国家助学金制度,实现了各个教育阶段、公办民办学校、家庭经济困难学生"三个全覆盖",累计资助学生 6.2 亿人次,累计资助金额 10907 亿元。③

同时,中央加大对贫困地区义务教育薄弱学校投入,截至 2018 年底,全国财政投入专项补助资金 5426 亿元,其中中央投入 1699 亿元,地方配套 3727 亿元,农村义务教育特别是贫困地区办学条件显著改善。④ 1991—2017 年,中国教育经费投入量从 617.83 亿元增长到 3.42 万亿元,占 GDP 比重从 2012 年起连续 6 年在 4% 以上,如图 6—4。

---

① 参见李艳丽、张振助《教育事业蓬勃发展,全民素质普遍提高》,载国家统计局编《新中国六十年》,中国统计出版社 2010 年版,第 107—112 页。
② 参见王德文《中国农村义务教育:现状、问题和出路》,《中国农村经济》2003 年第 11 期。
③ 参见教育部财务司《国家学生资助工作情况》,2019 年 2 月 28 日,教育部,http://www.moe.gov.cn/fbh/live/2019/50353/sfcl/201902/t20190228_371559.html。
④ 参见教育部督导局《薄弱学校改造工作目标提前一年基本实现,农村义务教育办学条件得到显著改善》,2019 年 2 月 26 日,教育部,http://www.moe.gov.cn/fbh/live/2019/50340/sfcl/201902/t20190226_371170.html。

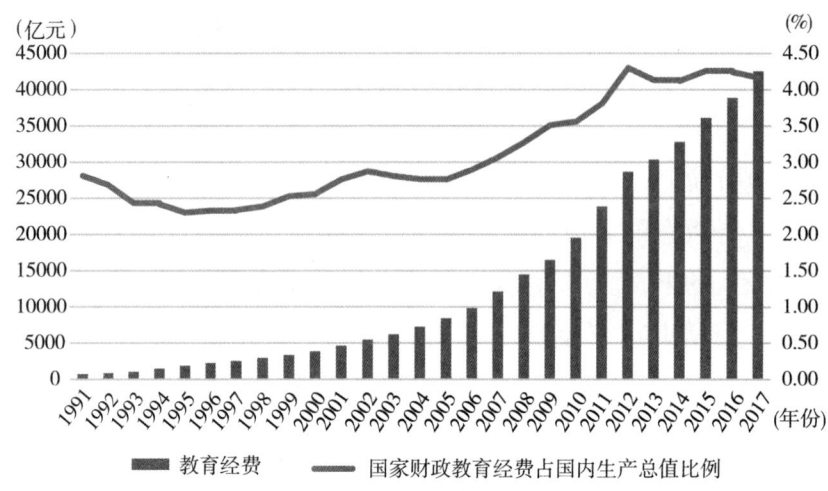

图6—4 中国教育经费和国家财政教育经费占国内生产总值比例

资料来源：历年《中国统计年鉴》数据；国家统计局网站，http://data.stats.gov.cn。

中国职业教育包括中等职业教育和高等职业教育，前者包括普通中专、成人中专、职业高中和技工学校，后者主要指普通专科。高教扩张引发人们对普通高等学校学历的追捧，职业教育一度被认为是学习成绩较差学生的"次等选择"，这在一定程度上导致了中国高水平技术工人稀缺的现状。近年来，中央更加重视职业教育。2014年6月，习近平总书记就加快发展职业教育作出重要指示，"要牢牢把握服务发展、促进就业的办学方向，深化体制机制改革，创新各层次各类型职业教育模式，坚持产教融合、校企合作，坚持工学结合、知行合一，引导社会各界特别是行业企业积极支持职业教育，努力建设中国特色职业教育体系"[1]。2018年，中国共有职业院校1.17万所，招生928.24万人；其中中职学校1.03万所，招生559.41万人，在校生1551.84万人，分别占高中阶段教育的43.49%、41.37%、39.47%；高职（专科）学校1418所，招生

---

[1] 转引自倪光辉《更好支持和帮助职业教育发展 为实现"两个一百年"奋斗目标提供人才保障》，《人民日报》2014年6月24日第1版。

368.83万人，在校生1133.7万人，分别占普通本专科的52.76%、46.63%、40.05%；2015—2017年，超过850万家庭子女通过失业教育实现拥有第一代大学生梦想；每年开展各类培训上亿人次，已经成为中国高中和高等教育阶段重要组成部分。[1] 与此同时，职业教育教师队伍建设进一步加强，职业院校专任教师133.2万人，其中"双师型"教师达45.56万人；[2] 中等职业教育生师比从2012年的24.19∶1下降到2017年的19.59∶1，高职从24.19∶1下降到17.74∶1。2019年1月，国务院发布《国家职业教育改革实施方案》，坚持服务发展、促进就业的办学方向，职业学校办学质量、教师配备和学生数量都有较大提高。职业教育规模的扩大和质量的提升，为国家经济社会发展所需技术技能人才提供了不可或缺的人力资源支撑。

经过几十年的发展，民办教育已经成为中国教育体系中不可或缺的组成部分。2018年，中国有各级各类民办学校18.35万所，占全国学校总数的35.35%；在校生达到5378.21万人，占全国总数的19.51%；其中，民办幼儿园16.58万所，占全国62.16%，在园幼儿2639.78万人，占全国56.69%；普通小学6179所，占全国3.82%，在校生884.57万人，占全国8.56%；初中5462所，占全国10.51%，在校生636.3万人，占全国13.68%；普通高中3216所，占全国23.41%，在校生占全国13.82%；中职1993所，占全国25.39%，在校生209.7万人，占全国17.28%；普通高校749所，占全国28.13%，在校生649.6万人，占全国22.95%。[3] 民办教育

---

[1] 参见教育部职业教育与成人教育司《数说新时代职业教育》，《中国教育报》2019年4月16日第4版。

[2] 参见教育部教师工作司《"双师型"教师队伍建设有关工作情况》，2019年2月19日，教育部，http：//www.moe.gov.cn/fbh/live/2019/50294/sfcl/201902/t20190219_370020.html。

[3] 参见《2018年全国教育事业发展基本情况年度发布》，2019年2月26日，教育部，http：//www.moe.gov.cn/fbh/live/2019/50340/sfcl/201902/t20190226_371173.html。

已经从非学历的文化特长培训发展成为中国学历教育体系中不可或缺的组成部分，有效缓解了公办教育供给不足，调动了全社会资源投入，是学前教育的主体、义务教育的有效补充、高中阶段教育的重要一环、高等教育的重要支柱。但是，中国民办教育在制度建设、资金保障、管理结构、教育质量、生源资质等方面存在一系列问题，限制了民办教育的发展壮大。为此，2016年11月，十二届全国人大审议修订《民办教育促进法》，进一步规范民办教育的范围和活动，促进民办教育事业的健康发展，维护民办学校和受教育者的合法权益。

1999年开始的高等教育扩张为中国迅速成为高等教育大国、实现高等教育大众化贡献巨大。但是，这种强调数量、忽视质量的做法也带来一系列后遗症。比如，追求"高大全"的冒进式错误导致浪费教育资源，降低教育质量，加重了就业结构性矛盾；国家教育部门不分主次"一刀切"的做法，使得重点大学、普通大学、民办大学都在扩招，导致高等教育重量轻质，学生素质泡沫化严重；致使高校相互攀比，追求时髦，摊大饼，高等教育领域浮躁风、浮夸风盛行。[1] 根据现代高等教育理论，高等教育毛入学率低于15%属于精英教育，大于15%并小于50%属于大众化教育，高于50%属于普及化教育。[2] 2018年，中国高等教育毛入学率达到48.1%，基本完成大众化阶段，并开始向普及化发展。为了增强高等教育综合实力和国际竞争力，实现从人力资源大国向人才强国的转变，国家采取一系列措施加快高等教育强国建设。2015年8月18日，中央深改组审议通过《统筹推进世界一流大学和一流学科建设总体方案》，对新时期高等教育建设作出新部署。2016年6月23日，

---

[1] 参见刘道玉《中国高等教育六十年的变迁》，《高教探索》2009年第5期。

[2] 参见［美］马丁·特罗《从精英向大众高等教育转变中的问题》，《外国高等教育资料》1999年第1期。

教育部宣布《关于继续实施"985工程"建设项目的意见》等382份规范性文件失效，正式宣告停止"211""985"以及重点、优势学科建设工程。2017年1月，教育部等三部委印发《统筹推进世界一流大学和一流学科建设实施办法（暂行）》，9月公布首批世界一流大学建设高校42所，一流学科建设高校95所，双一流建设学科465个。习近平总书记在十九大报告中提出"加快一流大学和一流学科建设，实现高等教育内涵式发展"要求，中国高等教育事业走向新的征程。

农村和贫困地区是教师队伍建设的薄弱环节，多年来由于经济条件落后、待遇差，农村教师极度缺乏，严重阻碍了教育质量的提升，造成城乡教育不平等的加剧。中国农村义务教育实行"在国务院领导下，由地方政府负责，分级管理，以县为主的体制"[1]。农村地区经济发展落后，在财政分税制的情况下，乡镇教育经费负担大，难以足额支付教师工资，取消农业税和农村教育附加费降低了农民收入，但在一定程度上导致农村财政压力大增。特别是农村义务教育教师队伍，存在农村教师严重短缺，代课教师素质差，教师从农村向城镇、从中西部向东部流动，教师待遇偏低，教师生存状况困难等问题。2016年9月9日，习近平总书记在北京市八一学校考察时指出："要优化教育资源配置，逐步缩小区域、城乡、校际差距，特别是要加大对革命老区、民族地区、边远地区、贫困地区基础教育的投入力度，保障贫困地区办学经费，健全家庭困难学生资助体系。"[2]

中国现有乡村教师290多万人，其中中小学近250万人，40岁以下青年教师近170万人。为了提高农村地区教育水平，国家实施

---

[1] 《国务院关于基础教育与改革和发展的决定》，载郑树山主编《中国教育年鉴（2002）》，人民教育出版社2002年版。

[2] 庞丽娟、韩小雨：《中国农村义务教师队伍建设：问题及其破解》，《教育研究》2006年第9期。

乡村教师支持计划，改善农村教师特别是深度贫困地区教师的生活待遇，2013年以来中央财政划拨奖补资金157亿元，其中2018年45亿元，惠及中西部725个县8万多所学校的127万乡村教师；实施特岗计划，2006年以来招聘特岗教师75.4万人，覆盖中西部1000多个县、3万多所农村学校，其中2018年招聘8.5万多人；推进师范生公费教育，28个身份已经吸引33.5万名高校毕业生到乡村任教，其中2018年约4.5万人；实施边远贫困地区、边疆民族地区和革命老区的"三区"人才支持计划教师专项，选派2.4万名教师到乡村支教；组织中小学教师信息技术应用能力提升工程，培训乡村教师校长120多万人次。① 对于高等教育，国家加强对农村贫困地区支持力度，通过国家、地方、高校专项计划，录取农村和贫困地区学生27.4万人。② 党中央正在着手解决因贫困导致的教育不平等问题，努力让人民群众更多享受改革成果。

党的十八大以来，中国逐渐成为世界上最大的留学输出国和亚洲最大、世界第三的留学目的国。2013年10月，习近平总书记在欧美同学会成立100周年庆祝大会上，提出"支持留学、鼓励回国、来去自由、发挥作用"的新时期留学工作方针，推动新时期留学工作高速发展。2016年4月，中办、国办印发《关于做好新时期教育对外开放工作的若干意见》，这是新中国成立以来第一份全面指导中国教育对外开放事业的纲领性文件，提出"丰富中外人文交流，促进民心相通"，推动中国教育对外开放加速发展。党的十八大以来，中国深化双边多边教育合作，与188个国家和地区建立教育合作与交流关系，与47个国家和地区签订学历学位互认协议，与46个重要国际组织开展教育合作与交流，建立中俄、中美、中法、中英、

---

① 参见教育部教师工作司《加大落实力度 加快补齐短板 努力建设新时代高素质乡村教师队伍》，2019年2月26日，教育部，http://www.moe.gov.cn/fbh/live/2019/50340/sfcl/201902/t20190226_371169.html。

② 参见《努力让十三亿人民享有更好更公平的教育》，《人民日报》2017年10月17日第1版。

中欧、中印尼、中南非、中德八大中外人文交流机制；打造示范性中外合作办学模式，建立2480个中外合作办学项目和机构，在14个国家和地区举办了102个本科以上境外办学机构和项目，建立10个高校援外基地；[1]在全球154个国家和地区建立548所孔子学院、1193个中小学孔子课堂、5665个汉语教学点，中外专职教师4.6万名，累计面授各类学员超过1100万人。一方面，在出国留学人员稳步扩大的同时，学成回国人员数量迅速增长，回国与出国人数"逆差"逐渐缩小。比如，2016年出国留学人数54.45万人，回国人数43.25万人，分别比2012年增长36.26%和58.48%，出国回国人数比从1.46∶1下降到1.26∶1，留学人员回国热潮已经成型。另一方面，中国正在逐渐成为世界教育的中心，越来越多的国际学生选择来中国学习专业课程。2017年，共有全球204个国家和地区的各类留学生48.92万人来华学习，其中自费生达43.06万人；在全部在华留学生中，学历生24.15万人，占总数的49.38%；硕士和博士研究生约7.58万人，比2016年增加18.62%；有来自180个国家的5.86万名中国政府奖学金获得者在华学习。[2]

第六节 新时代的新发展

坚持党的领导是中国教育事业取得巨大成就的核心所在。中国的教育事业发展和教育改革实践不是独立发生的，而是作为整个社会领域改革的一部分，是党和国家开展整体性建设和变革的制度体系的组成部分。从社会主义改造时期培养工农知识分子，到社会主义建设时期培养专门化技术人才，到改革开放后大量培养高素质人

---

[1] 参见《这5年，教育开放筑新局》，《中国教育报》2018年3月20日第9版。
[2] 参见《来华留学生工作向高层次高质量发展》，2018年3月30日，教育部，http：//www.moe.gov.cn/jyb_xwfb/gzdt_gzdt/s5987/201803/t20180329_331772.html。

力资源，教育体制的变革都是适应中央不同时期发展战略、政治任务要求的体现。全社会改革的大战略需要党来把握方向，才能取得一个又一个胜利。新中国成立70年来，特别是改革开放40年来中国教育事业蓬勃发展，国民受教育程度大幅度提升，为经济建设、政治建设、社会建设、文化建设、生态文明建设提供了大量优质人才。

2018年9月10日，习近平总书记在全国教育大会上强调，加强党对教育工作的全面领导，是办好教育的根本保证。教育部门和各级各类学校的党组织要增强"四个意识"、坚定"四个自信"，坚定不移维护党中央权威和集中统一领导，自觉在政治立场、政治方向、政治原则、政治道路上同党中央保持高度一致。各级党委要把教育改革发展纳入议事日程，党政主要负责同志要熟悉教育、关心教育、研究教育。[①] 为了更好地发展中国教育事业，2019年2月，中央、国务院印发《中国教育现代化2035》，从战略背景、总体思路、战略任务、实施路径、保障措施五个方面，着力提高教育质量，促进教育公平，优化教育结构，为决胜全面建成小康社会、实现新时代中国特色社会主义发展的奋斗目标提供有力支撑。

---

① 转引自《习近平：坚持中国特色社会主义教育发展道路 培养德智体美劳全面发展的社会主义建设者和接班人》，《教育科学论坛》2018年第30期。

第七章

新中国70年医疗健康事业发展

新中国成立70年以来，伴随经济和社会发展的巨大变化，我国在健康保障领域取得了巨大成就。在时代进步中，人们对健康保障的概念和认识不断得到深化。传统上，尤其是在计划经济体制下，健康保障通常被认为是狭义的医疗保障。随着经济社会发展和生活水平的提高，健康本身的含义不断被扩大，健康保障体系的涵盖对象不仅仅是病人，而是全体居民的"大健康"。党的十八届五中全会明确提出推进健康中国建设，2016年国务院进一步出台《"健康中国2030"规划纲要》，指出健康是促进人的全面发展的必然要求，是经济社会发展的基础条件，对全面建成小康社会、加快推进社会主义现代化具有重大意义。

第一节 计划经济下的健康保障体系(1949—1978)

一 医疗卫生服务体系取得非凡成就

新中国成立之初一穷二白，在百废待兴的情况下，医疗卫生问题十分突出。受当时社会经济条件的制约，卫生服务能力十分薄弱，医疗机构和设备稀有，服务条件简陋，药品供应不足，卫生技术人员匮乏。在解放初期，全国人口平均预期寿命仅为 35 岁，各种急、慢性传染病、寄生虫病和地方病严重威胁着人民群众的生命健康。面对亟待解决的健康问题，新中国的领导集体在当时有限的资源条件下，创造性建设了一套符合当时国情实际的公共卫生服务体系：强调防疫和初级保健；快速培训大量低技能医护工作者，发展劳力密集型医疗服务；集中精力实施公共卫生计划，快速提升社会总体健康水平。在新中国成立后很短的两年内，中央政府提出了医疗卫生事业的四项工作方针：（1）医疗卫生体系为工农兵服务；（2）预防为主；（3）团结中西医；（4）卫生工作与群众运动相结合。四项方针确定了接下来 30 年新中国医疗卫生事业的发展思路。

（一）面向工农兵

早在新民主主义革命时期，中国共产党就依靠人民群众建设了一些医疗机构，并组织开展卫生防疫运动。新中国成立后，党领导卫生工作的第一步就是解决卫生工作的立场问题，在 1950 年 8 月召开的第一届全国卫生会议上明确提出：为人民服务首先为工农兵服务，这是我们工作的唯一出发点。因为工人农民人数最多，又是人民民主政权的基础和生产建设的基本力量，他们所受疾病的灾难最深，得到卫生的保障也最少。兵是武装了的工农，是国防建设的基本力量，没有它生产建设与和平生活就无从获得保障。[①] 面向工农兵就是满足最大多数人尤其是农民的卫生需求，包括享受医疗保健、获得卫生知识、改善卫生条件、培养卫生习惯。

（二）坚持预防为主

预防为主就是对待疾病首先要从预防入手，无病防病，防治结合。1951 年 9 月，时任卫生部副部长贺诚给中共中央写了题为《二十一个月来全国防疫工作的综合报告》，提出："今后数年内预防工

---

① 转引自杨文利《从建国初期的卫生工作看中国共产党执政为民的宗旨体现》，2014 年 11 月 6 日，国史网，http：//www.hprc.org.cn/gsyj/yjjg/zggsyjxh_1/gsnhlw_1/d11jgsxsnhlw/201411/t20141106_300725.html。

作的主要内容,应以防止传染病流行为主……防疫工作必须使技术与群众运动相结合",要"使群众自觉自愿地参加防疫运动"。随后,毛泽东在《关于加强卫生防疫和医疗工作的指示》中指出:"各级党委对于卫生、防疫和一般医疗工作的缺乏注意是党的工作中的一项重大缺点,必须加以改正。今后必须把卫生、防疫和一般医疗工作看作一项重大的政治任务,极力发展这项工作。"[1]

(三) 团结中西医

新中国成立之初,只有少量医务人员受到西方医学的系统训练,并且大都集中在大城市。中医历史悠久,在旧中国传统中医是主要的医疗形式,有着广大的群众基础和丰富实效的治疗经验,特别是在农村落后地区,通过中医来看病疗伤,成本低效果好。解决新中国缺医少药的问题,必须采取中西医相结合的方针,团结广大医务工作者,动员卫生工作队伍中所有人的积极性。新中国成立后,毛泽东、周恩来、李先念等领导同志多次对发扬中医传统、消除中西医地位认识偏差、加强医药人才培训和医学研究等问题作出指示,打下了中西医相结合发展的政策基础。

(四) 卫生工作与群众运动相结合

卫生工作与群众运动相结合就是领导与群众相结合、群众与卫生技术人员相结合。抗美援朝战争爆发后,美军在朝鲜战场及我国东北地区开展细菌战,在毛泽东预防为主思想的指导下,全国人民掀起了以反对美军细菌战为中心的爱国卫生运动。1952年,中央成立爱国卫生运动委员会,之后各省市、县区、公社以及小队层次,都设立了相应的爱国卫生运动委员会,负责运动的执行。在运动期间,各种资讯传播手段(如报纸、收音机、小册子、壁报、漫画、讲演、小组讨论、戏剧、街道宣传、展览等)都用来

---

[1] 转引自杨文利《从建国初期的卫生工作看中国共产党执政为民的宗旨体现》,2014年11月6日,国史网,http://www.hprc.org.cn/gsyj/yjjg/zggsyjxh_1/gsnhlw_1/d11jgsxsnhlw/201411/t20141106_300725.html。

鼓动人们参与简单的公共卫生行动，从清扫街道到灭杀钉螺。卫生运动的重点在于预防疾病，包括预防注射、保持环境卫生、消灭传播疾病的昆虫等。为了改善环境卫生状况，新中国发动了大规模的爱国卫生运动：消灭"四害"——老鼠、苍蝇、蚊子、臭虫；消灭了性病；控制疟疾、血吸虫病等主要地方病的传染源；给民众注射多种预防传染性疾病的疫苗，使人们免受天花、白喉、肺结核等疾病侵害。

新中国的卫生事业在党的卫生工作四大方针指引下，建立健全医疗卫生机构，开展群众性爱国卫生运动，以传染病多发的春、夏、秋三季为重点，以消灭病虫害兽和清除垃圾为主要内容，以常年坚持和突击运动相结合的形式，在各级卫生组织的积极努力下，通过集中专业力量对发病率极高、危害极大的传染病进行大规模、扎扎实实的防治工作，在全国范围内逐步控制了各类重大传染疾病，迅速扭转了旧中国卫生状况极端恶劣、传染病猖獗、人民疾病丛生的落后局面，取得了令世人瞩目的辉煌成就。1949年之后中国人民健康状况的改善在世界范围内有目共睹：很多流行性疾病，如天花、霍乱、性病等得到较彻底的消除，而寄生虫病如血吸虫病和疟疾等得到了大幅度的削减。平均寿命从1949年左右的35岁增加到了80年代初的70岁，高于很多收入水平相当的发展中国家；出生婴儿死亡率也从1950年估计的约250‰减少到1981年的50‰以下。在1978年召开的著名的阿马阿塔会议上，将中国的医疗卫生体制推崇为世界范围内基层卫生推动计划的模范。

二 公费医疗和劳动保险制度的创立

新中国成立后，中国的社会保障制度建设受苏联的影响比较大。在相当长一个时期内，公有制、按劳分配同计划经济被认为是社会主义经济的三大基本特征。在这种理论和指导思想下，我国逐步形成了同计划经济体制相适应的全民所有制和集体所有制经济，职工的生、老、病、死都是国家和单位的事。

(一) 公费医疗制度

早在新民主主义革命时期，公费医疗制度就已经开始实行。1952年，中央政府发布了《关于全国各级人民政府、党派、团体及所属事业单位的国家工作人员实行公费医疗预防的指示》以及《国家工作人员公费医疗预防实施办法》，将公费医疗的覆盖范围进一步扩大到国家公务人员。随后又公布了《关于公费医疗的几项规定》和《国家机关工作人员退休后仍应享受公费医疗待遇的通知》等一系列法规。在医疗待遇上，公费医疗制度主要用于支付门诊费，住院诊疗费、手术费、门诊或住院中经医师处方的药费等。随着覆盖人数不断增长，公费医疗费用开始上升，逐渐给财政支出带来压力。1957年，中共八届三中全会报告中指出："劳保医疗和公费医疗实行少量收费，取消一切陋规，节约经费开支。"随后，国务院和卫生部颁布了一些法规，遏制公费医疗费用不断上涨的发展趋势。

(二) 劳动医疗保险制度

1951年中央政府出台《劳动保险条例》，针对国营企业职工建立劳动医疗保险制度（以下简称"劳保"制度）。在医疗待遇上，企业和保险基金共同支付。通常企业主要支付短期项目，如诊疗费、手术费、住院费和普通药费等，保险基金主要覆盖长期项目，如病假工资（有时也由企业支付）、疾病救济费等。1953年《劳动保险条例》得到进一步修订，医疗待遇进一步提高。为了防止劳保医疗开支上涨的问题，1966年劳动部和全国总工会颁发了《关于改进企业职工劳保医疗制度几个问题的通知》，主要增加了个人负担支出。"文化大革命"开始后，随着劳保管理机构工会的撤销，劳保逐步蜕化成了单纯的企业内部保险。

至20世纪70年代末，公费、劳保医疗制度覆盖了全国75%以上的城镇国有单位职工及离、退休人员，享受公费医疗的人群达到2300万人，享受劳保医疗的人群达到1.14亿人。1978年，全国用于公费、劳保医疗开支的经费为28.3亿元，占当时职工工资总额的6.04%。[①]总起来看，与当时的经济和就业以国有单位为主体的情况相适应，公费和劳保医疗制度发挥了特定历史作用，有力地保障了国家公务人员和城镇国有单位职工的身体健康。

三 农村合作医疗保障制度的历史作用

早在新中国成立之前，中国农村就已经出现了合作医疗的萌芽，采用"合作制"的办法解决医疗保障问题最早可追溯到抗日战争时期。在毛泽东的倡导下，当时延安各种形式的合作社（包括生产合作，消费、运输合作，信用合作等）应运而生，医药合作社（卫生合作社）也是在这种背景下诞生的。新中国成立伊始，为解决广大农村无医无药的问题，东北各省曾积极提倡采用合作制和群众集资的办法，举办基层卫生组织，成为农村合作医疗的雏形。1955年初，山西省高平县米山乡最早实行社员群众出"保健费"和生产合作社提供"公益金"补助相结合的合作医疗办法，建立当地集体合作医疗制度。其主要做法是：第一，在乡政府的领导下，由农业生产合作社和农民群众共同筹建保健站；第二，在自愿原则下，通过缴纳少量的保健费，农民可以免费享受预防保健服务及免付挂号费和出诊费；第三，保健站的经费来源包括农民缴纳的保健费，农业社提取的公益金和医疗业务收入；第四，采取记工分和发现金相结合的办法，合理解决保健站医生的报酬。[②] 1956年，全国人大一届三次会议通过《高级农业生产合作社章程》，合作社对因工负伤或因

---

① 参见 蔡仁华主编《中国医疗保险制度改革大全》，中国人事出版社1996年版。
② 参见邵奇涛、任吉刚等《中国农村合作医疗制度的历史演绎与启示》，《山东农业大学学报》（社会科学版）2007年第2期。

工致病的社员要负责医疗,并酌量给予补助。1960年,中央转发了卫生部《关于农村卫生工作现场会议的报告》,确立了集体医疗保健制度。"文化大革命"期间,合作医疗在全国迅速大面积铺开,到1976年,全国已有90%的农民参加了合作医疗,农村医疗保健缺医少药的问题基本得到解决。[①]

农村合作医疗的开展与赤脚医生制度是密不可分的。赤脚医生是对农村半农半医人员的亲切称呼。在1958年"大跃进"的开始阶段和农业集体化运动高潮时期,大量上海医生奔赴农村,办短期培训班,将大量农民培养成卫生工作者。接受培训的农民医护人员以兼职方式为当地农民提供医疗卫生服务。在"文化大革命"期间,农村合作医疗体系在人民公社中迅速发展,赤脚医生数量大幅增加。到1978年,中国农村大约有180万赤脚医生,平均在每个生产大队中有3位。农村赤脚医生承担的工作职责相当丰富,包括大量预防工作,如健康教育、卫生防疫、环境卫生、急救、公共卫生运动,以及为一般病人提供基本医疗服务等。总体上看,新中国充分发挥人民群众的创造力,在相对较短时间内培训出大量的赤脚医生,大大降低了医疗成本,解决了农村专业医疗人员严重短缺的问题。可以说,在改革开放前的农村,集体经济下的分配形式衍生了建立合作医疗的必要性,合作医疗成为农村集体经济体制下的一个合理选择。鉴于中国农村合作医疗取得的成就,该制度被世界银行和世界卫生组织誉为"发展中国家解决卫生经费的唯一范例"[②]。

[①] 参见林闽钢《中国农村合作医疗制度的公共政策分析》,《江海学刊》2002年第3期。

[②] 北京青年报社、中国社会科学院青年人文社会科学研究中心:《中国百姓蓝皮书》,解放军文艺出版社2002年版,第110页。

第二节 市场经济下现代健康保障
体系的建立（1978—2008）

一 健康保障体系的转型探索（1978—1992）

到20世纪70年代末，虽然中国的医疗卫生体系相比新中国成立初期有了很大提升，但人民群体的健康保障水平仍然不高。寄生虫和传染性疾病仍在农村地区流行，同时疾病形态开始发生变化，诸如癌症、心脏病、中风等慢性病正取代传染病和地方病成为人口死亡的主要原因。1978—1992年是改革开放的起始期，在有计划的商品经济模式导向下，伴随经济社会体制的转型，卫生服务和医疗保障政策在这一时期经历了深刻的冲击和变化。市场化改革改变了传统国家医疗保障体系赖以生存的基础，其开始向个人保障、市场化和商品化的方向转型。

（一）农村合作医疗体系的瓦解

伴随农村家庭联产承包责任制的实行，农村公社消失，集体经济逐步瓦解，国家对合作医疗的支持弱化，合作医疗制度难以持续，主要原因有以下几个方面：其一，由于农村合作医疗的资金来源主要是集体公益金，集体经济衰落后合作医疗丧失了制度基础。其二，国家对农村地区的投入大幅下降，"七五"期间，国家投资为城市医院增加了40万张床位，而乡镇卫生院却没有得到国家投资。[①] 其三，合作医疗本身也存在缺陷。免费或低费享受的合作医疗，面临着费用上涨的挑战。从1979年到1985年，全国实行农村合作医疗制度的行政村由90%猛减到5%，1989年继续实行农村合作医疗的行政

---

① 参见钟雪生《中国农村传统合作医疗制度研究》，博士学位论文，中共中央党校，2008年。

村仅占全国的4.8%。① 到90年代初期,仅存的合作医疗主要分布在上海和苏南地区。随着合作医疗的瓦解,赤脚医生的数量也大幅下降,大量赤脚医生通过参加培训和重新鉴定成为"乡村医生",从事个体私营的看病服务。

(二)医疗卫生工作重心的转向

随着承包制和放权让利等改革政策的实施,原有国营医疗服务机构开始走向自负盈亏,工作重心从公共卫生转向医疗服务。计划体制下的卫生防疫体系面临着投入不足的挑战,公共卫生和防疫职能下降。随着西医技术的发展和大规模引入,传统中医的作用在下降,集体经济支持的中草药采集和生产也在下降,到90年代后,80%以上的药品依赖于西药。在此时期,国家医疗卫生预算对城市的投入远高于农村地区,政府的医疗卫生资源多被用于培训高技能的医疗工作者、建设资本密集型的医疗机构设施,医疗资源越来越向城市集中。同时,伴随国有和集体经济组织的瓦解,原有以群众运动为基础的公共卫生计划也难以运行。因此,在此过渡时期,原体制下的国家公共卫生服务体系面临着来自经济、社会、制度和财政投入等多方面因素变化的冲击,进入一个体制快速转型期间的"真空"期。

(三)城镇医疗保险制度的初步探索

进入20世纪80年代后,随着经济体制的改革,多种所有制和就业形式改变了原有单一国营经济占统治地位的局面,公费医疗和劳保制度越来越显得与新的经济体制不相适应。一方面,原有制度覆盖面窄,许多体制外就业人员无法加入;另一方面,医疗费用不断上涨给企业带来压力。在此背景下,医疗保险制度开始新一轮的探索。

---

① 参见尚丽岩《中国农村合作医疗制度——基于主体认知的制度变迁解释》,博士学位论文,辽宁大学,2008年。

第一，公费医疗改革：加大个人支付责任。1978年，卫生部和财政部发布了《关于整顿和加强公费医疗管理工作的通知》，针对"文化大革命"期间公费医疗的混乱状态作出调整；1984年，为了解决公费医疗中的药品浪费现象以及经费超支的问题，卫生部、财政部等联合下发《进一步加强公费医疗管理的通知》；1989年卫生部和财政部颁发了《公费医疗管理办法》，对之前30年公费医疗工作进行总结。

第二，劳保医疗改革：社会统筹试点。80年代劳保医疗改革主要体现在以下两个方面：首先，离退休人员医疗费用社会统筹。但在1989年前，只有极少数市、县开展了离退休人员医疗费用社会统筹，如1985年石家庄市。其次，职工大病医疗费用试行社会统筹。1987年，北京市东城区蔬菜公司首创"大病医疗统筹"办法，之后在四川、河北等地推广。1992年，原劳动部拟定了《关于试行职工大病医疗费用社会统筹的意见》，决定在国营企业、县以上城镇集体所有制企业、有条件的地方的私营企业和外商投资企业中开始职工大病医疗费用社会统筹。

第三，医疗保险费用探索：三方负担。在医疗保险综合改革方面，1988年卫生部牵头，八部门组成的医疗制度改革研讨小组推出了《职工医疗保险制度改革设想（草案）》，提出了未来改革方向：逐步建立起适合我国国情，费用由国家、单位、个人合理负担，社会化程度较高的多形式、多层次的职工医疗保险制度。1992年，原劳动部进一步拟定了《关于企业职工医疗保险制度改革的设想》，主要内容包括：逐步扩大企业职工医保覆盖面，城镇各类企业的就业人员都可以享受医疗保险待遇；逐步建立医疗保险基金，实行国家、企业、个人三方负担，职工个人少量缴费；建立控制医疗费用不合理增长的机制；等等。同年，国务院医疗制度改革领导小组成立，标志着中国医疗保险制度改革进入准备阶段。

二 现代医疗保障制度的建立（1992—2008）

（一）医疗卫生服务的市场化改革趋向

进入90年代后，医疗改革的市场化步调加快。1992年9月，卫生部根据国务院意见，提出医院要"以工助医""以副补主"。2000年3月，国务院发布《关于城镇医药卫生体制改革的指导意见》（医改"十四条"）；2001年5月，国务院进一步出台《关于农村医药卫生体制改革的指导意见》。在此过程中，国家对卫生事业发展的投入不断下降，全国出现了医疗服务资源不足的现象，表现为看病难、住院难、手术难等问题。对此，政府相关部门出台了一系列鼓励社会力量进入医疗服务领域的政策，个体诊所、私营医院、股份制医院、股份合作制医院、合资合作医院、医院集团等陆续出现，逐步形成了多渠道、多层次筹集卫生资源，多渠道、多形式办医院的格局。同时，医疗卫生机构开始在微观经营机制上进行改革，引进了国有企业改革中的一些做法，基本思路是"放权让利，扩大医院自主权，放开搞活，提高医院的效率和效益"。

2003年爆发的"非典"危机暴露出公共卫生体系的薄弱，理论界和决策层开始反思医疗服务过度市场化带来的危害。在随后几年内，政府开始重新酝酿新的一轮医疗改革方案，在此期间重新开始强调加大对公共卫生领域的财政投入，提出公共卫生服务均等化目标，通过立法等手段提高公共卫生在国家治理体系中的地位。2003年新型农村合作医疗保险制度的建立，为乡镇医院的发展提供了动力和资金支持。同时，为了解决日益严重的健康不公平问题，政府出台了一些针对农村和低收入群体的卫生政策，对医疗机构、卫生工作人才队伍以及药品流通体系也酝酿新的改革思路。

（二）医疗保险统账结合试点和制度确立

1993年，由国家体改委牵头的社会保障体系专题调研组指出医疗保险重点是改革现行的公费、劳保医疗制度，改革的思路是建立个人医疗账户与大病统筹保险基金相结合的新制度，保证职工基本医疗，最大限度地减少浪费。①同年11月，党的十四届三中全会做出了《中共中央关于社会主义市场经济体制若干问题的决定》，提出我国建立多层次社会保障体系的目标、原则和改革重点，提出"城镇职工养老和医疗保险金由单位和个人共同负担，实行社会统筹和个人账户相结合"。

1994年，国家体改委等部门制定了《关于职工医疗制度改革的试点意见》，作为开展试点工作的指导性文件。同年，开始在镇江市和九江市展开职工医疗保险制度改革试点。在试点过程中，各地探索出不同的医保模式，比较典型的有"两江"的"三通道"模式、深圳市的"混合"模式、海南省的"板块"模式。1998年国务院正式颁布的《国务院关于建立城镇职工基本医疗保险制度的决定》（以下简称《决定》）规定：第一，在覆盖范围方面，新型医疗保险覆盖了城镇所有用人单位，包括国有企业、集体企业、私营企业、机关、事业单位等。第二，在统筹层次上，新型医疗保险原则上以地级以上行政区为统筹单位，实行医疗保险基金的统一筹集、管理和使用。第三，在制度模式上，新型医疗保险采取社会统筹和个人账户相结合的方式。1999年，在《决定》的指导下，各部委又颁发了《城镇职工基本医疗保险定点零售药店管理暂行办法》《城镇职工基本医疗保险定点医疗机构管理暂行办法》《城镇职工基本医疗保险用药范围管理暂行办法》和《关于城镇职工基本医疗保险诊疗项目管理的意见》等配套文件，为新型医疗保险制度实施提供依据。

进入21世纪以来，城镇多层次医疗保障制度进入一个快速发展期，主要体现在以下几方面：第一，扩大基本医疗保险的覆盖面。1999年，铁路系统职工被纳入社会医疗保险制度，2003年将灵活就

---

① 1993年，由国家体改委牵头，劳动部和卫生部等11个部门组成社会保障体系专题调研组。经过半年多的调查，调研组于1993年10月向中央和国务院递交了调研报告《社会保障体系专题调研报告》。

业人员、混合所有制企业和非公有制经济组织从业人员以及农村进城务工人员纳入医疗保险范围。①2006 年，原劳动和社会保障部发布了《关于开展农民工参加医疗保险专项扩面行动的通知》，提出全面推进农民工参加医疗保险工作。第二，建立医疗救助体系。2005 年，国务院办公厅在《关于建立城市医疗救助制度试点工作的意见》中提出：从 2005 年开始，用两年时间在各省（自治区、直辖市）部分县（市、区）进行试点，之后再用 2—3 年时间在全国建立起城市医疗救助制度。第三，发展补充医疗保险制度。1998 年国务院《关于建立城镇职工基本医疗保险制度的决定》中指出"超过最高支付限额的医疗保险费用，可以通过商业医疗保险等途径解决"。

1999—2008 年，医疗保险制度覆盖率不断提高。在基金收支方面，到 2008 年，基金收入为 2886 亿元、基金支出为 2020 亿元，分别是 1999 年的 115 倍、119 倍，城镇医疗保险制度保障能力日益增强。②

（三）新型农村医疗保障制度的建立

20 世纪 90 年代以来，面对农村合作医疗制度的萎缩，党和国家进行了一系列重建的努力。1993 年，党的十四届三中全会《关于建立社会主义市场经济体制若干问题的决定》指出，要发展和完善农村合作医疗制度。1994 年党的八届人大二次会议通过的政府工作报告中指出："要加强农村卫生工作，采取农民自愿和互助相结合的办法，发展农村合作医疗制度，稳定农村医务人员队伍……逐步实现人人享有初级卫生保健的目标。"1996 年《关于国民经济和社会发展"九五"计划和 2010 年目标纲要》以及《关于卫生改革与发展的决定》等文件中，均明确提出了要"发展和完善农村合作医疗"，

---

① 参见《关于城镇职工灵活就业人员参加基本医疗保险的指导意见》（劳社厅发〔2003〕10 号）和《关于推进混合所有制企业和非公有制经济组织从业人员参加医疗保险的意见》（劳社厅发〔2004〕5 号）。

② 参见人力资源和社会保障部历年《劳动和社会保障事业发展统计公报》。

"重视农村医疗卫生工作,发展合作医疗,完善县、乡、村三级医疗保健网"的要求。但是农村合作医疗发展结果并不是太理想,至 1997 年,合作医疗制度仅覆盖了全国行政村的 17%,农民参加合作医疗的仅为 9.6%。1997 年之后,由于农村经济发展迟缓,农村收入增长缓慢,遵循"自愿参加"原则的合作医疗又陷于停顿甚至有所下降的低迷阶段。①

2003 年,国务院办公厅转发了《关于建立新型农村合作医疗制度的意见》(以下简称《意见》),这标志着农村合作医疗制度进入了一个新的发展阶段。该《意见》对农村新型合作医疗制度作出了界定:新农合是指由政府组织、引导、支持,农民自愿参加,个人、集体和政府多方筹资,以大病统筹为主的农民医疗互助共济制度。同时,《意见》还要求"从 2003 年起,各省、自治区、直辖市至少要选择 2—3 个县(市)先行试点,取得经验后逐步推开。到 2010 年,实现全国建立基本覆盖农村居民的新型农村合作医疗制度的目标。"此后,新型农村合作医疗制度的试点工作在全国迅速展开。从 2004 年到 2008 年,参加农村新型合作医疗的人数从 0.8 亿人迅速上升到 8.15 亿,参合率达到了 91.5%,受益人次在 2008 年达到了 5.85 亿人次。②

2006 年党的十六届六中全会通过的《中共中央关于构建社会主义和谐社会若干重大问题的决定》进一步明确提出"建立以大病统筹为主的城镇居民医疗保险"。为实现这一目标,2007 年国务院颁布了《关于开展城镇居民基本医疗保险试点的指导意见》,指出城镇居民医疗保险主要覆盖城镇非从业人员,并以大病统筹为主,实行现收现付制。在资金来源方面,以家庭缴费为主,政府给予适当补贴。在费用支付方面,基金重点用于保障参保居民的住院和门诊大

---

① 参见邵奇涛《中国农村合作医疗制度的历史演绎与启示》,《山东农业大学学报》(社会科学版)2007 年第 2 期。

② 参见国家卫生健康委员会历年《中国卫生事业发展情况统计公报》。

病医疗支出,有条件的地区可以逐步试行门诊医疗费用统筹。建立城镇居民基本医疗保险具有十分重要的意义,传统上城镇医疗保险制度主要是一种就业关联的制度,而无业人员的医疗保障处于真空状态,城镇居民基本医疗保险制度的建立填补了这一空白。到 2008 年,参加城镇居民医疗保险的人数达到 11826 万人。[①]

第三节　健康保障体系的深度改革（2009—2019）

一　医疗卫生体制的新一轮改革

医疗服务市场化催生了医院的逐利性,造成看病难、看病贵的问题。为了扭转公立医院的逐利行为,恢复公立医院的公益性质,2009 年国家启动了新一轮医改。2009 年 3 月《中共中央国务院关于深化医药卫生体制改革的意见》和《医药卫生体制改革近期重点实施方案（2009—2011 年）》相继发布,确立逐步实现人人享有基本医疗卫生服务的目标,明确了加快推进基本医疗保障制度建设、初步建立国家基本药物制度、健全基层医疗卫生服务体系、促进基本公共卫生服务逐步均等化和推进公立医院改革试点五项改革重点共十九项改革措施。此次改革的目的是找到一条政府与市场相结合的中间道路。

2009 年 8 月国家发改委等九部委发布《关于建立国家基本药物制度的实施意见》,要求按照"适应基本医疗卫生需求、剂型适宜、价格合理"的原则,制定国家基本药物目录,并与医疗保障和公共卫生相衔接,在各级医疗卫生机构推广使用,使公众能够及时和公平的获得基本药物。截至 2018 年 9 月,国家基本药物目录品种总计

[①] 参见人力资源和社会保障部《2008 年度人力资源社会保障事业发展统计公报》,《中国劳动保障报》2019 年 6 月 11 日。

达到 685 种，其中中成药和西药分别是 268 种和 417 种。[1]

为了控制基本药物价格，不断完善公立医院药品集中采购办法，2009—2014 年地市一级药品集中采购逐步上升至省一级；2015 年起医院直接议价、政府参与、价格公开比对等多措并举；2015 年 10 月"国家药品供应保障综合管理信息平台网站"开通，药品价格谈判和招标定点生产信息全网公开；2017 年《深化医药卫生体制改革 2017 年重点工作任务》提出推进分级诊疗、现代医院管理、全民医保、药品供应保障、综合监管 5 项制度建设共 70 项任务，全面取消药品加成，增设医事服务费，医院收入和分配机制更加合理；2018 年国家医保局成立，公布"4+7"带量采购新模式。

分级诊疗、健全基层医疗卫生服务体系是新医改的又一核心内容。2014 年国家开始推进医生多点执业，但基层医疗服务力量不足的问题仍很突出。2015 年，国务院发布《关于推进分级诊疗制度建设的指导意见》，提出"两年逐步完善，初见成效"，近 1650 家三级医院对口支援 3850 家县级医院，17 万城市医院医生到县乡医疗卫生机构执业，三级公立医院 7.6% 的住院病人和二级公立医院 6.1% 的住院病人转到基层医疗卫生机构，[2] 分级诊疗试点稳步推进。深圳市罗湖区在分级诊疗上走出一条创新之路，以行政区为单位建立一体化管理的医联体，实现各级医疗服务机构在医院集团内部的自由流动，并通过分级定价，引导普通门诊和优质医疗资源向基层下沉，建立整合医疗管理机制，成为医养融合的典范。2017 年起"罗湖模式"开始向广东全省继而向全国推广。

新一轮医改推动医疗卫生事业取得进一步成就。2009—2018 年，个人现金卫生支出占卫生总费用的比重由 37.5% 降至 28.7%，下降

---

[1] 参见《基本药物目录调整　重点聚焦癌症、儿童、慢性病等病种》，2018 年 9 月 5 日，中国政府网，http：//www.gov.cn/xinwen/2018 - 09/05/content_ 5319544. htm。
[2] 参见《晒晒"十二五"医改成绩单——医改从单项突破转向全面推进》，2016 年 3 月 24 日，中国政府网，http：//www. nhc. gov. cn/tigs/s9661/201603/2d107b8e27334 d95b95ca7c79cc1d51d. shtml。

了近9个百分点；婴儿死亡率由13.8‰降至6.1‰；孕产妇死亡率由31.9/10万降至18.3/10万；2010年"五普"时平均预期寿命74.8岁，2018年卫健委公布数据显示人均预期寿命达到77岁，增长了2岁。[1]

二 医疗保障体系更加完善

逐步建立起多层次的医疗保障体系。城镇职工基本医疗保险制度经过20年发展，截至2018年末参加人数接近3.2亿人，城乡居民基本医疗保险（包括新型农村合作医疗）参加人数达到10.3亿人，全部人口参保率超过95%，建起了全球最大的医疗保障安全网。除了基本医疗保障，城镇职工补充医疗保险、税优健康险以及城乡居民大病保险等多层次保障制度也在不断发展。2019年3月国办发布《关于全面推进生育保险和职工基本医疗保险合并实施的意见》，要求生育保险与城镇职工基本医疗保险"参保同步登记、基金合并运行、征缴管理一致、监督管理统一、经办服务一体化"，保留生育保险项目，但不单列收入，将生育待遇列在职工基本医疗保险统筹基金待遇项目中支出，医疗保障项目设置更加合理。

城乡居民基本医疗保险制度实现统一，财政补助力度不断加大。新型农村合作医疗（2003年开始试点）和城镇居民基本医疗保险（2007年开始试点）在分别经过13年和9年的发展后，于2016年整合为统一的城乡居民基本医疗保险制度，2019年统一的城乡居民基本医疗保险在全国全面实施，医疗保障制度更加公平、管理更加规范、资源利用更加有效。随着保障度的提高，城乡居民基本医疗保险的财政补助力度也在不断加大。2003年中央财政对新农合按人均10元补助资金以来，到2018年城乡居民基本医疗保险人均财政补助

---

[1] 参见《2018年我国卫生健康事业发展统计公报》，2019年5月22日，国家卫生健康委员会，http://www.nhc.gov.cn/guihuaxxs/s10748/201905/9b8d52727cf346049de8acce25ffcbd0.shtml。

不低于490元，2019年进一步提高至每人每年不低于520元，参保人数也在不断增加。截至2018年底，参加城乡居民基本医疗保险8.97亿人，基金收入6974亿元，基金支出6285亿元，累计结存4333亿元，参加新型农村合作医疗保险1.3亿人，基金收入857亿元，支出818亿元、累计结存295亿元。[①] 城乡居民基本医疗保险制度为城市非从业人员和广大农村居民购买了基本医疗保障，使其抵御疾病风险的能力增强，获得基本医疗服务的渠道增多，看病难、看病贵的问题得到有效缓解。

城乡居民大病保险制度建立并不断发展，覆盖人数超过10亿人。2009年广东省湛江市推出大病保险制度试点，2012年国家发改委发布《关于开展城乡居民大病保险工作的指导意见》，提出从城乡的医保基金中划出部分资金用于大病保险，解决个人自付费用过高、超出个人可支配收入之上的高额医疗费用问题，避免家庭出现灾难性医疗支出，在大病保险经办上创新采取"向商业保险机构购买大病保险的方式"，在完善医保制度、健全多层次医保体系、提高医疗保险保障度方面前进一大步。2013年有23个省份出台大病保险实施方案，2015年国务院决定全面实施大病保险制度。大病保险对减轻家庭负担、提高保障水平的效果受到肯定。媒体报道称，2016年1—9月大病保险患者实际报销比例在基本医保的基础上提高了13.85%，个案最高赔付达到111.6万元；[②] 地方上也有很好效果，据报道，大病保险为金华市2.6万名群众减轻大病负担2.8亿元，[③] 到2017年城乡居民大病保险覆盖10.6亿居民，2019年大病保险实际支付比例从50%提高到60%。

---

① 参见《2018年医疗保障事业发展统计快报》，2019年2月28日，国家医保局，http://www.nhsa.gov.cn/art/2019/2/28/art_7_942.html。

② 《保监会黄洪：1—9月大病保险患者个案最高赔付111.6万元》，2016年10月19日，中国网财经，http://finance.china.com.cn/news/20161019/3946261.shtml。

③ 《给力！大病保险已为金华人减轻负担2.8亿元》，2018年5月30日，广众网新闻，https://news.jinhua.com.cn/shishi/2018-05-30/346555.html。

三 "健康中国 2030"规划全面启动

2016 年 10 月中共中央国务院印发《"健康中国 2030"规划纲要》,将推进健康中国建设作为实现社会主义现代化的重要基础,上升至国家战略高度,作为履行 2030 年可持续发展议程国家承诺的重大举措,提出"将促进健康的理念融入公共政策制定实施的全过程",立足全人群和全生命周期两个着力点,使全民享有可负担的健康服务,实现从胎儿到生命终点的全程健康保障,提出到 2030 年人均预期寿命达到 79 岁,婴儿死亡率降至 5‰,孕产妇死亡率降至 12/10 万。

为了落实"健康中国 2030"战略,2016 年 12 月国务院印发《"十三五"深化医药卫生体制改革规划》,提出加快实现基本医疗卫生"由以治病为中心向以健康为中心转变",提出建立科学合理的分级诊疗制度、科学有效的现代医院管理制度、高效运行的全民医疗保障制度、规范有序的药品供应保障制度和严格规范的综合监管制度,同时加大人才培养、多元办医、公共卫生服务体系建设等多项配套改革,提出到 2020 年人均预期寿命比 2015 年提高 1 岁(2015 年是 76.34 岁),婴儿死亡率下降到 7.5‰,孕产妇死亡率下降到 18/10 万,有步骤地推进"健康中国 2030"战略目标的实现。

在推进落实"健康中国 2030"战略中,医疗卫生体系已做好充分准备:截至 2017 年底,我国医疗卫生机构总数已经达到 98.7 万个,其中基层医疗卫生机构占 94.6%,医疗卫生机构普及度更高;全国执业(助理)医师 339 万人,注册护士 380 万人,乡村医生和卫生员 97 万人,每千人口执业(助理)医师 2.44 人,每千人口注册护士 2.74 人,每千农村人口乡镇卫生院人员 1.42 人,医疗卫生技术人员更多;全国卫生总费用达 5.16 万亿元,政府、社会和个人支出分别占比 30.1%、41.1% 和 28.8%,个人负担持续减轻;政府卫生支出由 2008 年的 3594 亿元增加到 2017 年的 15517 亿元,增长 3.3 倍,国家对卫生投入力度更大;2017 年,孕产妇产前检查率和产后访视率分别达到 96.5% 和 94.0%,普遍开展免费孕前优生健康检查，目标人群覆盖率平均达91.7%，生育健康更受重视，提前完成"十三五"规划任务，孕产妇死亡率由2009年的31.9/10万降至2017年的19.6/10万，每年减少1.5/10万，在2019年之前完成"十三五"规划任务；① 居民人均预期寿命达到76.7岁，20年里提高近10岁，人均预期寿命超过中等收入国家，接近发达国家水平。②

医疗保障体系也为"健康中国2030"打好基础：截至2018年底，我国城镇职工、城乡居民、新农合等基本医疗保险制度合计覆盖13.45亿人，基本实现全民医保；城镇职工基本医疗保险基金累计结存2.32万亿元，城乡居民和新农合合计累计结存4628亿元，财政对基本医疗保险基金的补助超过5000亿元（2017年为5024亿元），基金保持稳定支付能力。2014年《关于进一步做好基本医疗保险异地就医医疗费用结算工作的指导意见》提出并建立省级异地就医结算平台，2017年起正式启动异地就业直接结算工作，相继实现省内异地就医直接结算、31个省（自治区、直辖区）和新疆兵团全部接入"国家异地就业结算系统"、跨省异地安置退休人员住院医疗费用直接结算、符合转诊条件人员全部实现住院费用的异地就医直接结算，异地就业直接结算人次数快速提高，到2018年9月底累计突破100万人次，到2019年3月底累计突破200万人次，③ 异地就医更加便捷。

长期护理保险制度被视为我国社保的"第六险"。2015年10月

---

① 参见《2009年我国卫生事业发展统计公报》，2020年4月9日，国家卫生健康委员会，http://www.gov.cn/gzdt/2010-04/09/content_1576944.htm；《2017年我国卫生健康事业发展统计公报》，2018年6月12日，国家卫生健康委员会，http://www.nhc.gov.cn/guihuaxxs/s10743/201806/44e3cdfe11fa4c7f928c879d435b6a18.shtml。

② 参见王东进《"三医联动"是全面建成医疗保障体系的关键一招》，《中国医疗保险》2019年第3期。

③ 参见《中国国家医保局：跨省异地就医直接结算人次突破106万》，2018年10月18日，中国新闻网，http://www.chinanews.com/gn/2018/10-18/8653768.shtml；《国家医保局：跨省异地就医直接结算人次突破200万》，《工人日报》2019年5月5日。

《"十三五"规划建议》提出探索建立这项制度,2016年6月人力资源和社会保障部选取河北的承德、吉林的长春、黑龙江的齐齐哈尔、上海、江苏的南通和苏州、浙江的宁波、安徽的安庆、江西的上饶、山东的青岛、湖北的荆门、广东的广州、重庆、四川的成都、新疆兵团的石河子15个城市开展试点。截至2018年6月底,长期护理保险制度覆盖5700万人,累计18.45万人享受待遇。[①] 长期护理保险制度的建立,通过社会化筹资,向失能群体提供必需的基本医疗护理和生活照料,将医疗健康的保障延伸到生命末端,践行"健康中国2030"提出的全生命周期健康管理。

[①] 参见王晓东《我国5700万人参加长期护理险》,2018年10月10日,中国日报网,http://cn.chinadaily.com.cn/2018-10/10/content_37047978.htm。

第八章

新中国 70 年社会基层组织变迁

社会基层组织是党和政府联系人民群众、把握基层发展、开展社会治理的重要平台。自 1949 年以来，伴随党和政府对于中国特色社会主义道路的探索，中国社会基层组织的形态不断变化。从新中国成立到社会主义改造完成时期，中国社会基层组织是党和政府广泛联合各界人士、各类群体的渠道，其是国家在百废待举之时，亟须恢复经济生产、重建社会秩序的重要动员机制和组织基础；尔后到改革开放前，伴随单位制的建立，城市中的单位、农村中的人民公社成为中国基层治理的单元，成为国家直接管理社会的渠道；改革开放之后，单位社会开始逐步转型，基层组织的形态愈益多元化，并且在职责、分工上以专业化、明确化为目标；党的十八大以来，基层组织成为国家精准关联人民群众的渠道，也是国家满足人民群众多元需求的机制保障。

以改革开放为界限，中国社会基层组织从国家广泛联合个体、管理社会的体系转型为国家精准关联个体、尝试满足人民多样需求的渠道。70 年来中国社会基层组织的演变既是适应中国社会经济发展的产物，也反映了中国国家和民众关系的调整和转型。

第一节 广泛联合时期
（1949—1956）

新中国成立后，中国亟须建立在共产党领导下的社会基层组织，使其成为沟通国家与人民群众的桥梁。如此，党和政府才能有效动员广泛的力量参与新中国的建设。立新须要破旧，一方面，国家清除、整顿原有旧基层团体，比如善会、商会等；另一方面，国家将解放区和原国民党统治区的各人民群团组织、爱国民主群众团体、科学学术团体、旧有的商会行会等改组为 8 家人民团体。在此基础上，国家在城市和农村开始探索建设基层社会组织，这类组织具有"全"的特色，将群众的生产、生活联系在一起，比如农村的生产合作组织、城市的企事业单位等，尽管从职能上看，这些基层组织同时肩负生产重任，然而它们同时也是党和国家联系群众的重要环节。与此同时，国家针对不同的人民群体进行联合，结合新中国成立前的经验和新中国成立后的需要建立了基层组织，比如工会、妇女联合会、青年联合团体、农民协会等，还有根据行业或领域建立的中华全国文学艺术界联合会（简称"全国文联"）、中华全国自然科学专门学会联合会（简称"科联"）等，这些组织在全国联合会的带领下在全国各地都展开了基层组织的建设，成为国家动员社会力量、凝聚各个群体参与国家建设的多元途径。并且在这个过程中，党组织系统也向基层组织进行延伸，也就是说党的基层组织建设与社会基层组织建设是相伴的。[①]

从城市和社会的基层组织来看，其与党的基层组织、人民群众团体相互嵌入，共同组成以党组织为核心的基层管理体系，而这也为单位社会的形成埋下了种子。比如从农村的情况来看，轰轰烈烈

[①] 参见路风《单位：一种特殊的社会组织形式》，《中国社会科学》1989 年第 1 期。

的土地改革以农民协会为组织单元。1950年《中华人民共和国土地改革法》规定，乡村农民大会，农民代表会及其选出的农民协会委员会，区、县、省各级农民代表大会及其选出的农民协会委员会，为改革土地制度的合法执行机关。到1952年时，仅华东、中南、西南、西北四大行政区中农民协会会员已达到8800余万人。① 而以农民协会为基层组织，党将经过训练的人员组成工作队，进驻农村发动农民推动土地改革的进行，而这也使得党的基层组织在农村社会扎根、健全。而在1952年土地改革完成后，农民协会也停止活动。1953年中共中央通过的《关于发展农业生产合作社的决议》在农村开启合作化运动、重组农村社会，这就使得农村社会逐步形成以合作社为单位，围绕党组织建立共青团、妇联、民兵连、贫下中农协会等组织的组织结构。② 这种通过根据地经验的"延安道路"在城市中也得到体现，比如解放较早的东北地区将企事业单位作为生产和福利结合的组织，而不在企事业单位中的群众则通过街居制的方式来覆盖，这也是"单位"的雏形。③

1950年6月，中央人民政府委员会第八次会议通过了《中华人民共和国工会法》（以下简称《工会法》）。《工会法》规定了工会基层组织的组织原则，即全国各级各类工会组织统一在全国总工会的领导下，并且《工会法》还对工会经费的来源、使用等方面进行了具体规定。但是在新中国成立初期，工会也存在诸多发展问题，比如工会领导行事具有包办作风，以及工会难以将公私利益理顺反而是强调公私利益的矛盾。④ 并且在这一时期中，工会体现出在处理两

---

① 参见《中国民间组织年志》编辑委员会《中国民间组织年志》，中国社会出版社2005年版，第54页。

② 参见徐勇《"行政下乡"：动员、任务与命令——现代国家向乡土社会渗透的行政机制》，《华中师范大学学报》（人文社会科学版）2007年第5期。

③ 参见田毅鹏《"典型单位制"的起源和形成》，《吉林大学社会科学学报》2007年第4期。

④ 参见游正林《60年来中国工会的三次大改革》，《社会学研究》2010年第4期。

方面关系上的矛盾，一方面是其与工人之间的关系，尽管其立足于联络工人，但却存在严重的脱离群众的问题；另一方面是其与党之间的关系，尽管为了加强工会的组织能力，工会干部大都由派遣的党员干部从事，然而在实践中仍然存在工会向党要求独立的情况。这两个矛盾也成为工会在后续发展中的核心问题。在这样的背景下，1951年12月，全国总工会党组扩大会通过了《关于全国总工会工作的决议》，该决议确立党对工会的领导，并且明确工会的中心任务为组织劳动、发展生产。不过，在这一期间，工会对于中国生产力的提升、国民经济的全面恢复起到了至关重要的作用，比如工会组织的劳动竞赛和生产竞赛大大提高了劳动生产力，并且极大地提升了工人各个方面的福利，比如开展文化教育活动、技术培训、组织问题活动等，满足了工人在生活、生产上的需求。

1949年中国妇女第一次全国代表大会召开，会上通过了《中华全国民主妇女联合会章程》。到1950年时，全国31个省、83个市、1287个县即建立了民主妇联或其筹备委员会，联系的妇女达3000余万人。[①] 妇联是国家动员妇女参加生产劳动的有效组织平台，与此同时，妇联也是提高妇女社会经济地位、保障妇女儿童福利、提升妇女文化水平等向妇女儿童提供福利的关键渠道。举例而言，到1956年底时，在妇联的推动下，全国城市各种托儿机构约有26700多处。[②]

1949年5月中华全国青年第一次代表大会召开，宣告成立中华全国民主青年联合总会全国委员会。这一委员会采用团体会员制，共有四个全国性的青年团体会员，即中国新民主主义青年团、中华全国学生联合会、中国基督教青年协会和中华基督教女青年协会。到1953年时，全国各地先后建立了102个省市青联。[③] 同期，青年

[①] 参见《中国民间组织年志》编辑委员会《中国民间组织年志》，中国社会出版社2005年版，第55页。

[②] 同上。

[③] 同上书，第56页。

团组织也初具规模,在全国有 38 万多个支部、900 万团员。① 与此同时,少年儿童组织也同步建立起来,一开始名为少年儿童对,在 1952 年时更名为少年先锋队。到 1955 年时,少先队员已有 1000 万人。这些青少年团体对于国家团结和教育青少年、发动青年参与生产起到了重要的作用。

除了城市和农村的基层组织,以及人民团体在各地的基层组织,中国基层的社会组织也已开始发育。1949 年起到临时宪法作用的《中国人民政治协商会议共同纲领》规定了公民具有结社自由,而这一公民权利也在 1954 年 9 月通过的《中华人民共和国宪法》得到了确认。1950 年 10 月,当时的政务院制定了《社会团体等级暂行办法》,并且于 1951 年 3 月内务部在政务院授权下,颁布了《社会团体等级暂行办法实施细则》,这是后续由民政部门登记、管理社会组织的发端。法律上的确立使得中国基层的民间组织开始有所发展,不过从规模上而言,基层民间组织仍然较小。以南京为例,其在 1949 年至 1954 年共成立了 1896 个组织,而其中人民团体 1334 个,约占 70%,其他组织的情况如下:社会公益团体 191 个,学术研究团体 39 个,文艺工作团体 27 个,宗教团体 132 个,其他团体 173 个。②

在这一时期,中国社会基层组织是通过党和政府的领导自上而下推动成立的,并且成立的过程具有指标性、运动性的色彩。比如,1949 年全国总工会下达《近半年内建立 10 个全国产业总工会的通知》,规定了各地工会建立的日程计划。再比如 1955 年 3 月,团中央《关于积极发展少年先锋队组织的指示》要求,在一年内,城镇和工矿区的初中和小学一律建队,农村的完全小学、中心小学全部建队。③

---

① 参见《中国民间组织年志》编辑委员会《中国民间组织年志》,中国社会出版社 2005 年版,第 56 页。

② 参见许芸《社会组织培育的历史逻辑和当今实践——基于南京地区的例证》,南京大学出版社 2016 年版,第 50 页。

③ 参见《中国民间组织年志》编辑委员会《中国民间组织年志》,中国社会出版社 2005 年版,第 56 页。

在这样自上而下的推动下，中国社会基层组织迅速建立起来，形成了国家广泛联系人民群众的网络，是国家调动各个群体积极参与生产建设的有效渠道。而这样的建立方式也为单位制的确立埋下了种子，国家在全面实行公私合营后也在这一时期所建立的基层组织的基础上，进一步深入社会。

第二节　单位社会时期
（1957—1978）

在党和政府看来，直接发起、控制基层组织是联结国家和民众的桥梁，是稳固政权、动员群众的有效方式。所以伴随社会主义改造的一系列进程，尤其是在1956年国家将公私合营的企业纳入国家行政管理体系、户籍制度的逐步确立下，这种自上而下建立和管理基层组织的模式进一步深化。国家嵌入社会中，使得基层社会组织转变成了"单位"。

在农村中，人民公社对应了单位的组织逻辑。[1] 尽管根据《农业六十条》，人民公社的定位是"社会主义的互助、互利的集体经济组织"[2]，但实际上，人民公社将政权组织与生产组织合二为一，[3] 围绕其设立的一系列组织都具有极大的强制性，农民自发成立的其他组织都坚决取缔。[4] 所以，虽然人民公社不是严格意义上的"单

---

[1]　参见李路路、苗大雷、王修晓《市场转型与"单位"变迁：再论"单位"研究》，《社会》2009年第4期。

[2]　邱梦华：《农民合作与农村基层社会组织发展研究》，上海交通大学出版社2014年版，第61页。

[3]　参见徐勇《"行政下乡"：动员、任务与命令——现代国家向乡土社会渗透的行政机制》，《华中师范大学学报》（人文社会科学版）2007年第5期。

[4]　参见俞可平《中国农村民间组织与治理的变迁——以福建省漳浦县长桥镇东升村为例》，《中国公民社会的兴起与治理的变迁》，社会科学文献出版社2002年版，第32页。

位",但其在逻辑上仍然与城市中的"单位"相同,甚至还有城市试图以人民公社的形式来进行社区改造。① 路风对"单位"制度的主要特征总结为个人对国家全面依附,成为国家对社会进行直接行政管理的组织手段,其成为劳动者参与政治过程的场所,其党组织和行政当局实际代表了党和政府;并且认为,1956年全社会的就业场所就已经基本具备了这些制度特征,② 这标志着"单位制"在中国的基本形成。

这一时期中,党和政府试图建立一个能将所有群众都联系起来,高度集中、包管一切的基层组织体制,③"单位"的建立和发展压缩了其他社会组织的生长空间。有趣的是,学界对于"单位制"与传统社会的关系有两派截然相反的观点。一方认为,"单位制"是中国共产党所"创造"的,与传统的中国社会毫无关系,魏昂德的"新传统主义"正是这种观点的代表。④ 另一方则认为,从功能和机制上而言,"单位制"与中国传统社会中的家族非常类似——如无限责任的福利机制、"下"对"上"的依赖,"个人对团体的义务比个人权力更受强调"⑤,不仅如此,"单位制"中所体现的文化取向仍然能在中国传统文化社会中寻找到踪迹。⑥ 显然,从形态上而言,"单位

---

① 参见刘刚《1958年前后上海石库门里弄社区的城市改造》,《新建筑》2017年第6期。

② 参见路风《中国单位体制的起源和形成》,《中国社会学》(第二卷),上海人民出版社2003年版,第118页。

③ 参见李培林《中国社会组织体制的改革和未来》,《社会》2013年第3期。

④ Walder A. G., "Communist Neo - Traditionalism: Work and Authority in Chinese Industry", 1986.

⑤ 路风:《中国单位体制的起源和形成》,《中国社会学》(第二卷),上海人民出版社2003年版,第79页;李路路:《论"单位"研究》,《社会学研究》2002年第5期。

⑥ Davis. D., "Patrons and clients in Chinese industry, Modern China", Vol. 14, No. 4, 1988, pp. 487 - 497; Dickson B. J., "What Explains Chinese Political Behavior? The Debate over Structure and Culture", Comparative Politics, Vol. 25, No. 1, 1992, pp. 103 - 118.

制"可以说是中国共产党在根据地时期以及新中国成立后为应对各类问题而逐步形成的一种社会组织机制,这与传统社会任何一种社会组织的形态都极不相同,但从逻辑上而言,单位中形成的国家与民众关系及其中人际网络的运行等都与传统社会具有一定的承接。不过最大的变化在于,"单位制"社会中,"单位"并非国家和个体之间的中间层,若以传统社会家族与"单位"对比,家族支撑个体福利的核心资源来自家族内的共有地①,其反映的是一种家国同构的社会②,而"单位"对成员福利的承包资源直接来自于国家,其反映了国家权力全面渗透、对个体的全方位控制,尽管在农村人民公社对个体的控制也多以家庭为单位③,但同样是为了国家的控制更为高效、准确。

在这一时期中各个人民团体、群众组织也进入单位,成为单位的一部分。并且与上一时期不同的是,这些组织行政性功能愈益加强,而服务对应团体、群众的功能被放到次级目标上。以妇联为例,1957年中国妇女第三次代表大会修改的联合会《章程》就显示,妇联地位工作之首是行政功能——如参加社会主义建设、勤俭建国、勤俭持家等,而维护妇女权利等未受到重视。④

然而这种全面行政化的社会生活以及一元化的权力结构也引发了各种各样的问题,党和政府无法通过单位体制有效实现现代化的目标,也激化了国家对政治运动的需求⑤,最终难以塑造国家和群众

---

① 参见张佩国《"共有地"的制度发明》,《社会学研究》2012年第5期。
② 参见沈毅《"家""国"关联的历史社会学分析——兼论"差序格局"的宏观建构》,《社会学研究》2008年第6期。
③ 参见费孝通《家庭结构变动中的老年赡养问题——再论中国家庭结构的变动》,《北京大学学报》(哲学社会科学版)1983年第3期。
④ 参见马焱《妇联组织职能定位及其功能的演变轨迹:基于对全国妇联一届至十届章程的分析》,《妇女研究论丛》2009年第5期。
⑤ 参见路风《单位:一种特殊的社会组织形式》,《中国社会科学》1989年第1期。

之间的良性互动关系。而1978年改革开放的到来，正是党和国家面对这些问题进行回应、调整的开始。尽管"单位制"仍然存在，但以"变"为核心的一系列社会改革使得中国的转型蕴含了多元的可能性，在后单位社会的多元发展中，中国基层组织也经历了翻天覆地的变化。

第三节　后单位制时期
（1979—2012）

改革开放使得中国单位制逐步解体。这使得中国社会基层组织开始出现多元走向的发展，相比单位，这一时期中的基层组织的自治性、民间性明显增强。这与中国人民群众的价值、利益、需求多元化紧密相关。

首先，在农村中，家庭联产承包责任制的实行直接瓦解了人民公社的社会基础。一方面，家庭成为独立的生产单位，其积极性被极大地调动起来；另一方面却也给农村治理带来难题，国家失去了将分散的农民组织、管理起来的体系。而广西宜山、罗城出现的农民自治组织引起了国家的关注和重视，于是以村民自治为基础的村民委员会就这样逐步发展起来，其代表着农村的治理权有从干部转向村民的动因。[①]"村民自治委员会"第一次出现在1982年修订的宪法中，在1984年全国各地的农村都大量组建了村委会（92.7万个）。1987年全国人大常委会通过了《村民委员会组织法（试行）》，到1998年全国人大常委会在修订试行法的基础上正式颁布了《村民委员会组织法》。至此，村党支部和村委会成为农村的基层治理单位。除此之外，农村中还有其他各式各样的社会组织。比如，2007

---

① 参见徐勇《村民自治的深化：权利保障与社区重建——新世纪以来中国村民自治发展的走向》，《学习与探索》2005年第4期。

年颁布了《农民专业合作社法》之后，各种合作社纷纷建立，有在企业推动下成立的，有农户自发建立的，也有党支部带动农户成立的。[1] 再比如，农业专业技术协会也在各地涌现，到1994年全国各地成立了16万个。[2] 除此之外，各地还尝试建立了各种特色的自治组织，比如江浙一带的"老人会"，将"赋闲"的老年精英组织起来参与农村治理[3]，还有重庆巫溪的"乐和互助会"等[4]。而伴随改革的日益深化，农村逐步走向"政经分离"[5]，身处其中的基层组织也逐步从"全能"走向"专业"。

其次，城市中也是一样，国企改革、非公有制经济的发展等经济制度的变革使得企业难以再保持"单位"的形象，无法承担对职工"全包"的社会服务、社会保障责任。从而，国家对城市的基层管理从单位转向社区。尽管自1952年起，城市居民委员会就在中国开始设立，但在改革开放以前，其主要是作为一种辅助管理的组织形式而出现的，尤其是在单位体制下。而在1982年的宪法中，城市居民委员会被定性为城市基层的政权组织，在1989年颁布了新的《城市居民委员会组织法》，规定了其"基层群众性自治组织"性质，至此各个社区都相应建立了居委会。图8—1为历年居委会数量。除此之外，各地还开展了各种各样的社区建设实验。比如北京提出的"一厂（福利工厂），一院（敬老院），一所（伤残儿童寄托

---

[1] 参见韩国明、李伟珍《村庄公共产品供给框架下农民合作社的生成路径分析——基于历史制度主义视角》，《农村经济》2012年第1期。

[2] 参见孙炳耀《行业协会与经济领域中的民间治理》，《中国公民社会的兴起与治理的变迁》，社会科学文献出版社2002年版，第130页。

[3] 参见阮云星、张婧《村民自治的内源性组织资源何以可能？——浙东"刘老会"个案的政治人类学研究》，《社会学研究》2009年第3期。

[4] 参见王天夫、罗婧《基层多元共治的路径选择：动员、补位，还是重构？——以巫溪、肃宁、彭州为例》，《河北学刊》2017年第2期。

[5] 项继权：《从"社队"到"社区"：中国农村基层组织与管理体制的三次变革》，《理论学刊》2007年第11期。

所），四站（老年人活动站、精神病人工疗站、老年人综合服务站、烈军属服务站）社会福利网络"[①]。20世纪80年代，民政部门以"社会福利社会办"的口号开启社区服务的发展方向，到1999年还筛选了9个城区作为城市社区建设试验区。国家积极推进各类主体参与社区建设，并且在20世纪90年代末着力建设社区服务中心，比如在《民政事业发展"九五"计划和2010年远景目标》中提出计划，要到2000年建成社区服务中心7000个，到2010年达到1.4万个。

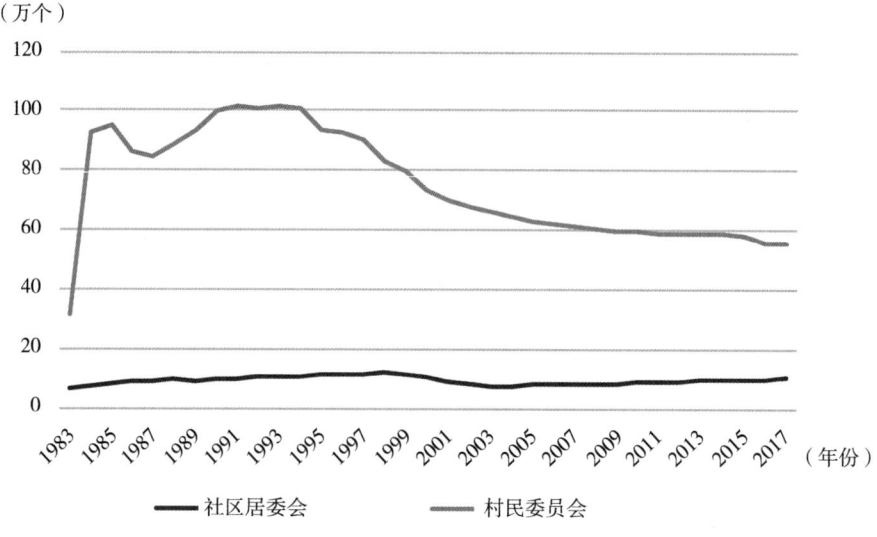

图8—1 社区居委会与村民委员会数

最后，单位制的解体也促使人民团体开始强调自身的社会职能而非行政职能，尤其是将联系群众、服务群众重新作为首要目标。从1987年至1988年，中共中央领导多次强调，要明确区分

---

① 华伟：《单位制向社区制的回归——中国城市基层管理体制50年变迁》，《战略与管理》2000年第1期。

党和政府与社会政治组织之间的职能。比如，1987年党中央群众团体提出了要"把工作重点放在基层，克服'官'气和行政化倾向，赢得群众特别是基层群众的信任"的要求。这显著标志了政社分离的开始。人民团体及其基层组织开始围绕此进行一系列的改革。图8—2为工会基层组织变化情况。

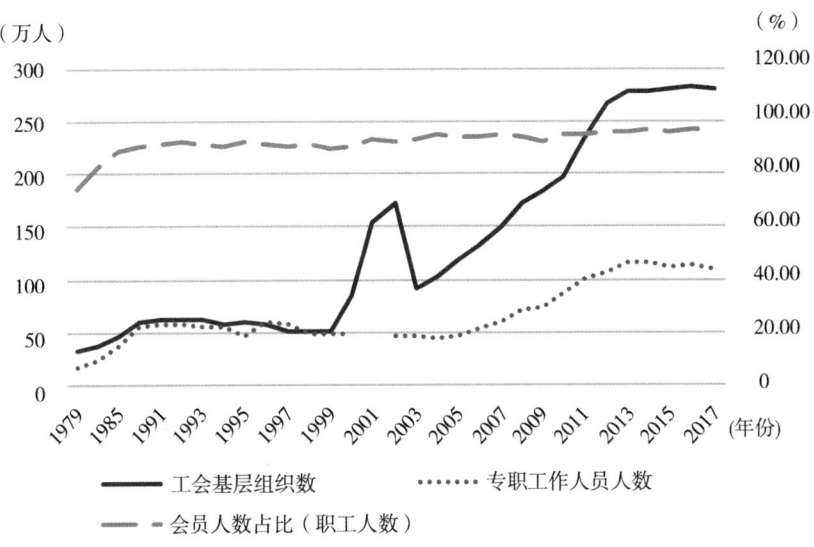

图8—2　工会基层组织数、会员人数占比、工会专职工作人员数

1978年10月，邓小平在中国工会第九次全国代表大会上代表中共中央、国务院强调，工会组织"必须密切联系群众，使广大工人都感到工会确实是工人自己的组织，是工人信得过的、能替工人说话和办事的组织，是不会对工人说瞎话、拿工人的会费做官当老爷、替少数人谋私利的组织"[①]。由此，中央围绕党和工会、政府和工会之间的关系以及工会如何建设进行了一系列的探讨，并且在1988年召开全国总工会第十届执委会第六次会议和中国工会第十一次全国

---

① 转引自游正林《60年来中国工会的三次大改革》，《社会学研究》2010年第4期。

代表大会先后通过了《工会改革的基本设想》(以下简称《设想》)。《设想》指出,工会是中国共产党领导的、独立自主、充分民主、职工信赖的工人阶级的群众组织。党对工会的领导是政治层面的,但不应当对工会的具体事务干涉太多。而工会应当着力克服以往脱离群众的问题,通过基层工会同广大职工建立密切联系,成为职工可以信赖的大家庭。不过,工会仍未走出之前的矛盾,陈峰对此进行了阐释,认为这一矛盾是工会本身的双重身份——国家属性和社团属性——所导致的,而他认为在改革开放之后,这种矛盾实质上更加激化。① 如何既能代表国家维持基层稳定,又能代表职工维护职工权益,对于工会而言,仍然是一个探索中的命题。

妇联在这一时期也具有相似的发展轨迹。随着改革开放,妇女不再是一个统一的群体,而是根据行业、职业、地域、年龄、家庭状况等的不同而分化为不同的群体,有着不同的发展需求。② 这推动了妇联的改革。党的十二大报告指出,妇联应当成为代表妇女利益、保护和教育妇女的有权威的群众团体。1988 年,第六届妇联章程正式将妇联定位为"党和政府联系妇女群众的桥梁和纽带",这强调了妇联联系妇女群众的功能。中共中央(1989)12 号文件《中共中央关于加强和改善党对工会、共青团、妇联工作领导的通知》进一步强调了妇联独立发挥社会作用的功能,"党要支持工青妇组织独立自主地开展工作"③。而在现实中,妇联的作用未能如预期一样,在维护妇女权益上遭遇困境,④ 尤其是在基层撤乡并镇和费税改革的背景

---

① Chen, Feng, "Between the State and Labor: The Conflict of Chinese Trade Unions' Double Identity in Market Reform", The China Quarterly, 2003, p. 176.

② 参见马焱《妇联组织职能定位及其功能的演变轨迹:基于对全国妇联一届至十届章程的分析》,《妇女研究论丛》2009 年第 5 期。

③ 参见肖扬《对妇联组织变革动因及其途径的探讨》,《妇女研究论丛》2004 年第 4 期。

④ 参见张洪林《论妇联维护妇女权益社会职能的历史变迁与现实理路》,《求索》2012 年第 1 期。

下,近50%的乡镇撤掉专职妇女干部,这使得妇联在基层的组织、联络能力迅速萎缩。① 但来自民间的妇女组织成长起来,这对于妇联在基层难以发挥充分的联络群众作用进行了补充。

此外,共青团在党的十三大召开之后也迅速推进了体制改革,明确了共青团的性质,厘顺党团关系,确立团的社会职能。②

改革开放以后,不论是在农村还是在城市,不论是在经济还是在社会领域,基层组织的形态开始悄然转型。基层自治组织的确立、民间组织的成长等都表明,在单位体制下消失的"自下而上"的沟通渠道开始重新建立。基层组织不再完全被单位所覆盖,而开始寻求自身专业化的功能,与此同时,具有"兜底"机制的单位也越来越少。一方面,大量的各具特色的基层民间组织生长出来,与基层自治组织、人民团体的基层组织在党的基层组织的领导下参与公共事务,共同成为国家与人民群众的沟通平台。另一方面,国家也着力探索能够在基层有效展开治理、满足人民群众需求、协调人民群众利益的组织体系。而在这一时期多元的发展尝试中,国家逐步走向一条由精准化治理和多元化参与共同组成的道路。

第四节 创新治理时期
（2013—2019）

党和政府在改革开放以来对基层组织的形态和机制进行了多元的探索,而在党的十八大以来,这其中有两个逻辑日益凸显出来,一为精准化治理的逻辑,另一为共同参与的逻辑。前者是党和政府

---

① 参见肖扬《对妇联组织变革动因及其途径的探讨》,《妇女研究论丛》2004年第4期。

② 参见李玉琦《共青团在历史发展中的探索和变革》,《中国青年社会科学》2019年第1期。

推进基层组织发挥国家职能的方式，而后者则是党和政府支持社会力量参与基层社会建设的方式。

党的十八届三中全会《关于全面深化改革若干重大问题的决定》提出，要改进社会治理方式，创新社会治理体制，以网格化管理、社会化服务为方向，健全基层综合服务管理平台。由此，社区的网格化治理在全国全面铺开。网格化的管理思路体现了国家试图通过基层组织实现精准对接到人民群众的目标。正如在习近平总书记视察武汉社区时发表的重要讲话，"共产党是为人民服务的政党，为民的事没有小事，要把群众大大小小的事办好。要改革创新，完善基层治理，加强社区服务能力建设，更好为群众提供精准化精细化服务"[1]。这显示，精准化、精细化的路线并不只是发挥基层组织对于人民群众的联络功能，而是要能精准地对接人民多元而分化的利益和需求，所以网格化管理应当淡化行政色彩，走向社区服务的网格化，成为自上而下的国家治理功能与自下而上的社会治理功能相契合的渠道[2]。

从而，在这一阶段中，中国加快推进了多元的社会力量参与基层建设治理。这其中最为令人瞩目的就是社会组织的广泛参与。2013年党的十八届二中全会发布的《国务院机构改革和职能转变方案》中，城乡社会服务类社会组织成为国家重点培育、支持的社会组织，这使得基层社会组织也日益成为中国社会基层组织的重要组成部分。各地也对此进行了多重探索，比如南京市政府于2013年开始创办社区暨社会公益服务项目洽谈会，意在促进"三社联动"，让政府、社会组织和企业的资源对接起来，截至2018年，五届"社洽会"一共发布了9400个项目，涉及金额为2.4亿元[3]。党的十九大

---

[1] 李锐：《我们老百姓对幸福生活更有盼头——总书记视察武汉社区时重要讲话引发全市热烈反响》，《长江日报》2018年4月30日。

[2] 参见田毅鹏、薛文龙《城市管理"网格化"模式与社区自治关系刍议》，《学海》2012年第3期。

[3] 参见马道军、殷学兵《第五届"社洽会"开幕，洽谈项目总金额8500万元》，《南京日报》2018年9月17日。

提出，要打造共建共治共享的社会治理格局，完善党委领导、政府负责、社会协同、公众参与、法治保障的社会治理体制，加强社区治理体系建设，推动社会治理重心向基层下移，发挥社会组织作用，实现政府治理和社会调节、居民自治良性互动。这进一步强调了中国基层组织走向多元力量参与的格局。自党的十九大以来，各地进一步积极开拓新的试验。广东省就在习近平总书记"打造共建共治共享社会治理格局上走在全国前列"的激励下，推行了"双百计划"，计划从2017年到2021年在粤东西北地区和惠州市、肇庆市、江门市等地建设200个镇（街）社工服务站，并设置1000个专业社会工作岗位，孵化200个社会工作与志愿服务组织，并培育10000名志愿者。从图8—3来看，中国社区服务机构和设施、社会工作师都在2012年以来迅速成长。尤其是社会工作师的合格人数在2017年时已达到8万余人。

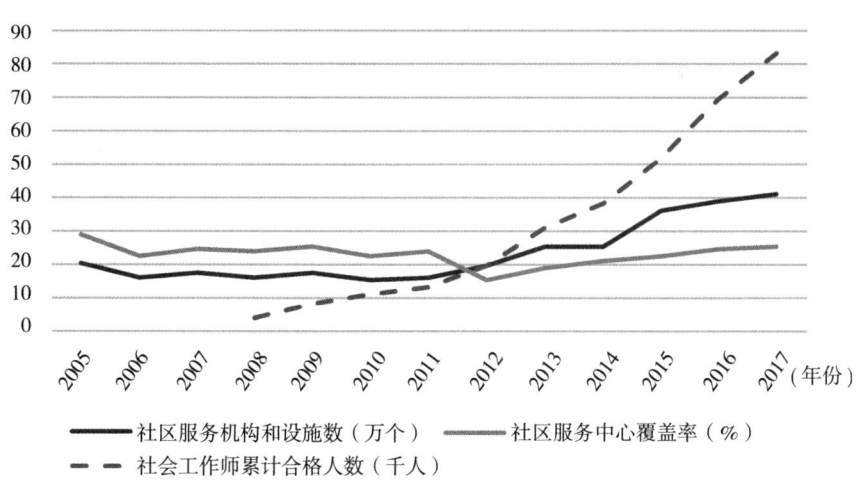

图8—3　社区服务机构和设施数、社区服务中心覆盖率、社会工作师累计合格人数

在精准化治理和多元社会力量参与的双重逻辑下，中国基层组织的发展出现了"自上而下"的管理、控制和"自下而上"的沟通、参与同时加强的现象。而这样的逻辑在人民团体的改革中也显示出不同的影响。比如在妇联的改革中，毛丹就发现，L市妇联的改革在2015年前出现"钟摆"现象——在政策导向强调妇联政治先进性时自身也强调对于党政部门业务的承担，而当政策导向枢纽型社会组织时又强调向社会组织的趋近[1]，这显示出人民团体在对于"自上而下"和"自下而上"两条路径融合上的困难，这也正如同工会一直以来遭遇的发展矛盾一样。而相比之下，共青团的改革就顺利许多，2016年《共青团中央改革方案》促使共青团的基层一线干部的比例大幅增加，形成了专职、挂职、兼职相结合的干部队伍；并且，团的领导机关干部直接联系和服务青年实现制度化，这促使共青团走向基层、走向网络、走向青年中。[2] 共青团在协调国家职能和群众代表上相对顺利，主要是由青年群体的同质性较强，而内部利益分化和需求矛盾较小所致。可见，人民团体的改革无法一蹴而就，需要在实践中根据其代表的人民群众的特征进行更多的探索。

以往的阶段中，不论是法律地位还是实际功能上，中国社会基层组织都存在着"政、社、企"合一的现象。而自2012年党的十八大以来，尤其是进入新时代以来，中国基层组织在结合精准化和多元参与的两条路径下逐步厘清自身的功能和定位，在党的基层组织的领导下，基层自治组织、人民团体的基层组织、基层的社会组织等共同参与基层社会的发展和治理。精准化和多元参与是中国基层组织转型、发展的必然选择，但两者本身也具有一定的内在张力，

---

[1] 参见毛丹、陈佳俊《制度、行动者与行动选择——L市妇联改革观察》，《社会学研究》2017年第5期。

[2] 参见李玉琦《共青团在历史发展中的探索和变革》，《中国青年社会科学》2019年第1期。

而在"项目治国"的背景下[①],这两个思路以一种"模糊发包"的逻辑结合在一起[②],这使得中国基层组织的建设在国家治理体系的范畴内仍然孕育了各种可能性。

第五节 精准治理：社会基层组织的转向

新中国成立70年来，中国社会的基层组织首先在国家自上而下的推动、建立下，成为国家广泛联合人民群众的途径，然后逐渐与就业场所整合在一起，成为国家在计划经济体制下全面管控社会的平台。而在改革开放后，各个类型的社会基层组织发生了不同的转向。具体而言，居委会、村委会作为基层自治组织得以确立，成为国家联系社区成员的有效途径；人民团体根据自身的性质，以紧密联络群众为导向展开了各种改革，但在解决如何协调自身的官民二重性上都遇到了一定的困境；除此之外，社会组织开始迅速发育、成长，在基层社会的治理中扮演了越来越重要的角色。党的十八大以来，这三个层次的社会基层组织从各自不同的定位和角度出发，相互合作、相互补充，共同成为党和政府与人民群众相互沟通、联系的渠道。这三个层次的社会基层组织在党的基层组织的带领和整合下，发挥着重要的社会治理功能，自上而下来看即国家控制风险、把握基层情况的功能，自下而上来看即社会利益得以协调、多元需求得以满足的功能。改革开放给中国带来了全方位的社会转型，经济的迅速成长使得社会阶层分化开来，人民群众基于贫富、地域、代际、性别等各个方面产生了不同的价值观念，形成了不同的社会

[①] 参见周飞舟《财政资金的专项化及其问题兼论"项目治国"》，《社会》2012年第1期；渠敬东《项目制：一种新的国家治理体制》，《中国社会科学》2012年第5期。

[②] 参见黄晓春《当代中国社会组织的制度环境与发展》，《中国社会科学》2015年第9期。

圈子和文化群体，对于中国各方面的制度建设与规范都具有多元的看法，持有不同的主场。这向党和政府开展国家治理提出了新的课题。而三层次的社会基层组织的格局形成也正是党和政府在回应治理难题时逐步形成的。综合而言，这是一条通过建设多元的基层组织来化解多元的基层风险、满足多元的基层需求的道路。

可是，这条道路能否走通、能否成为中国特色社会主义发展模式的前提在于，这三个"多元"能否对接、匹配起来，也就是说，多样的基层组织类型能否针对基层风险和需求展开行动、发挥作用。从当前的现实来看，要想化解多元的基层风险和满足多元的基层需求是异常艰难的，因为这种多元中暗含了各种各样的矛盾，治理的过程通常不是阳春白雪的，还包含了各种冲突、对立。一方面，中国转型期的法制尚不健全、社会规范尚未建立，这既需要在中国特色的依法治国的格局下完善法律法规建设，更需要建立起能够协调多重价值的社会规范。而社会规范的建立就需要这些多元的基层组织在平衡、协调社会成员利益基础上进行。另一方面，社会成员的多元需求是琐碎的、分散的，有时还是矛盾的，难以全部同步满足或同等满足。那么如何建立满足过程的公平机制和社会成员对于满足结果的普遍理解就十分重要。多元的基层组织为满足社会成员的多元需求提供了可能性，这需要推动各个领域的、在提供服务方面具有异质性的、在联系人民群众上不断多样化的基层组织生长出来。所以这种多元基层组织和多元风险控制、多元需求满足的配合的最大难点在于基层组织如何发挥出动而不乱、多元而不分裂的作用。

市场机制的引入与建立使得中国社会发生了深刻变革，基层治理的基本单元由单位转向社区，这使得自上而下和自下而上的社会治理逻辑发生了深刻变化。田毅鹏将单位到社区的发展过程比喻为从"蜂窝"到"网格"[①]，这一转变中全能单一的基层组织转

---

① 参见田毅鹏《城市社会管理网格化模式的定位及其未来》，《学习与探索》2012年第2期。

向了专业多元的基层组织。若是要促使基层能够动而不乱、多元而不分裂，那么就需要党的基层组织来整合，引领多元的基层组织，如此才能使得基层组织在价值统一、相互认同的基础上发挥各自的优势和功能，才能以整合为目标去平衡和协调各方利益。当前各地社区大党委的尝试，或者"X位一体"的社区模式建设正是在这一思想下产生的。这样来看，原来在组织内部的党的指挥和各类基层组织的能力发挥之间的张力，转变为了组织外部的党的引领和基层组织自主行动之间的张力。在政策上，中国一直强调党的政治领导和基层组织对于日常行动的掌控两者相互和谐、一致，然而在现实中，不论是之前组织内部还是现在组织外部的张力却仍然存在，有时还给基层的治理带来了问题。这说明，在具体分工和任务上，各地需要根据自身情况进行因地制宜的厘清，促使社会基层组织之间以及它们和党的基层组织之间达成默契，这就需要关注四个方面的问题。

首先，避免宏观上"一刀切"的政策，促使各个地域、各个社区根据自身的情况引入其所需要的社会力量，根据各自的治理问题和发展阶段来部署各个基层组织的目标和职责。比如在社会力量动员尚不充分的地域，基层自治组织和人民团体的基层组织要主动承担更多的治理职责，并且在工作中挖掘有担当的、可信赖的社会力量参与进来，而非将社会力量的参与动员作为绩效任务，否则社区极为容易出现基层组织动而成员不动，或者一动就乱的局面。

其次，促进党的基层组织发挥基层价值整合的作用，通过多样的、人民群众乐于接受的、基层组织力所能及的方式来建立基层的认知共同体。基层组织之间本身对不同的社会问题具有不同的认识，在党的基层组织的引导下，才能相互理解、相互认同，继而才能建立相互之间的信任。这样在基层组织开展基层工作的同时才能避免组织之间出现矛盾，也能促进基层规范的建立。

再次，在党的基层组织的带领下，各个基层组织之间要形成稳定的、常规的沟通机制。这种机制既是正式组织机制层面的，也是非正式的，比如工作团队之间的。不同的基层组织具有不同的优势，比如基层自治组织可以通过网格化管理了解清楚社会成员的基本情况，其本身具有的国家形象又使其受到广大人民群众的信任，所以其应当是信息集中点，也是基层权威的来源。而人民团体的基层组织相比之下具有"专"的特色，其以某一群体或某一领域为目标，也具有相应的国家形象、容易获得社会成员的信任。基层社会组织则可以划分为两类：一类是社区中成员自己创立的互助团体，这种组织本身虽然容易获得信任，但也容易引发社区成员之间的对立，其难以完全代表整个社区；另一类则是外来进驻的干预组织，这种组织往往需要基层自治组织和人民团体基层组织来背书，才能得到社区成员的信任，但它们在提供服务上更高效，能够为社区带来更多的治理资源。所以这三个层次需要在相互沟通的基础上，发挥各自优势，并且相互配合、提供彼此所需的资源。如此才能共同实现目标。

最后，基层组织自身的建设十分关键。基层治理不是一蹴而就的某个项目或者任务，而是需要长期地、不断地理顺。所以基层组织亟须长效化的建设，比如工作团队的稳定化、资源来源的稳定化等。尽管当前国家对基层组织的支持对基层组织自身的建设起到了极大的提升，并且市场机制的引入也使得基层组织的发展十分迅速，但是目前基层组织的人员制度、专业属性和资源组成还在发展变动中，这需要日后进一步的分析、探讨和推进。

总而言之，中国基层组织与人民群众的关系在70年来经历了从广泛联合向精准关联的转型，是党和政府与人民群众之间的沟通纽带，也是中国社会治理的平台。新时代以来，在党的领导下，中国基层社会组织不断发展、基层自治组织和人民团体不断针对工作机制进行改革。这需要基层的实践者推陈出新，尝试能够控制多元风险和满足多元需求的机制或做法，也需要研究者围绕基层组织关系而展开深入的研究探讨，不仅对于当前的情况展开分析，也要为基层组织寻找目标和定位，这对于基层组织的发展十分重要，尤其是对于参与基层建设的社会力量而言。当前,不少怀揣社会责任的企业、具有专业能力的社会组织等都参与基层的建设,同样,很多具有社会责任意识的社会科学工作者也在参与式发展等理念下参与基层治理和建设。[①] 然而这些尝试往往也困境重重,难以实现社会整合的目标。所以,多元的基层组织如何解决多元带来的问题,是中国转型中最为重要的一个议题,需要我们共同摸索、探讨,如此才能建立共建共治共享的社会治理格局。

---

① 这一尝试由来已久,比如梁漱溟开展的"邹平实验"、晏阳初开展的"定县实验"等。当代也是如此,比如沈原在《强干预与弱干预:社会学干预的两条途径》中呈现的对于农民工的干预尝试,比如贺雪峰在《治村》中呈现的对于其家乡的改造尝试,等等。

第 九 章

新中国70年社会治理变迁

新中国成立70年来，中国走出了一条中国特色的发展道路，不仅在经济领域的成就举世瞩目，成长为世界第二大经济体，而且在社会治理方面也进行了大量的探索和实践，积累了宝贵的经验。在新的历史节点上，系统梳理新中国成立70年来我国社会治理的变迁历程，总结我国社会治理体制改革的基本经验，对于新时代进一步加强和创新社会治理，推进社会治理体系和治理能力现代化建设具有重要意义。

第一节 社会治理的基本概念和视角

2013年11月，党的十八届三中全会明确提出"全面深化改革的总目标是完善和发展中国特色社会主义制度，推进国家治理体系和治理能力现代化"[①]。全会通过的《中共中央关于全面深化改革若干重大问题的决定》专列一章提出创新社会治理体制。这是中国共

[①] 《中共中央关于全面深化改革若干重大问题的决定》，《人民日报》2013年11月16日第1版。

产党成立以来在党的正式文件中第一次提出"社会治理"概念。对比此前正式文件中相对应的"社会管理",这样的变化并不是对过去社会管理的通盘否定,实际上是强调通过多年的实践探索,总结吸取正反两方面经验教训,社会治理的表述方式是对社会管理的完善和提升。[1] 因此,在新中国成立70年来的发展历程中,虽然长期没有社会治理的提法,但社会治理、社会管理的有关实践一直都在进行中,并在不同的历史阶段形成了具有中国特色的、实践中的社会治理模式。

同时也应特别注意,自2012年党的十八大以来,社会建设成为新的"五位一体"总体布局的组成部分,改善民生和创新社会治理是社会建设的两大根本任务,[2] 也就是说社会建设的两大构成是民生社会事业和社会治理。与社会治理类似,"社会建设"也是近年来我国党和国家文件中提出的重要政治命题,将社会治理置于社会建设的范畴内讨论,可避免对社会治理过于宽泛的理解。因此,就政策术语或政治命题而言,社会治理植根于中国社会的治理实践,致力于解决中国现代化进程中发展与秩序的"转型悖论",[3] 进而服务于整个国家的治理现代化。

在"社会治理"成为重要的政治命题之前,"治理"以及"社会治理"作为社会科学术语,是自20世纪80年代以来被屡屡提及的观察我国社会转型与秩序构建的概念。"治理"的理论的兴起有其特殊的时代背景:一是国际组织的推动与倡导。国际组织对治理的倡导源于它们对发展中国家援助效果的反思,关注受援国国内的治理问题,是用技术性措辞在讨论敏感问题。如世界银行1998年发布

---

[1] 参见李强《怎样理解"创新社会治理体制"》,《毛泽东邓小平理论研究》2014年第7期。

[2] 参见李培林《面向新时代构建中国特色社会学》,《人民日报》2017年1月23日。

[3] 参见冯仕政《社会治理新蓝图》,中国人民大学出版社2017年版,第3页。

的《撒哈拉以南非洲：从危机到可持续增长》报告，认为非洲发展问题的根源在于"治理"危机。① 二是西方学者对西方社会发展的现实反思。西方国家的一系列经济社会问题引发了对"市场失灵"与"政府失灵"等公共管理危机的讨论。在西方语境下，治理包含多中心、网络治理以及谈判、协商与合作等要素，在社会治理上体现为减少政府直接监管、多层级治理、由社会组织或私营企业承担公共服务、创建包含不同利益相关者的政策网络等特征。② 可见，"治理"以及"社会治理"在不同的社会环境中有不同的意涵，但核心是政府与社会关系。

第二节　社会治理变迁的历程

自新中国成立以来，我国的社会治理变迁大体经历了四个具有不同特点的阶段，即"革命型"社会治理、"管控型"社会治理、"管理型"社会治理和"治理型"社会治理。这四个阶段相互联系，体现了我国因应经济社会发展与变革需要，不断深化并改进社会治理，推动国家全面发展的过程。

一　"革命型"社会治理阶段（1949—1956年）

在新中国成立之前，由于中国"家国同构"的社会结构特点，社会治理很大程度上是家族和地方族群的自我管理以及国家对民间的管理，其中家族和地方族群依赖于宗法制度，国家（政府）对民间则采取恩威并施的专制政治制度的统治方式。③ 从1949年

---

① 参见国务院发展研究中心公管所《社会治理的理论与实践探索》，中国发展出版社2018年版，第3页。

② 参见张来明《中国社会治理体制历史沿革与发展展望》，《社会治理》2018年第9期。

③ 参见卢汉龙《新中国社会管理体制研究》，上海人民出版社2015年版，第9页。

中华人民共和国成立至1956年，中国社会迅速实现了由"新民主主义"到"社会主义"的过渡，伴随着国家政权建设的开展，社会治理以"革命"的特点展现出来，即"改造旧社会，建立新中国"。

（一）基层社会的组织化建设

中国共产党自建党以来，就注重通过创办农民学校、农运训练班、工人夜校等，开展农运、工运来进行基层社会的动员与改造。在各个时期的根据地、解放区，也积累了通过经济、社会、文化等多种手段来改造农村社会的经验，这些革命年代的治理经验，在新中国成立之后，伴随着新政权进一步推向了全国。

在城市，新政权管理城市社会的基本思路和构想是把基层控制和管理分为两大系统：单位人和非单位人（即社会人）。① 在人数上，社会人的比例大约在60%。② 新政权对单位人延续"革命"传统，以"单位制"整合进各类党政、企事业单位的管理体制；而对社会人，则通过"革命"的方式改造旧组织体系（如保甲制），建立新的组织体系（街居制），由此在新中国成立初期的城市社会大体形成了"街居制—单位制"的社会治理模式。

街居制的管理对象是社会人，主要是城市社会中无单位的一般居民，涉及家庭妇女、摊贩、商人、自由职业者、无业人员以及失业人员等。从解放前夕接管城市开始，中国共产党就宣布废除保甲制度，但在策略上对保甲人员先用后换，即第一步命令原保甲长"看守"原保甲，为派出干部、居民组长替换保甲长争取时间，同时训练街道工作干部和积极分子替换原保甲人员。③ 第二步组建"街居制"。新中国成立后，虽然叫法不一，全国很多城市都陆续出现了街

---

① 参见张济顺《上海里弄：基层政治动员与国家社会一体化走向（1950—1955）》，《中国社会科学》2004年第2期。

② 参见毛丹《中国城市基层社会的型构——1949—1954年居委会档案研究》，《社会学研究》2018年第5期。

③ 同上。

道组织和居委会组织。在1954年以前，全国各城市的街道组织包括三种类型：一是设街政府作为城市基层政权，如武汉市、大连市、郑州市、太原市、兰州市、西宁市。二是设街公所或街道办事处作为市或市辖区的派出机构，如上海市、天津市，以及江西、湖南、广东、山西等省的一些城市。三是"警政合一"，在公安派出所内设行政干事或民政工作组，承担有关工作，如北京市、重庆市、成都市。[1] 城市居民委员会最早起源于各类和基层公共生活有关的自治性组织，如清洁卫生委员会、自来水管理委员会等。[2] 1950年3月，天津市最早建立了称为居民委员会的组织。[3] 同期，武汉市部分街道建立了居民代表委员会和居民小组。居民委员会的定性是群众性自治组织，不是政权组织，也不是政权组织下面的"腿"，但实际上新政权为了有力地推行各项任务，居民委员会的人、财、物都受政府安排，这样既能巩固新政权的基层基础，又能解决居民部分的社会生活需求。至1954年12月31日，全国人民代表大会常务委员会第四次会议通过了《城市街道办事处组织条例》《城市居民委员会组织条例》。虽然全国的街居设置工作实际上于1956年才基本结束，但是这两个条例的通过和颁布本身表明街居制的完整模式在1954年底已经正式获得国家法律形态。在制度特征上，街居制作为替代改造保甲制、建设基层政权与基层群众民主自治的结果，表现出"双间接机制"，即国家通过居委会间接统合基层社会。[4]

---

[1] 参见华伟《单位制向社区制的回归——中国城市基层管理体制50年变迁》，《战略与管理》2000年第1期。

[2] 参见卢汉龙《新中国社会管理体制研究》，上海人民出版社2015年版，第37页。

[3] 有研究认为新中国第一个居民委员会产生于1949年10月的杭州市上城区。参见毛丹《中国城市基层社会的型构——1949—1954年居委会档案研究》，《社会学研究》2018年第5期。

[4] 参见毛丹《中国城市基层社会的型构——1949—1954年居委会档案研究》，《社会学研究》2018年第5期。

单位制度源于根据地时期形成的对"党的革命队伍"的特殊管理体制。所谓"革命队伍"是以中国共产党员为核心的公职人员群体，党群团体、军队、政府机构和公营企事业单位是"革命队伍"一元化组织的不同职能部分。"革命队伍"中的成员一律实行供给制，其范围逐渐扩展到衣、食、住、行、学、生、老、病、死、伤残等各方面，依照个人职务和资历定出不同等级的供给标准。供给制使个人的私生活空间极其狭小，物质生活和精神生活都完全依赖于"公家"的分配，几乎没有任何选择的余地。一个人只要参加"革命队伍"中任何一个单位，便成了"公家人"的一分子。新中国成立后，在革命干部中实行多年的供给制逐步改成了工资制，但由"公家"把"公家人""包下来"的基本原则与精神，却通过单位制度的普及而得到进一步的发扬光大。[1] 这一时期的单位制还处在形成时期，国家一方面尽力消灭市场关系并用行政手段控制资源的分配，另一方面又让单位承担起劳动者永久性就业和福利的责任。同时，就业场所的党组织和行政当局不仅是劳动过程的管理者，而且在政治上和法律上都实际代表了党和政府，[2] 从而确保了单位的"革命性"。

在农村，新政权管理农村的重要方式是引导农民走合作化道路。1953年12月中共中央发布《关于发展农业生产合作社的决议》，向各地下达了发展农业生产合作社的指标，全国范围内的合作社运动兴起。据统计，1953年12月，全国的农业生产合作社有1.5万个，其中高级社15个；而到了1954年，农业生产合作社激增到11.4万多个，其中高级社200个。1955年批判右倾之后，初级社转为高级社的高潮来临，许多互助组和个体农民直接并入高级社。到1956年

---

[1] 参见华伟《单位制向社区制的回归——中国城市基层管理体制50年变迁》，《战略与管理》2000年第1期。

[2] 参见路风《单位：一种特殊的社会组织形式》，《中国社会科学》1989年第1期。

底，全国的农业生产合作社发展到 75 万个，其中初级社 21 万个，高级社 54 万个；全国 96.3% 的农户加入了合作社，其中参加高级社的农户占比约 88%。[1] 这标志着农村地区在生产资料所有制上的社会主义改造基本完成。农业合作社的治理模式，将绝大多数的农民集合在"合作社"这样的集体组织中，实现了土地和主要生产资料的集体所有制，统一组织生产。

（二）政治运动形塑社会秩序

在以"街居制—单位制""合作社"进行基层社会的组织化建设的同时，新政权通过一系列的群众性政治运动，打击黑恶势力，改造不法分子，净化执政环境。这类运动主要有：（1）镇压地主恶霸；（2）镇压反革命运动；（3）反特肃谍斗争；（4）取缔反动会道门；（5）禁毒、禁赌；（6）禁娼和改造妓女；（7）识字扫盲运动；等等。通过上述政治运动，新政权极大地激发了群众的革命热情，树立起共产党和新政权的崇高威望。

20 世纪 50 年代，中国共产党领导的通过上述措施领导"社会革命"，基本完成了我国基层社会结构和生态的革命性改造，帮助中国人摆脱了那些来自传统的阶级阶层结构、组织制度、文化意识等的束缚，[2] 从而"革命"地重塑了基层社会治理的状态。

二 "管控型"社会治理阶段（1957—1978 年）

到 1956 年底，我国基本上完成了对农业、手工业和资本主义工商业的社会主义改造，实现了把生产资料私有制转变为社会主义公有制的"革命"任务，初步建立起社会主义的基本制度，进入了社会主义建设的新阶段。从 1957 年至 1978 年，中国建立了以严格计划管理为主要特

---

[1] 参见卢汉龙《新中国社会管理体制研究》，上海人民出版社 2015 年版，第 285 页。

[2] 参见王小章《积极公民身份与社会建设》，社会科学文献出版社 2017 年版，第 70 页。

色、政社合一的治理模式,该体制的核心构成包括人民公社、单位制、街居制和户籍管理,[①] 呈现为以"管控"为特色的社会治理。

(一) 人民公社

1958年,中央开始推进农业生产合作社的发展,促进农业生产单位的转型。1958年4月,中共中央发出《关于小型农业社适当合并为大社的意见》。7月,河南省遂平县成立了我国第一个人民公社——嵖岈山人民公社。8月,中共中央作出《关于在农村建立人民公社问题的决议》,提出要随着农业生产合作社的发展,建立农村农、林、牧、副、渔全面发展,工、农、商、学、兵相结合的人民公社。[②] 全国迅速掀起人民公社化运动的高潮。到10月底,全国74万多个农业生产合作社改组成2.6万多个人民公社,参加公社的农户有1.2亿户,占全国农户数的99%以上,短短三个月,全国农村基本上实现了人民公社化。[③]

人民公社不仅是"政经合一"的混合体组织,也是当时农村社会治理的基本单位,其特点是"一大二公"。所谓"大",是其组织规模比原来的农业合作社要大得多,当时每个公社平均有4797户农户,相当于原来的28个农业高级合作社的组合,其建制范围大体上是传统行政地域的"乡";所谓"公",是其生产资料的公有化程度高。人民公社实行"公社—生产大队—生产小队"三级管理,大队相当于原来的高级社,小队相当于原来的初级社。[④]

在城市,受农村人民公社运动影响,1958年至1963年也存在城市人民公社的短暂试验。1958年8月,河南省郑州市成立了我国第一个城市人民公社——红旗人民公社。12月,党的八

[①] 参见张来明《中国社会治理体制历史沿革与发展展望》,《社会治理》2018年第9期。

[②] 人民公社制度在1958—1984年在我国农村地区广泛存在。许多经历过人民公社时期的农民,至今仍保留称呼自己是"社员"的说法。

[③] 参见卢汉龙《新中国社会管理体制研究》,上海人民出版社2015年版,第285页。

[④] 同上书,第62页。

届六中全会通过的《关于人民公社若干问题的决议》，第一次正式提出城市人民公社的问题，肯定城市人民公社是"改造旧城市和建设社会主义新城市的工具"，是"生产、交换、分配和人民生活福利的统一组织者"。1960年3月，中共中央《关于城市人民公社问题的批示》，提出"对于城市人民公社的组织试验和推广，应当采取积极的态度"，促成了建设城市人民公社运动的高潮。1960年7月底，全国190个大中城市就建立了1064个人民公社，参加公社的人口达到5500多万人，占这些城市人口总数的77%。[①] 不过，1960年8月，中央"调整、巩固、充实、提高"的八字方针后将工作重点转移到调整国民经济，城市人民公社的发展基本停止下来。1961年9月，中共中央《关于当前工业问题的指示》要求："全民所有制的国营工业企业和集体所有制的城市人民公社，不能合在一起。已经合在一起的，必须分开。"城市人民公社走向解体。1963年10月，中共中央、国务院第二次城市工作会议提出在城市可以根据条件恢复正常的区/街行政机构，标志着城市人民公社正式结束。[②]

（二）街居制

在城市，短暂的城市人民公社之后，全国各地城市的管理构架恢复到原来的街居体制，即在区以下的基层，重新建立了街道办事处和居民委员会。街居制主要在于组织和管理非单位居民的生活，与城市人民公社时期相比，只有少量的经济功能，如有一些小型的加工厂和经营点，以更好地安置社区的闲散劳动力。不过，恢复中的街居制到了1966年即被打断。"文化大革命"期间，在"政治建街"的口号下，街道一级也成立了街道革命委员会，还按照军事化

[①] 参见卢汉龙《新中国社会管理体制研究》，上海人民出版社2015年版，第274页。

[②] 参见王均伟《对城市人民公社历史的初步考察》，《当代中国史研究》1997年第2期。

的管理模式在下一级建立连、排、班等组织,取代和冲击街道办事处和居民委员会组织。各类革命委员会将更多的精力放在了"阶级斗争"和"群众运动"上,[①] 与街居制设立的原则和目标相去甚远。

(三) 单位制

虽然有城市人民公社运动的短期冲击,我国城镇地区在这一时期基本定型了一个和行政管理体制紧密结合的单位制,这是和农村人民公社类似的将政治、经济、社会组织合为一体的"全能型"组织。单位统管职工甚至其家属多方面的劳动和生活安排,单位也往往拥有自己独立的居住社区、学校、医院和其他服务机构,个人工作、生活的一切都可以在单位内部解决。个人对单位是一种依附状态,"一旦社会成员进入某一工作单位,那么他基本需求的满足与实现以及在社会上行为的权利、身份和地位就有了最根本的保障"[②]。

通过单位这一组织单元,国家将治理的触角延伸到单位的每一位职工,资源也通过单位进行配置。在政治上,每个单位都有相应的行政级别,都由干部和工人这两大政治身份的人群组成,单位通过设置健全的党群组织作为政治动员的主导力量。通过单位,党和政府可以运用自上而下的行政手段,大规模地组织各项政治运动。[③] 在社会生活中,住房、子女入托就学、副食品补贴、医疗保障等,都需依托单位得到解决。一个人的社会地位,与其在什么单位工作有关。在个人发展上,单位掌握着提干、入党、出国进修等机会,结婚、离婚、旅行、住宿,都需要有单位开具证明合法身份的证明。单位内部有极大的自给自足性,而单位之间又缺乏自由流动的渠道,因此每个单位成员的生活空间相对稳定和封闭。通过"国家—单位—个人"的联系结构,党和政府通过单位来实施社会治理职能。

---

① 参见卢汉龙《新中国社会管理体制研究》,上海人民出版社2015年版,第276页。

② 李汉林:《转型社会中的整合与控制——关于中国单位制度变迁的思考》,《吉林大学学报》2007年第4期。

③ 参见何海兵《我国城市基层社会管理体制的变迁:从单位制、街居制到社区制》,《管理世界》2003年第6期。

(四) 户籍管理

户籍管理制度的确立也是这一时期社会治理的重要内容。1958年之前，人口户籍是可以自由迁徙、就地登记的。1958年1月9日，全国人民代表大会常务委员会第九届一次会议审议通过并颁布了《中华人民共和国户口登记条例》（以下简称《条例》）。该《条例》严格区分出农业户口和非农业户口，严控农业人口迁往城市，其中第10条规定："公民由农村迁往城市，必须持有劳动部门的录用证明，学校的录取证明，或者城市户口登记机关的准予迁入的证明，向常住地户口登记机关申请办理迁出手续。"和1955年6月9日国务院颁布的《关于建立经常户口登记制度的指示》相比，上述1958年的《条例》增加了迁入地的限制，此前能否户口迁移，关键看迁出地的审批意见，而1958年之后，迁移决定权在迁入地的国家企事业机关或户口主管机关。① 有研究指出，1958年出台《条例》有多方面的原因，一是为了社会稳定，《条例》颁布后，农民自由进城就被视为"盲流"，可采取行政强制性方法"遣返"至户籍所在地；二是适应当时的社会经济状态，国家以户籍管理为基础，最大限度地阻止农村人口进城，形成了城乡隔离的身份制度。② 这样，严控农民自由进城就以户籍管理的法律形式确定下来。

1964年12月8日，国务院批转了《公安部关于户口迁移的规定（草案）》，集中体现了处理户口迁移的基本精神，即两个"严加限制"：对从农村迁往城市、集镇的要严加限制；对从集镇迁往城市的要严加限制。此外，在"文化大革命"期间，大批"知识青年"上山下乡，出现了户籍迁移的逆城市化现象。

总体上，1957—1978年，农村基层社会以"人民公社"制度施行社会治理，农民被组织进人民公社；城市基层社会则建立了以"单位制"为主、以基层地区管理（"街居制"）为辅"街居制—单

---

① 参见卢汉龙《新中国社会管理体制研究》，上海人民出版社2015年版，第214页。
② 同上书，第76页。

位制"的管理体制。① 在城乡之间，则建立了严格的户籍管理制度，严控城乡之间的人口流动。通过上述制度，国家实现了对全体社会成员的控制和整合，建立起"类军事化"的社会组织制度和管理方式，农民被限制在公社的土地上，职工被限制在单位的体制中，以"管控"的方式达到了社会稳定和巩固政权的目的。

三 "管理型"社会治理阶段（1978—2012年）

1978年12月，党的十一届三中全会将党和国家工作重心从以阶级斗争为纲向以经济建设为中心进行战略转移。随着市场化改革的深入，人民公社、单位体制逐渐瓦解，基层社会治理为适应市场化改革和对外开放的需要，从放松"管控"开始，逐步向现代社会"管理"接轨，社会管理体制机制等议题也不断进入改革进程中。

（一）基层社会的管理体制改革

农村地区自1958年开始实行的人民公社制度，把中国广大乡村编制为"公社—生产大队—生产小队"这样的三级组织。城市企事业单位被组织成结构严密的单位行政系统。公社和单位，既是生产的单元，也是社会治理的单元，对组织成员具有管控、提供生活保障与公共福利的功能。上述带有严密管控特点的基层组织体制，在改革开放以来逐渐瓦解。

党的十一届三中全会之后，农村地区推行生产承包责任制，生产大队和生产小队自然解体，人民公社体制已不适应生产承包责任制的要求。1979年，四川省广汉县的南阳公社最先在全国重建了乡政府，取消了人民公社。1982年12月，全国人大五届五次会议通过《宪法》明确规定改革农村人民公社政社合一的体制，并确立农村基

---

① 此前，本章指出新中国成立初期城市社会大体形成了"街居制—单位制"的社会治理模式，是指从管理的城市人数上讲，以街居制为主、单位制为辅，且当时单位制还处于形成时期。

层政权为乡（镇）。1983年10月，中共中央颁布《关于实行政社分开建立乡政府的通知》，要求各地有步骤地实行农村政社分开的改革，恢复乡人民政府体制。在乡以下，将原来的生产大队、生产小队改建为村民委员会和村民小组，全国范围内的人民公社改制全面铺开。至1984年底，全国各地建立了9.1万个乡（镇）政府，92.6万个村民委员会。[①] 人民公社制度在改革中退出了历史舞台。1987年11月，全国人民代表大会常务委员会通过了《中华人民共和国村民委员会组织法（试行）》，肯定了各地自发组建村民委员会的做法，并将村民委员会规定为村民"自我管理、自我教育、自我服务"的群众性自治，将村民自治用法律形式予以确认。1994年11月，中共中央发出《关于加强农村基层组织建设的通知》，对农村基层组织建设作出了战略部署；多个省市根据《中华人民共和国村民委员会组织法（试行）》，出台了实施细则、规定或办法。1998年11月，经过约十年的实际运作和经验总结，全国人民代表大会常务委员会通过了《中华人民共和国村民委员会组织法》，进一步完善了村民自治制度，将村民自治的内容概括为民主选举、民主决策、民主管理、民主监督。同时，明确了村党组织对村民自治的支持和保障作用，规定村党组织在村级组织中处于领导核心地位。2006年1月1日起全面取消农业税后，意味着村级组织代表国家为村民提供基本公共服务和社会管理的责任更加明确了。

在城市，1979年7月1日通过的《地方各级人民代表大会和地方各级人民政府组织法》，重新确定了街道办事处的性质。1980年，全国人大常委会重新公布了《城市街道办事处条例》《居民委员会组织条例》，街道办事处、居民委员会的机构和职能得以恢复。随着经济体制改革和社会结构转型，街道工作的对象扩展到了辖区内所

[①] 参见卢汉龙《新中国社会管理体制研究》，上海人民出版社2015年版，第87、287页。

有的居民和所有的单位；机构设置和人员编制扩充，建立了各个相关"科室"。在社区建设上，1986年民政部首次把"社区"概念引入城市管理，提出在城市中开展社区服务工作，标志着我国社区服务和建设工作的开始。1989年12月通过的《中华人民共和国城市居民委员会组织法》，重申居民委员会是居民自我管理、自我教育、自我服务的基层群众性自治组织。此后，我国各地在实践中不断完善居民委员会制度，城市居委会发挥着越来越多的功能。一是工作范围逐步拓宽，拓展到社区的方方面面，包括宣传法律、法规和国家政策、维护居民的合法权益、办理公共事务、调节民间纠纷等；二是居民自治水平不断提高，普及居委会直选，推动社区工作人员的专业化，将社区居民议事会等制度引入社区自治过程中；三是居委会动员居民和辖区单位普遍开展了便民利民的服务活动。2000年12月，中共中央办公厅和国务院办公厅转发民政部《关于在全国推进城市社区建设的意见》，指出大力推进社区建设，是新形势下坚持党的群众路线、做好群众工作和加强基层政权建设的重要内容，是面向新世纪我国城市现代化建设的重要途径。这一文件标志着此前多年的试验探索阶段宣告结束，社区建设被作为加强基层政权建设、改革城市基层管理体制的重要思路和重大举措。社区建设的核心已经不是社区服务，而是管理体制的创新。[1]

（二）户籍管理改革

改革开放以来，严格管控的户籍管理制度开始松动，户籍制度在城市化进程中不断调整。1980年9月，公安部、粮食部、国家人事局联合颁布《关于解决部分专业技术干部的农村家属前往城镇由国家供应问题的规定》，这一方面把原来"农转非"的指标由不超过当地非农业人口的1.5‰提高到2‰，另一方面明确了对于高级专业技术干部以及专业工作上有特殊贡献的专业技术干部的农村家属，

---

[1] 参见夏建中《从街居制到社区制：我国城市社区30年的变迁》，《黑龙江社会科学》2008年第5期。

可不受公安部门正常审批比例限制,迁往城镇。① 上述规定可视为户籍管理制度松动的开始。1984年10月13日,国务院发布《关于农民进入集镇落户的通知》,规定:"凡申请到集镇务工、经商、办服务业的农民和亲属,在集镇有固定住所,有经营能力,或在乡镇企事业单位长期务工的,公安部门应准予落常住户口,及时办理入户手续,发给《自理口粮户口簿》,统计为非农业人口。"这一规定明确了农民自理口粮入镇的条件、程序和待遇,标志着在户籍意义上原本紧闭的城乡人口流动大门开始打开。1985年7月13日,公安部颁布了《关于城镇暂住人口管理的暂行规定》,对流动人口实行"暂住证"制度,允许暂住人口在城镇居留,公民开始拥有在非户籍地长期居住的合法性。

户籍管理的物质基础是粮油的计划供应。1992年底,国务院宣布自1993年1月1日起在全国放开粮油市场价格,停止粮票流通,户口和粮油挂钩的历史至此结束。1992年8月,公安部发出《关于实行当地有效城镇居民户口的通知》,受此影响,全国各地开始了户籍制度改革的实践。浙江、广东、山东等地先后开始试行"当地有效城镇居民户口",即"蓝印户口"。"蓝印户口"介于正式户口和暂住户口之间,管理的基本思路是在当地有效,按常住人口管理,统计为"非农业人口"。当时全国各地出现了各种各样的地方性城镇户口,如上海市1994年2月颁布的《上海市蓝印户口管理暂行规定》指出,"在上海投资人民币100万元(或美元20万元)及以上、或购买一定面积的商品房、或在上海有固定住所及合法稳定工作者均可申请上海市蓝印户口,持蓝印户口一定期限后可转为常住户口"②。1997年6月,国务院批转公安部制定的《小城镇户籍管理制

---

① 参见刘颖《户籍制度与身份建构——从户籍制度变迁透视对农民身份的建构》,《才智》2008年第23期。

② 卢汉龙:《新中国社会管理体制研究》,上海人民出版社2015年版,第219—220页。

度改革试点方案》（即国发〔1997〕20号文件），提出"允许已经在小城镇就业、居住并符合一定条件的乡村人口在小城镇办理城镇常住户口，以促进农村劳动力就近、有序地向小城镇转移"。2001年5月，国务院批转公安部《关于推进小城镇户籍管理制度改革的意见》（以下简称《意见》），县以下放开户口限制，我国小城镇户籍制度改革全面展开。该《意见》进一步放宽了农村户口迁移到小城镇的条件，将城乡户籍改革的权限下放到各地方政府，使地方政府有了一定的改革主动权。不过，小城镇户籍改革关注的还是那些已在小城镇工作、生活的人口，当时改革的目的还未定位在农村城镇化上。而2012年2月，《国务院办公厅关于积极稳妥推进户籍管理制度改革的通知》则指出，要引导非农产业和农村人口有序向中小城市和建制镇转移，逐步满足符合条件的农村人口落户需求，逐步实现城乡基本公共服务均等化。

（三）社会治安综合治理

社会治安在"文化大革命"期间严重混乱，稳定社会秩序成为改革开放之初社会治理的重点。1979年11月，中央政法委召开全国城市治安工作会议，提出整顿城市治安秩序的任务、方针、政策和方法。1981年5月，中央政法委在北京、天津、上海、广州、武汉五大城市治安工作座谈会上明确提出：搞好社会治安，必须各级党委来抓，全党动手，实行全面综合治理。同年6月，中共中央转发了此次会议纪要的通知，正式明确了社会治安综合治理的方针是要在各级党委领导下，以公安等司法机构为主体，组织全社会力量，采取政治的、法律的、行政的、思想的、文化和教育等各种措施，打击预防各种犯罪活动，化解不安定因素，维护社会持续稳定。1982年1月，中共中央在《关于加强政府工作的指示》中再次要求，为了争取治安情况根本好转，必须加强党的领导，全党动手，认真落实综合治理方针。[①]

[①] 参见卢汉龙《新中国社会管理体制研究》，上海人民出版社2015年版，第305页。

1991年1月,山东省烟台市召开全国社会治安综合治理工作会议,同年2月19日,中共中央、国务院做出《关于加强社会治安综合治理的决定》。3月2日,全国人大常委会通过了《关于加强社会治安综合治理的决定》,标志着我国社会治安综合治理工作走上了规范化、制度化的轨道。3月21日,中共中央决定成立中央社会治安综合治理委员会,协助党中央、国务院领导全国社会治安综合治理工作,下设办公室,与中央政法委机关合署办公。同时,各级政府也按要求设立相应的社会治安综合治理领导机构,配备专人负责。这样,全国自上而下建立了体系化的社会治安综合治理机构,全国的综合治理工作进入了新的阶段。

1993年,中央综治委等五部委出台《关于实行社会治安综合治理领导责任制的若干规定》。1996年9月,中央综治委发布《关于加强社会治安综合治理基层基础工作的意见》。1997年,全国基层安全创建活动经验交流会召开,中央综治委发布《关于进一步开展基层安全创建活动的意见》,全面部署基层创安工作。2001年9月,党中央、国务院做出《关于进一步加强社会治安综合治理的决定》,提出要坚持"打防结合、预防为主"的方针,进一步把严打、严管、严防、严治有机结合起来,要坚决纠正"重打轻防"的错误倾向,切实把思想观念、工作重点、警力配置、经费投入、考核奖惩机制等真正落实到"预防为主"上来,深入开展矛盾纠纷排查调处工作,认真落实各项安全防范措施。① 2004年9月,党的十六届四中全会通过的《中共中央关于加强党的执政能力建设的决定》强调,坚持打防结合、预防为主,专群结合、依靠群众,加强和完善社会治安综合治理工作机制。这是在总结社会治安综合治理多年实践经验的基础上,对社会治安综合治理方针的重要补充。从此,"打防结合、预防为主,专群结合、依靠群众"明确成为社会治安综合治理工作

---

① 参见倪小宇《改革开放30年社会治安综合治理发展历程》,《福建警察学院学报》2008年第6期。

的指导方针，社会治安综合治理工作方针得到进一步丰富和发展。

（四）社会管理的提出与发展

"社会管理"一词最早出现在1998年的《关于国务院机构改革方案的说明》中，强调政府的基本职能在于宏观调控、社会管理和公共服务。2002年，党的十六大报告将社会管理明确为政府的四项主要职能之一。在第五部分"政治建设和政治体制改革"中，在谈到"维护社会稳定，完成改革和发展的繁重任务，必须保持长期和谐稳定的社会环境"时指出，"要坚持打防结合、预防为主，落实社会治安综合治理的各项措施，改进社会管理，保持良好的社会秩序"。在这里，社会管理被列为维护社会稳定的具体途径。同时，虽然政府的社会管理职能开始提出，但是经济职能在整个时期仍占据绝对主导地位，经济职能与社会职能之间处于一种相对失衡的状态。

2004年党的十六届四中全会在《中共中央关于加强党的执政能力建设的决定》中提到："加强社会建设和管理，推进社会管理体制创新。深入研究社会管理规律，完善社会管理体系和政策法规，整合社会管理资源，建立健全党委领导、政府负责、社会协同、公众参与的社会管理格局。"这是中央文件首次提出"社会建设"概念以及"党委领导、政府负责、社会协同、公众参与"的"16字方针"。社会管理的"16字方针"坚持党的领导，同时改变了以往强调单一政府管理的模式，突出政府、社会和公民的协同管理，标志着党对社会管理认识的深化。

2007年，党的十七大报告从实现全面建设小康社会新要求的角度提出了建设更加健全的社会管理体系的要求。在重申"健全党委领导、政府负责、社会协同、公众参与的社会管理格局"的同时，提出了"要最大限度激发社会创造活力，最大限度增加和谐因素，最大限度减少不和谐因素"的新要求。2011年7月，中共中央、国务院颁布《关于加强和创新社会管理的意见》，再次重申"党委领导、政府负责、社会协同、公众参与"的社会管理"16字方针"。

总体上，1978—2012年，随着人民公社制和单位制的不断瓦解，以村民委员会和居民委员会为代表的基层群众自治制度诞生并走向完善；户籍管理制度破冰，人口在城乡之间的流动和迁居日益频繁。同时，在市场化改革的大潮下，社会矛盾和社会问题多发频发，社会治理改革的主要任务是应对和消解经济市场化所衍生的各种消极、负面后果，带有较强维稳色彩。① 在经济体制改革的同时，改革也进入社会领域。社会管理、社会建设等概念的提出，标志着党和国家意识到社会发展与经济发展的不协调，已经成为这一时期的主要矛盾。② 因此，统筹经济和社会发展，使经济和社会平衡协调发展，是时代向我们提出的重大课题。

四 "治理型"社会治理阶段（2012年以来）

2012年，党的十八大提出"要围绕构建中国特色社会主义社会管理体系，加快形成党委领导、政府负责、社会协同、公众参与、法治保障的社会管理体制"。这一表述首次提出了要构建中国特色社会主义社会管理体系，并增加了社会管理需要"法治保障"，表明社会管理要与法治相结合，形成了社会治理体制的"20字方针"。同时，党的十八大将社会管理和民生并列为社会建设的重要内容，提出要把社会管理和社会建设统一起来，以"创新社会管理"来促进社会建设，并要提高社会管理的科学化水平，积极鼓励社会主体参与到社会管理中来。

2013年，党的十八届三中全会通过的《中共中央关于全面深化改革若干重大问题的决定》，在提法上首次将"社会管理"转化为"社会治理"，并专列一章部署创新社会治理体制。这是中国共产党成立以来在党的正式文件中第一次提出"社会治理"概念，标志着我们党执政理念的新变化。习近平总书记强调："加强和创新社会治

---

① 参见陈鹏《中国社会治理40年：回顾与前瞻》，《北京师范大学学报》（社会科学版）2018年第6期。

② 参见陆学艺《当代中国社会建设》，社会科学文献出版社2013年版，第1页。

理，关键在体制创新。"用"社会治理"来取代"社会管理"，虽然是一字之差，背后其实是关于权力的属性、功能和运作方式，以及国家与社会之间关系的重新理解。社会治理中的"治理"，意味着彻底放弃基于计划体制而来的国家（政府）包办单干的思路，并将"社会治理"作为国家治理体系和治理能力现代化的重要内容，[1] 实现了从"社会管理"向"社会治理"的理念新飞跃。此后，党的十八届四中全会又明确提出"提高社会治理法治化水平"。这是在全面依法治国视阈下推进法治社会建设的重要体现。

2017年，党的十九大提出"打造共建共治共享的社会治理格局"，在社会治理体制上，要求按"党委领导、政府负责、社会协同、公众参与、法治保障"的"20字方针"继续完善，并首次系统提出了社会治理"四化"，即提高社会治理社会化、法治化、智能化、专业化水平。2019年1月，在中央政法工作会议上，习近平总书记专门指出，要"打造人人有责、人人尽责的社会治理共同体"。

可见，自党的十八大以来，社会治理在党和政府的各类表述中越来越受到重视，社会治理的理念、重点、内容也越来越明确，以"治理"为要求和特征的社会治理在社会主义建设事业中正发挥着越来越重要的作用。

（一）健全社区治理基本制度框架

2014年中组部、民政部等《关于进一步开展社区减负工作的通知》，2015年中办、国办《关于加强城乡社区协商的意见》，以及2017年中共中央、国务院《关于加强和完善城乡社区治理的意见》，成为党的十八大以来基层社会治理中三个标志性的社区政策文件。[2] 上述文件明确指出，城乡社区是社会治理的基本单元，完善社区治理体制，目标是要把城乡社区建设成为和谐有序、绿色文明、

---

[1] 参见冯仕政《社会治理新蓝图》，中国人民大学出版社2017年版，第61—62页。

[2] 参见陈鹏《中国社会治理40年：回顾与前瞻》，《北京师范大学学报》（社会科学版）2018年第6期。

创新包容、共建共享的幸福家园。在具体措施上，上述要求各省（自治区、直辖市）按照条块结合、以块为主的原则，制定区县职能部门、街道办事处（乡镇政府）在社区治理方面的权责清单；依法厘清街道办事处（乡镇政府）和基层群众性自治组织权责边界，明确基层群众性自治组织承担的社区工作事项清单以及协助政府的社区工作事项清单；上述社区工作事项之外的其他事项，街道办事处（乡镇政府）可通过向基层群众性自治组织等购买服务方式提供。建立街道办事处（乡镇政府）和基层群众性自治组织履职履约双向评价机制。

（二）推动政府职能转变

党的十八大以来，国家不断推动政府职能转变，更加强调基层政府要在创新社会治理中发挥重要作用，各级地方政府开始深入探索以政府职能转变为核心的社会治理创新。例如，上海市 2014 年取消了街道办事处的经济职能，基层管理的重心全面转移至公共服务、公共管理与公共安全领域，进而推动城市治理的精细化。① 2015 年 12 月，中共中央、国务院印发《关于深入推进城市执法体制改革改进城市管理工作的指导意见》，提出构建权责明晰、服务为先、管理优化、执法规范、安全有序的城市管理体制，推动城市管理走向城市治理，促进城市运行高效有序。2017 年 2 月，中办、国办印发了《关于加强乡镇政府服务能力建设的意见》，要求把握实现基本公共服务均等化的发展方向，以增强乡镇干部宗旨意识为关键，以强化乡镇政府服务功能为重点，以优化服务资源配置为手段，以创新服务供给方式为途径，有效提升乡镇政府服务水平。2018 年 2 月，党的十九届三中全会作出了深化党和国家机构改革的决定，目标是构建系统完备、科学规范、运行高效的党和国家机构职能体系，形成总揽全局、协调各方的党的领导体系，职责明确、依法行政的政府治理体系，全面提高国家治理能力和治理水平。

---

① 参见李友梅《中国社会治理的新内涵与新作为》，《社会学研究》2017 年第 6 期。

（三）加强公共安全和矛盾化解

2015年4月，中办、国办印发《关于加强社会治安防控体系建设的意见》，要求以确保公共安全、提升人民群众安全感和满意度为目标，以突出治安问题为导向，以信息化为引领，以基础建设为支撑，加强信息资源互通共享和深度应用，加快公共安全视频监控系统建设，健全点线面结合、网上网下结合、人防物防技防结合、打防管控结合的立体化社会治安防控体系，形成党委领导、政府主导、综治协调、各部门齐抓共管、社会力量积极参与的社会治安防控体系建设工作格局，确保人民安居乐业、社会安定有序、国家长治久安。

2014年2月，中办、国办印发了《关于创新群众工作方法解决信访突出问题的意见》，强调通过加大保障和改善民生力度、提高科学民主决策水平、坚持依法办事等从源头上预防和减少信访问题；通过健全诉求表达和办理方式、突出领导干部接访下放重点、完善联合接访、发挥法定诉求表达渠道作用等方式，进一步畅通和规范诉求表达渠道。此后，2016年10月，中办、国办印发了《信访工作责任制实施办法》，按照"属地管理、分级负责，谁主管、谁负责，依法、及时、就地解决问题与疏导教育相结合"的工作原则，综合运用督查、考核、惩戒等措施，依法规范各级党政机关履行信访工作职责。[①]

（四）引领社会组织健康发展

大力培育社会组织，激发社会活力是近年来我国社会治理模式转型中最引人注目的一条制度创新主线。[②] 2013年9月国务院办公厅出台了《关于政府向社会力量购买服务的指导意见》，2015年国务院办公厅转发了财政部、国家发展改革委、人民银行的《关于

---

① 参见张来明《中国社会治理体制历史沿革与发展展望》，《社会治理》2018年第9期。

② 参见李友梅《中国社会治理的新内涵与新作为》，《社会学研究》2017年第6期。

在公共服务领域推广政府和社会资本合作模式指导意见的通知》，改善了社会组织发展和参与社会治理的空间。在此基础上，地方政府以招投标、公益创投等形式购买的社会组织服务项目广泛发展。2015年9月，中共中央办公厅印发了《关于加强社会组织党的建设工作的意见（试行）》，提出按照建设基层服务型党组织的要求，推进社会组织中党组织和党的工作有效覆盖，拓展社会组织党组织和党员发挥作用的途径，发挥党在社会组织中的战斗堡垒与政治核心作用。

2016年8月，中办、国办印发了《关于改革社会组织管理制度促进社会组织健康有序发展的意见》，提出坚持党的领导、改革创新、放管并重、积极稳妥推进，建立健全统一登记、各司其职、协调配合、分级负责、依法监管的中国特色社会组织管理体制，基本建立政社分开、权责明确、依法自治的社会组织制度，基本形成结构合理、功能完善、竞争有序、诚信自律、充满活力的社会组织发展格局。

总体上，自2012年党的十八大以来，以习近平同志为核心的党中央大胆探索、勇于实践，全面创新社会治理体系，系统提升社会治理能力，迎来了和谐稳定良治的大好局面。[1] 在这一过程中，社会治理的内容和重点也在实践中不断发生着变化，社会治理的体系不断完善，走出了一条中国特色社会主义社会治理之路。一是坚持党的领导。党代表最广大人民的根本利益，最能够兼顾地区之间、部门之间、群体之间、公民之间的社会治理利益关系的协调发展，最能够动员整合各方面资源，推动社会治理创新发展。社会治理要充分发挥党总揽全局协调各方的领导核心作用，牢牢把握党对社会治理的领导权。二是强调依法治理。注重将社会治理纳入法治化轨道，以法治方式、法治思维、法治精神来谋划和深化社会治理改革，将法治社会与法治国家、法治政府进行一体化建设，使得法治成为贯

---

[1] 参见张翼《走中国特色社会主义社会治理之路》，《求是》2018年第6期。

穿社会治理创新的基本主线。① 三是共建共治共享。社会治理走出原来政府全面包揽的局面，企事业单位、社会组织、城乡社区居民组织、社会公众等都成为参与社会治理的力量。社会治理的广泛社会参与，有效降低社会治理的行政成本，提高了社会治理效益。

第三节　社会治理的基本经验

新中国成立70年来，我国走出了一条有中国特色的社会治理之路，积累了适合中国国情的社会治理经验。

一　坚持和完善党的领导

党的领导是中国特色社会主义制度的最大优势，中国共产党是社会治理的领导力量。由于文化、体制等因素的不同，世界范围内存在不同的政党政治模式，但就中国的社会治理而言，从革命走向建设，中国共产党始终扮演着领导核心的角色，对中国的社会稳定发挥着不可替代的作用。中国共产党代表最广大人民的根本利益，最能够兼顾地区之间、部门之间、群体之间、公民之间的社会治理利益关系的协调发展，最能够动员整合各方面资源，推动社会治理创新发展。② 从社会治理体制的"20字方针"也可以看出，社会治理要充分发挥党总揽全局协调各方的领导核心作用，牢牢把握党对社会治理的领导权。同时，加强党的自身建设，提高党的执政能力和水平，也是保持社会治理正确发展方向的保证。如果没有党自身的治理改革和自我革命，就不可能有中国社会治理的根本性变革。从这个角度而言，坚持党要管党、全面从严治党、坚决惩治腐败就

---

① 参见陈鹏《中国社会治理40年：回顾与前瞻》，《北京师范大学学报》（社会科学版）2018年第6期。
② 参见张翼《走中国特色社会主义社会治理之路》，《求是》2018年第6期。

是最大的社会治理。①

二 因应形势推动治理模式转型

新中国成立70年来，我国的经济社会发展情况发生了重大的变化，社会治理模式也经历了多次的转型。新中国成立初期，面临严峻的巩固新政权形势，社会治理延续"革命"思维方式，在与反革命势力的斗争中，重新改造基层政权组织，以政治运动形塑社会秩序。在改革开放之前，适应当时指令性的计划经济体制，社会治理相应地以"单位制""人民公社制度"为特色，形成"管控"特色。改革开放以来，随着各类生产要素的解放和适应对外开放的需要，社会治理逐渐放松管制，并开始引入"管理"理念，"加强政府的社会管理职能"成为市场化改革的重要保障。与此同时，改革涉及利益的调整分化，各类新社会问题、矛盾相继出现，在经济体制改革的同时，改革也进入社会领域，社会管理、社会建设等概念的提出，标志着党和国家意识到社会发展与经济发展的不协调，亟须加强和创新社会治理。自2012年党的十八大，特别是2013年党的十八届三中全会以来，社会治理的体制改革不断推进，形成了成熟的"20字方针"，社会治理的主体也走向多元化，正致力于打造"共建共治共享"的社会治理格局。

三 落脚基层不断创新社会治理

社会治理的基础在基层，城乡社区是社会治理的基本单元。"社会治理的重心必须落到城乡社区，社区服务和管理能力强了，社会治理的基础就实了。"② 从改造"保甲制度"开始，我国城市地区经

---

① 参见魏礼群《党的十八大以来社会治理的新进展》，《光明日报》2017年8月7日。

② 《推动中国上海自由贸易试验区建设 加强和创新特大城市社会治理》，《人民日报》2014年3月6日。

历了"单位制""街居制""城市人民公社制"等组织形式，农村地区经历了"合作社""人民公社"等组织形式，而改革开放以来，城乡社区制一直在不断地发展完善中。随着改革的不断深入，整个社会将越来越以地域为基础，社区建设已成为社会治理的主要依托。近年来，全国各地涌现出诸多社区治理创新的典型，有的从增强居民参与能力入手，组织居民协商解决涉及公共利益的决策事项；有的引导各类主体参与社区建设，调动企业、社会组织等参与社区服务项目，提高了社区的服务供给能力；有的以社区治理法治化为抓手，制定修订社区治理的法律法规，推进公共法律服务体系建设，增强了社区依法办事的能力。可见，社会治理只有落脚于基层，才有不断创新的动力，真正回应民众需求。

四　回应人民呼声不断改革社会治理

从"为人民服务"到"以人民为中心"，各个阶段社会治理的改革呼应了人民的需求，从而使社会治理始终有着强大的革新动力。例如，"单位制"曾经使每个单位成员的生活空间相对稳定和封闭，自由流动的渠道缺乏，而"单位人"向"社会人"的转变，释放了自由活动空间。僵硬的户籍管理制度，曾极大限制了人民自由迁徙的权利，是造成城乡隔离、城乡差距的重要制度性障碍，而社会治理改革则不断放开户籍限制，允许城乡之间人员的自由流动，逐步实现城乡基本公共服务均等化。政府曾经包办社会生活，而居民自治、村民自治则鼓励发挥人民群众自身的治理活力。因此，推进任何一项改革，包括推进社会治理改革、社会体制改革，都需要站在人民立场上把握涉及改革的重大问题，从最广大人民利益出发谋划改革思路，制定各项改革措施。

五　立足现实使社会治理符合国情

中国疆域辽阔，人口众多，同时又具有久远的历史文化传统，社会治理既不能简单沿用历史上的某些模式，也不能照搬某些"先进"的西方治理模式。新中国成立以来，社会治理经历过曲折，需要辩证地看待社会治理的探索过程，如"人民公社""单位制"都和当时的生产力发展水平、经济基础和物质条件息息相关，也受到当时复杂的国际国内形势的深刻影响。又如网络空间的迅速发展是社会治理面临的新现实，需根据互联网特点跟上并改进"虚拟"社会的治理方式，探索网上网下治理的协同与衔接。同时，自治、德治、法治等都是社会治理的可能路径，需根据不同地方的不同状况，结合实际综合应用，使社会治理从"单一"到"多元"，动员多种资源和多类主体共同参与，倡导源头治理，以实现良好的社会治理效果。

第四节 社会治理展望

回顾新中国成立70年来的发展历程，我国的社会治理发生了巨大的变迁。伴随着中国社会主义建设的历程，社会治理体制的建立、探索、更新也经历了曲折历程，成为中国社会现代化发展的重要组成。党的十八大以来，社会治理不断创新发展，我国已初步形成共建共治共享的社会治理格局，党委领导、政府负责、社会协同、公众参与、法治保障的社会治理体制也将在实践中日臻完善。一是继续坚持党委领导、政府负责。在立足国情完善社会治理体制过程中，要把党的领导和我国社会主义制度优势转化为社会治理优势，政府负责不是政府要包揽一切，而是要负责激发社会活力，动员群众参与到社会治理的实践中来。只有培育更多的社会治理主体，并在相互之间构建完善的协商、互动、合作机制，才能有效满足人民群众的各种需求。二是要不断提升社会治理的法治化水平。随着改革的不断深入，社会治理涉及利益协调、矛盾化解、社会稳定的情况将更为复杂，新时代提升社会治理法治化水平需遵循"科学立法、严格执法、公正司法、全民守法"，真正实现社会治理的良法善治。三是将社会治理与社会建设更好地统一起来，在改善民生中推进社会治理。形成有效的社会治理，目的不仅仅是良好的社会秩序，还要使人民获得感、幸福感、安全感更加充实、更有保障、更可持续。

第十章

新中国 70 年妇女发展

女性的解放和发展体现着一个国家和时代的发展和进步。马克思曾经指出,没有妇女的酵素就不可能有伟大的社会变革,社会的进步可以用女性的社会发展地位来精确地衡量。[①]

新中国成立 70 年来,中国的女性在中国共产党的领导下,获得了解放和发展,中国性别平等与妇女发展出现了翻天覆地的变化。自 1949 年新中国成立后,"男女平等""妇女能顶半边天"成为一个时代的标志和不懈追求。进入新时代,社会建设和发展的方方面面都有女性独特的身影,而广大女性也在自身的不懈奋斗中实现自我价值,在平凡中创造出无愧于时代的成绩。如今,男女平等的发展历程已经融入实现中华民族伟大复兴中国梦的新征程,中国女性不仅在经济政治的建设中创造了"巾帼不让须眉"的光辉业绩,也要在家风建设中充分发挥妇女的重要作用,中国共产党妇女思想又迎来了一个发展的春天。

衡量妇女的发展可以从多角度进行,例如可以从中外妇女发展道路对比的角度,或从男女两性对比的角度,而本章将采取时间顺序前后对比的方法,分别从政治地位、经济发展、文化提升、婚姻

[①] 参见刘维芳《新中国妇女历史地位的历史巨变》,《当代中国史研究》2010 年第 5 期。

家庭建设等方面来梳理，以期对新中国成立70年来妇女各方面的巨大发展有清晰的认识。

第一节　中国妇女发展思想概述

中国的妇女在各个时期的解放和发展的根本原因在于中国共产党的正确领导。中国共产党在妇女解放发展运动中积累了丰富的经验，把男女平等作为我们的基本国策，将发展生产力作为实现妇女解放和发展的重要手段。新时代，中国妇女的发展已经和社会主义现代化建设融为一体，也已和全面建设小康社会以及实现中华民族的伟大复兴的重任密不可分。理论与实践的紧密结合，逐渐形成了中国共产党妇女解放思想，并在历史发展中形成、丰富和拓展，指导着中国妇女事业的不断进步与发展，是中国化的马克思主义妇女学说。

一　从党成立到新中国建立，中国妇女思想的初步形成（1927—1949年）

从1921年中国共产党成立开始，中国妇女解放运动就有了坚强的领导核心和科学的理论指导，也意味着世界无产阶级妇女解放运动在中华大地上掀开了新的篇章。1922年7月，党的二大通过了《关于妇女运动的决议》，这是中国近代历史上的首个妇女运动纲领，将无产阶级革命运动同中国妇女解放有机结合，阐明了中国妇女解放运动的有效途径。[①] 此后，我党始终重视发挥妇女的社会作用，保障妇女的特殊权益，提出了一系列提高妇女地位的主张和政策，并指出妇女和男性在法律上享受同等的权利。这些主张和政策的实施

[①] 参见杜辉《新中国成立以来党的妇女解放思想发展历程研究》，硕士学位论文，哈尔滨商业大学，2018年。

在新中国成立前的各个时期对于妇女政治地位的提高、经济条件的改善、家庭婚姻制度的完善有着非常重大的意义，广大妇女在党的领导下努力挣脱封建束缚和父权压迫的枷锁，奋发有为地投入建立新中国的事业中去。

二 新中国成立至改革开放前期妇女解放思想的发展（1949—1977年）

1949年新中国成立以后，中国共产党在一定程度上继承了新民主主义革命时期开展妇女工作时积累的丰富经验，并随着时代变化而不断创新。在党中央的正确领导下，中国妇女解放运动开始依靠国家和制度建设而开展和推动。

马克思主义妇女学说在这一时期的丰富和发展主要体现在妇女作为社会劳动和生产人力资源的肯定和重视，"妇女能顶半边天"是这个时期的主旋律。这一口号是男女平等原则最朴素和最直接的表达，是具有中国特色的解读。党的妇女解放思想在这一阶段认为，妇女是一种伟大的人力资源，妇女可以做到男人做到的事情，肯定了中国妇女在社会地位和人生价值上和男人是平等的，使得妇女和男性一样可以分得生产资料，进行劳动生产。1953年，党在社会主义过渡时期的总路线激发了劳动妇女的热情，她们积极参与到农业、手工业和资本主义工商业三大改造中，为解放和发展生产力、公有制代替私有制和社会主义制度的确立作出了突出贡献。[①]

随着1956年三大社会主义改造的基本完成，党和国家从政治、经济、文化教育和社会制度等层面全方位推进"男女平等"的实现。妇女解放运动开始纳入社会主义国家运作体系，妇女事业的发展成为我国社会主义事业发展中不可分割的组成部分。自1958年起，

[①] 参见杜辉《新中国成立以来党的妇女解放思想发展历程研究》，硕士学位论文，哈尔滨商业大学，2018年。

"大跃进"运动、人民公社化运动让我国农村妇女以空前规模投入各条生产建设战线，造就了中国妇女解放史上的宏伟壮观一幕。被动员起来的新中国妇女一改几千年被排除在公共生活和政治生活之外的处境，成为计划经济时代最活跃的主力军。[1]

1950年《婚姻法》颁布，有力地推进了党的妇女解放思想进程，营造婚姻家庭的新风貌。家庭妇女的家务劳动也得到社会充分肯定，认为是劳动分工的一种，是社会主义建设中不可缺少的，应当同其他劳动一样受到人们的尊敬。总的来说，这一时期中国妇女运动的每一步迈进都与社会主义国家建设密不可分，党的妇女解放思想立足中国的基本国情之上，重点关注了妇女在革命和建设中的作用以及妇女在家庭中的解放两大领域。[2]

三 新时期的妇女发展思想（1978—2012年）

1978年底，中国共产党召开了具有历史转折性意义的会议——十一届三中全会，解放思想、拨乱反正，经济建设成为社会主义建设的中心。中国妇女解放运动也开始进入大发展大变革阶段，并在时代的变革和发展中逐渐融入了中国特色社会主义理论体系。

这一时期一切任务都要始终围绕服从经济建设的中心，妇女解放事业自然也围绕社会主义经济建设这个中心开展。全面参与社会主义经济建设是有效促进我国妇女事业向前进步的物质前提。事实证明，广大妇女只有在参与社会生产劳动中才能逐步实现经济独立。优化妇女就业，保障妇女平等就业权、消除性别歧视、增强妇女劳动保护力度等一系列法律法规的出台确保了妇女平等分享经济社会改革发展成果，开发妇女的人力资源，发挥她们的

---

[1] 参见杜辉《新中国成立以来党的妇女解放思想发展历程研究》，硕士学位论文，哈尔滨商业大学，2018年。

[2] 同上。

"半边天"作用。

我们党和政府把男女平等作为促进我国社会发展的基本国策，将性别平等意识纳入决策主流，并在《中国妇女发展纲要2001—2010年》中以政府文件的形式明确下来。这种通过基本国策的制定来推动妇女解放的方式，把广大妇女作为发展的主体，充分体现出党和国家对妇女地位的尊重以及对妇女解放事业的重视，对于妇女权益保护的体制机制不断完善和为妇女解放创造良好的社会环境有很好的促进作用。男女平等基本国策展现出我国推进妇女运动发展乃至全人类解放事业的新层次新水平。

这一时期党和政府也加强了上层制度建设和家庭婚姻制度的改革。20世纪80年代党和国家不断提升妇女的政治地位，提高妇女的参政议政水平，增加女性干部的选拔。完善家庭和婚姻制度，建立健全妇联工作机制从而更好地提供组织保障。

四 新时代妇女发展思想的新篇章（2012年至今）

党的十八大以来是中国妇女运动史上具有划时代意义的新时代。新时代中国共产党妇女发展思想迎来全新发展的新契机，坚持党的领导，坚定不移地走中国特色社会主义妇女发展道路，实现中华民族伟大复兴是当代中国妇女解放事业的时代主题。在以习近平同志为核心的党中央坚强领导下，我国妇女的各方面权益都得到了有力的维护，妇女主体作用得以充分发挥，妇女发展水平全方位提升，获得感幸福感大为增强。

经济基础决定上层建筑，马克思主义关于妇女解放的学说十分强调妇女经济独立的重要性，在中国特色社会主义新时代，妇女经济地位的提高仍然是妇女解放和发展的重中之重，摆脱贫困是妇女发展的根本条件。2015年，习近平在全球妇女峰会的讲话中指出，全球8亿贫困人口中，一半以上是妇女，党的妇女发展思想在摆脱贫困方面大有可为。习近平进而指出，"做好党的妇女工作，关系到巩固党执政的阶级基础和群众基础"①。广大妇女把自身的追求奋斗融入实现中华民族伟大复兴中国梦的新征程，在日益广阔的国内国际舞台，创造了"巾帼不让须眉"的光辉业绩，中国共产党妇女发展思想上了新的台阶。

五 新中国成立以来党的妇女解放发展思想的现实启示

中华人民共和国成立70年来，在中国共产党的领导下，中国的妇女解放和发展事业在中国共产党妇女发展思想的指导下，实现了翻天覆地的变化。在新中国成立后70年的各个阶段和时期，不管是在政治参与、经济发展、婚姻家庭还是在文化教育方面都呈现出了巨大的进步和飞跃。

从妇女解放发展的历程中可以看出，广大妇女在各个时期和历史阶段的解放发展都离不开中国共产党的正确领导。不管国内国际形势如何变化，我国妇女发展事业存在着什么样的挑战，党的领导地位不可动摇，中国的妇女发展事业也必然只有在党的领导下才能取得新的成就。新中国成立之初至党的十一届三中全会召开前，在中国共产党的领导下中国妇女推翻了封建主义、官僚资本主义、帝国主义三座大山，自身价值得到了充分发挥，社会地位有了极大提高。改革开放以后，党中央准确把握国内外两个大局，统揽妇女解放同国家发展事业的关系，切实关注妇女现实生活中的切身需要，从观念、制度、经济文化等方面解决了妇女发展中的一系列矛盾和问题。进入新时代，妇女的主体意识、独立意识、社会参与意识大大提高，妇女政治、经济、文化教育、权益保障等方面有了明显改善，妇女发展逐渐融入了中国特色社会主义伟大事业，妇女事业在党的领导下，不忘初心，正朝着男女平等、性别和谐、摆脱贫困、美好生活的方向奋力前行。

---

① 魏芙蓉：《不断巩固党执政的阶级基础和群众基础》，《吉林日报》2019年5月29日第7版。

第二节　新中国成立至改革开放前夕期妇女解放(1949—1978年)

经济基础决定上层建筑，经济地位的变化对妇女的发展至关重要。在旧社会，妇女没有财产所有权和继承权，没有独立的经济来源，主要依靠丈夫来维持生活。这种依赖关系使广大妇女不得不成为男性的附属品，也失去了女性应有的人格尊严及个性。[1] 随着新中国的建立，在经济上，农村女性首先废除了封建土地制度，分得了生产工具，有了土地财产才能真正翻身。城市经过工商业的社会主义改造，城市妇女也有了做事的本领和工作能力。[2]

一　妇女经济地位的提升

新中国成立后极大地改变了广大妇女经济上无权的状况，全方位的社会经济生活的参与使广大妇女获得了独立的经济地位。毛泽东指出："中国妇女是一种伟大的人力资源，必须发掘这种资源，为了建设一个伟大的社会主义国家而奋斗。"基于这样的指导思想，新中国的法律规定，妇女与男子有平等的劳动就业的权利、同工同酬的权利。

(一) 劳动权益和就业情况

在政策和国家强有力的感召和支持下，新中国成立后，广大妇女纷纷走出家门，女性就业人数和共和国的建设步伐共进。

1949年，城镇女职工人数为60万人，仅占全国职工总数的7.5%。从1952年到1960年间，女职工人数从184.8万人增加到

---

[1]　参见胡滨《如何提高电力女职工工作积极性及综合素质》，《科技致富向导》2014年第9期。

[2]　参见《中共北京市委举行晚会纪念三八，各厂女工展开三八生产竞赛》，《人民日报》1950年3月7日。

1008.7万人，其占职工总数的比重也由11.2%上升到20.2%。在"大跃进"的背景下，特别是1957年到1958年的一年间，女职工人数几乎是一夜之间就增长起来。人数由328.6万人增至810.8万人，增加了2.47倍；比重由13.4%增至24.8%，达到了20世纪50年代的巅峰（见表10—1）。

表10—1　　　　城镇女职工人数占比（1949—1978年）

年份	人数（万人）	占总职工比重（%）
1949	60.0	7.5
1952	184.8	11.2
1957	328.6	13.4
1958	810.8	24.8
1960	1008.7	20.2
1961	886.8	—
1963	656.6	—
1965	786.1	—
1978	3128.0	32.9

女职工人数增长之快，应该说是党和国家动员和保护女性参加社会生产劳动政策的必然结果，但很大程度上也存在着"盲进"的人为因素。1959年至1961年三年困难时期后，我国不得不开始精简城镇职工，1961年到1963年，女职工人数由886.8万人降到656.6万人，1964年至1965年女职工人数开始回升，有786.1万人，但比1960年人数也下降了很多。1966年到1976年的"文化大革命"期间，经济增长缓慢，这一时期也没有女性就业的统计数据。但是，女性就业是女性解放的标志和社会主义制度优越性体现的政治话语依然保证了计划分配机制在女性就业中的运转并发展到极致，女性就业人数还是有了大幅度提高。[①] 从1965年到1978年的13年间，

---

① 刘晓辉：《当代中国女性发展探析》，博士学位论文，山东大学，2010年。

女职工增加到3128万人，占全部职工总数的32.9%。① 可以说，新中国成立之初到改革开放前的30年间，中国城市女性生活方式的一个最明显的变化就是，家庭妇女的比例从90%左右下降到10%；职业女性的比例则从10%左右上升到80%—90%。根据全国妇联的调查，全国18—64岁的妇女中，92.5%是在业或曾经在业的。② 农村女性在国家动员下参与社会生产劳动的积极性也很高。1957年，全国有70%的农村妇女参加了农业生产，已从传统单一的家庭角色中解脱出来。从1957年到1958年，中国女职工人数猛增到800多万人。这种增长速度，在旧中国是完全不可能实现的。

（二）同工同酬，收入平等

对妇女来说，劳动报酬是其维持生活的主要来源。劳动报酬的多与少，关系到妇女生活水平的高与低。要发动妇女参加劳动，必须实行男女同工同酬的原则。中国的《宪法》《妇女权益保障法》《劳动法》也都明文规定要"实行男女同工同酬"，确保妇女在法律上与男子有相同的劳动报酬。同工同酬制度于20世纪50年代推行，在农村合作社中第一次实行了女组员和男组员的同工同酬。同工同酬使得妇女的经济地位提高不少，从传统的两性不平等关系中解放出来，增加了妇女的自信心，对妇女的解放和发展事业有着极大的推动作用。

二 妇女政治地位的解放

妇女政治地位是衡量妇女地位的核心内容，妇女的政治参与状况又是衡量妇女政治地位的主要指标。在旧中国的封建制度下，妇女终身被禁锢在家庭中，深受政权、族权、神权和夫权的四重压迫，没有独立的人格。女性在政治上的解放，必须依托经济上的解放，

---

① 参见沙吉才主编《中国妇女地位研究》，中国人口出版社1998年版，第167—168页。

② 参见李银河《女性权利的崛起》，文化艺术出版社2003年版，第37页。

随着经济地位的提高，女性逐渐摆脱了封建家庭"男主外、女主内"的禁锢，走出家门，参与到社会工作中来，取得了与男性平等的地位，妇女的民主参与意识显著提高，政治地位大大提升。

(一) 积极参政议政

女性经济地位的提升，推动女性参政事业的发展。新中国成立初期，废除了一切歧视、压迫妇女的法律，并赋予了女子同男子平等的法律地位，妇女真正成为国家的主人。之后，党和政府从法律上保障女性参政议政，确立女性参政权利，不遗余力地支持和保护女性行使参政权利。

国家颁布了一系列法律法规，赋予广大女性参与民主选举的权利，拟定了各项保障女性参与选举的制度，给予女性参政议政的条件。新中国成立前夕，具有宪法效力的《中国人民政治协商会议共同纲领》明确规定："中华人民共和国废除束缚妇女的封建制度。妇女在政治的、经济的、文化教育的、社会的生活各方面，均有与男子平等的权利。"1953年颁布的《中华人民共和国选举法》、1954年的《中华人民共和国宪法》中，均明确规定妇女有与男子同等的选举权和被选举权。这些法律条文的制定，使宪法男女平等的精神成为国家生活的行为准则，为确立和提高妇女的政治地位奠定了重要基础。

参加民主选举是新中国成立之初女性参政议政最基本的途径。受传统的"男主外、女主内"观念影响，家庭中的家务劳动多数是妇女承担，这与社会劳动和参政议政必然产生矛盾，妇女很难驾驭两项之间的平衡。因此，党和政府不仅颁布一些法律法规保障女性参政权利，还对于女性可能出现的问题实行了一些保护女性参政的措施。创造各种条件，减轻女性参与政治的家庭负担，比如逐步举办保育院、以工厂机关为单位办托儿所、定期组织女干部互助合作带孩子等。据全国妇联统计，截至1956年，全国农村各类托儿所组织收托儿童600多万人次。到1958年，托儿所组织达到345个，入托儿童 6400 万人，增长了 10 倍。①

妇女参政，除了有关平等参政权利的原则性规定外，其核心内容就是有关妇女参政比例的规定以及为了实现妇女参政比例而采取的配套措施。新中国成立后，妇女参政比例有所上升，女性在国家最高领导层中的人数和比例有所提高。例如，在第一次全国人民代表大会上，女性代表的数量为 147 位，占总数的 12%。1950 年，中央人民政府的全部工作人员中妇女占 20%。② 1955 年 3 月 8 日，中华全国民主妇女联合会副主席章蕴发表讲话指出："全国人民代表大会的一千二百二十六名代表中，有一百四十七名妇女，占代表总数的百分之十二。在基层中，有九十八万名女人民代表。"③ 新中国妇女和全国人民一起，以巨大的热情和主人翁的态度参加了宪法草案的讨论，参与了基层政权的建设，她们进一步团结在中国共产党和政府的周围，努力参加社会主义建设和社会主义改造事业。

（二）妇女婚姻家庭的解放

为了使广大劳动妇女摆脱自古以来受压迫、被摆布和不自由的婚姻命运，新中国成立后颁布的第一部法律就是《中华人民共和国婚姻法》（以下简称《婚姻法》）。《婚姻法》明确规定："废除包办强迫、男尊女卑、漠视女子利益的封建主义婚姻制度。实行男女婚姻自由、一夫一妻、男女权利平等、保证妇女和子女合法利益的新民主主义婚姻制度。"《婚姻法》颁布后，很多长期受婆家和丈夫欺凌虐待、受尽折磨的妇女得以提出离婚诉讼，摆脱封建婚姻带给她们的枷锁。

新中国妇女家庭地位的提高，除了应归功于婚姻自由外，更多

---

① 参见杜辉《新中国成立以来党的妇女解放思想发展历程研究》，硕士学位论文，哈尔滨商业大学，2018 年。

② 参见《邓颖超讲话》，《人民日报》1950 年 3 月 8 日。

③ 参见李梅《新中国初女性参政情况研究》，硕士学位论文，华中科技大学，2016 年。

地得益于妇女独立经济地位的确立。自男女同工同酬制度确立后，妇女收入不断增加，妇女同男子一样成为家庭财产的创造者，受到更多的尊重，也争取到了更多的对家事的发言权和决定权。[1]

三 妇女文化教育发展

一个国家女性受教育程度的高低，直接反映了女性在这个国家的社会地位。妇女的文化教育水平不仅决定妇女在经济领域的地位，而且决定在政治觉悟及参政意识上的强度。故此，要进一步提升妇女的经济和政治地位，教育的推广是不可或缺的。在我国，虽然国家以法律形式确保了妇女同男子平等的地位和权利，但要真正做到男女平等，还有赖于妇女文化素质的提高。新中国成立后女性地位的大幅度提高，也可以从女性受教育的程度中体现出来。

1949年以前，中国女性文盲的比例高达90%。新中国成立后，宪法赋予了妇女同男子一样平等受教育的权利。为了提高全民族的文化水平，政府有计划、有步骤地组织群众进行扫盲。在1952年、1956年和1958年进行的扫盲活动中，全国各地纷纷建立夜间学校、民办学校、识字班等。到1958年，全国已有1600万妇女脱了文盲状态，初步改变了愚昧无知的状况。[2]

在基础教育中，女性的比例也在逐步增加。新中国成立初期，我国适龄女童的入学率只有15%左右；到了1951年，在小学中，女生占在校学生的比例提升到28%；1965年则达到39%。在普通中学中，1951年女学生占在校生的25.6%，到1965年增加到32.2%。[3]

---

[1] 参见文红玉《建国初妇女婚姻解放与政治认同的养成》，《毛泽东思想研究》2012年第9期。

[2] 参见杨晟《外国人在华拍摄纪录片中的中国形象研究（1949—1976）》，博士学位论文，暨南大学，2017年。

[3] 参见刘维芳《新中国妇女历史地位的历史巨变》，《当代中国史研究》2010年第5期。

第三节 社会主义建设新时期的妇女发展（1978—2012年）

1978年12月18日至22日，具有历史意义的党的十一届三中全会召开。此次会议给我国带来划时代的变革，经济上由高度集中的计划经济转向市场经济，政治上社会主义民主政治建设日益加强，思想观念上更为多元和包容。改革开放之后，历届党和国家领导人，都为改善妇女地位、促进男女平等发挥了重要作用。广大妇女在党的领导下解放思想、拨乱反正，冲破"左"的观念的束缚，把握国内外两个大局，走出了一条具有中国特色的妇女发展道路，并逐渐融入了中国特色社会主义理论体系。

一 妇女经济地位的提升

市场经济的建立使得计划经济下国家包分统分的就业制度被打破，人才通过市场统一配置自由流动，广大劳动者自谋职业，女性同男性一样获得前所未有的多元选择机会，也有了更广泛的实现自我价值的发展空间。党的十一届三中全会以后，广大妇女积极投身城乡的改革与发展，既是生产的能手，又是改革的弄潮儿，使生产力得到了极大解放。1990年后，城乡各族妇女更是积极参加社会建设活动，在向社会主义市场经济体制转变过程中大显身手，真正发挥了"半边天"作用。

1979年至1988年十年间，城镇女性就业年平均增长率为4.9%，1988年，女职工人数已跃升为5036万人，较1978年多1900万人，占总人数的37%，比全国职工队伍的平均增长水平高出1.27个百分点。[1] 虽然在1992年后经济体制改革进入攻坚阶段，随之而

---

[1] 参见张秋俭《女性就业现状与前景——调查、统计与分析》，《社会学研究》1996年第4期。

来的企业优化劳动组合、全员劳动合同制、减员增效、人员分流等劳动人事改革举措不断打破着职工们的"铁饭碗",无情地将女性抛入了优胜劣汰的竞争浪潮中,女性就业受到很大冲击,但在1993年到1995年,全国范围内的女职工人数仍稳步增长,达到5889万人。据2004年的《中国的就业状况和政策》白皮书统计,"中国城乡妇女就业人数从1990年的2.91亿增加到2003年的3.37亿,占全国就业总人数的44.8%"[1]。至90年代中期,中国女职工人数已达5600万人,占总数的38%,已高于世界34.5%的比例。可见当时中国在女职工人数上已达国际级的水平,此举归功于中央对妇女"走出家门"的积极鼓励,再加上妇女们自强不息和不甘落后的精神,才可创出如此巨大的成就。

中国女性的就业率从世界范围内来看也相当高。中国女性在1980年、1995年、2000年的在业率分别是75.5%、80.4%、80.0%,比世界较发达地区相应年份的比重58.7%、64%、65.4%高很多(见表10—2)。可以说,从总体上讲,改革开放以来女性就业人数呈上升趋势。

表10—2　　　　　　　　中国女性就业率　　　　　　　　单位:%

年份	1980	1995	2000
就业率	75.5	80.4	80.0

资料来源:国际劳工局《2000年世界劳动报告》,中国劳动与社会保障出版社2001年版。

表10—3　　　　　　　　女性就业结构　　　　　　　　单位:%

年份	第一产业	第二产业	第三产业
1982	77.98	13.81	8.20
1990	76.09	13.47	10.43
2001	37.50	24.20	39.20

---

[1] 中华人民共和国国务院新闻办公室:《中国的就业状况和政策(2004)》白皮书,2004年4月26日。

与此同时,女性的就业结构也发生了重要的变化。由第一产业占主导地位的单一产业结构向均衡化、合理化的产业结构转变。根据1982年人口普查资料,我国女性就业人口中,从事第一产业、第二产业和第三产业的比重分别为77.98%、13.81%、8.20%,女性在第一产业即农林牧副渔业就业的比例将近八成,而在第三产业即各种服务业中就业的比例还不足一成。到1990年,女性在第一产业、第二产业和第三产业的比重分别为76.09%、13.47%、10.43%。在第一、第二产业就业的女性比率比1982年下降了1.89和0.34个百分点,在第三产业就业的女性比率则比1982年上升了2.23个百分点。① 从1978年到1991年的13年间,我国从事第三产业的女职工人数净增了1000万人,增长幅度为55%。到2001年,在第一、第二、第三产业就业的女职工比例分别为37.50%、24.20%、39.20%,在第一产业和第二产业就业的比例分别比2000年下降了0.4和5.1个百分点,第三产业则上升了0.1个百分点。② 可以说,近年来,在第一、第二产业就业的女性人数明显减少了,第三产业正在成为吸纳女性劳动力就业的主要渠道,越来越多的女性进入计算机、通信、金融、保险等高新技术行业,成为这些行业的主要力量。③

男女同工同酬原则在全国已基本得到实行,虽然由于男女职工文化业务素质和职业构成的差异,实际收入尚有一定差距,但在农村先富起来的人群中,男女收入差距已不明显。男女同工同酬制度的推行,使女工收入提高,生活得到保证,确实保障了妇女独立的经济地位。

二 妇女政治地位的提高

改革开放以后,女性参政问题被重新提了出来。知识女性作为

---

① 参见张萍编著《中国妇女现状》,红旗出版社1995年版,第3—4页。
② 参见徐敏《建国以来中国女性就业的历史沿革》,《广西党史》2006年第11期。
③ 参见刘晓辉《当代中国女性发展探析》,博士学位论文,山东大学,2010年。

中国社会新的发展时期最先觉醒的群体,获得了参政的良好机遇。进入 21 世纪,《中国妇女发展纲要(2001—2010 年)》的总目标中除了保证妇女的政治权利,也保障了妇女的各项政治权利,提高妇女参与国家和社会事务管理及决策的水平,促进妇女事业的持续发展。

(一) 参政议政

20 世纪 80 年代初,全国一半以上的省(自治区、直辖市)选配了女高级知识分子进入省级领导班子。全国多数县、市都选配了一名女知识分子担任副县长、副市长。一时间,知识女性参政称为社会政治生活中的一大景观。① 虽然在之后一段时期女性参政出现滑坡现象,但从 1992 年《中华人民共和国妇女权益保障法》颁布开始,国家对女性实施全方位保护,政治权利是其中重要的内容之一。国务院制定《中国妇女发展纲要(1995—2000)》提出了"积极实现各级政府领导班子成员中都有妇女,政府部门负责人中妇女比例有较大提高"的目标。1985 年,在国务院所属的各部委中,正副女部长仅有 11 人,1997 年增至 18 人。省部级女干部由 2000 年占省部级干部总数的 8.0% 提高到 2003 年的 9.0%,地厅级女干部由 2000 年的 10.8% 提高到 2003 年的 12.2%。县处级女干部则由 15.15% 提高到 16.7%。②

根据 1990 年第一期中国妇女社会地位调查统计,在知政方面,知道中共中央总书记的女性为 55.7%,知道中国国家主席的女性为 44.9%,知道国务院总理的女性为 52.9%。到 2000 年,根据第二期中国妇女社会地位的调查数据,女性知政情况较十年前有明显增长,其中女性对中国国家主席的知晓率达到 87%,比 1990 年提高了 42.1 个百分点。③ 2000 年第二期中国妇女社会地位调查统计,最近

---

① 参见杨湘岚、张晶《中国妇女参政百年的回顾与展望》,《中国妇运》1997 年第 11 期。

② 参见谭琳主编,蒋永萍、姜爱花副主编《1995—2005 年:中国性别平等与妇女发展报告》,社会科学文献出版社 2006 年版,第 64 页。

③ 同上书,第 54—55 页。

五年，选举地方人民代表的参选率，女性为73.4%；在投票时，有65.8%的女性能"尽力了解候选人情况，认真投票"①。城乡女性积极参加居民委员会和村民委员会选举。城镇女性参与基层社区管理比例大于男性，2005年全国居民委员会成员中女性比例为53.1%。②

（二）家庭婚姻

改革开放后，针对社会上出现的一些新情况和新问题，1980年全国人大常委会对婚姻法进行了修正，鼓励以爱情为基础的婚姻，继续重申男女双方只要在不违反国家法律的前提下，有权按本人意愿自由决定自己的婚姻问题，并把"感情确已破裂"作为准予离婚的一个重要因素。2001年，政府再次对婚姻法提出修正案，重申男女平等基本原则，强调夫妻地位平等和婚姻家庭权利义务平等，有针对性地补充了禁止实施家庭暴力、禁止重婚等有利于维护妇女权利的条款。在法律的保护下，广大妇女在婚姻方面赢得了自主权。在婚姻自由的前提下，妇女与丈夫共同劳动，共同成为家庭经济的支持者，家庭收入增加了，广大妇女在婚姻家庭中的贡献和地位也日益受到重视，妇女从此得以受到家庭的尊敬。

三 妇女文化教育的提升

保障妇女获得平等的受教育机会，普遍提高妇女受教育程度和终身教育水平，是中国政府和妇女一贯追求的目标。政府遵循性别平等、儿童优先原则，男女受教育差异明显缩小，出台并落实了各项政策措施。女性文盲率大幅度下降，基础教育中女童入学率提高、女性接受技能培训和高等教育的比例不断提升，性别平等原则和理念逐步融入教学和科研。

---

① 刘晓辉：《当代中国女性发展探析》，博士学位论文，山东大学，2010年。
② 参见谭林主编，蒋永萍、姜爱花副主编《1995—2005年：中国性别平等与妇女发展报告》，社会科学文献出版社2006年版，第54—55页。

改革开放之后,我国坚持不懈地把"扫除女性文盲"作为发展妇女文化教育的首要任务。如表10—4所示,1982年,全国15岁以上文盲、半文盲率[1]是34.49%;女性文盲率则为48.86%。1990年为31.93%,1995年则下降为24.05%。女性文盲的绝对人数一直在减少。[2]

表10—4　　　　　　　　全国女性文盲率　　　　　　　　单位:%

年份	1982	1990	1995
文盲率	48.86	31.93	24.05

基础教育中的女性教育水平也大大提高。从表10—5、表10—6可以看到,在小学,1980年时女生占在校生的比例达44.0%,1993年上升到46.8%。根据《中国统计年鉴(2005)》显示,2004年全国小学中女生占46.96%。在普通中学中,1980年女生占39.60%,1993年达到43.70%,2004年占47.38%,高中女生占45.81%。[3] 此外,中国政府还致力于消除义务教育阶段的性别差距,不断改善女童的受教育环境。2004年,男女童入学率分别为98.97%和98.93%,男女差距由1995年的0.7个百分点下降到0.04个百分点。[4]

表10—5　　　　　　　基础教育(小学)中的女性　　　　　　　单位:%

年份	1980	1993	2004
在学率	44.0	46.8	46.96

---

[1] 在我国,进行人口普查时所统计的文盲、半文盲人口时指15周岁及15周岁以上的不识字或识字不足1500个,不能阅读通俗书报、不能写便条的人。

[2] 参见沙吉才主编《中国妇女地位研究》,中国人口出版社1998年版,第187页。

[3] 参见顾宁《建国以来女性教育的成果、问题及对策》,《当代中国史研究》2005年第6期。

[4] 参见中华人民共和国国务院新闻办公室《中国性别平等与妇女发展状况》,《人民日报》2005年8月25日。

表10—6　　　　　　　基础教育（中学）中的女性　　　　　　单位：%

年份	1980	1993	2004
在学率	39.60	43.70	47.38

国家努力保证女性平等接受高等教育的机会，使高等教育中女性比例显著提高。新中国成立以来，我国女大学生人数不断增长，由1949年时的2.32万人，增长到1993年的85.2万人，此后，女性受研究生教育的比例逐年增加。截至2004年，我国本科和专科高校在校女生已占到45.65%。女硕士、女博士的比例分别达到44.2%和31.4%，比1995年分别提高13.6和15.9个百分点。[①]

由此可见，改革开放后的30年间，中国妇女的文化教育有了飞速的发展，由20世纪50年代为改变广大妇女无知的状态而进行的扫盲运动，发展到21世纪初为广大女性提供大量的高等教育，中国妇女的整体文化素质已发生了质的飞跃。

第四节　新时代以来（2012年至今）

进入新时代以来，中国的妇女事业发展更是日新月异。党的十八大以来，习近平总书记关心妇女事业，运用新发展理念和人类命运共同体理念，结合国内、国际新形势，深入思考妇女发展问题，提出"要坚持男女平等基本国策，维护妇女儿童合法权益""组织动员妇女走在时代前列，在改革发展稳定第一线建功立业""创造有利于妇女发展的国际环境"等政治主张，进一步丰富发展了马克思主义妇女观，是新时代妇女事业发展的指导思想和重要遵循。

---

① 参见中华人民共和国国务院新闻办公室《中国性别平等与妇女发展状况》，《人民日报》2005年8月25日。

一 妇女经济地位的提升

新时代，随着中国社会经济的飞速发展，妇女发展进入了快速发展时期。在《中国妇女发展纲要（2011—2020年）》中党和国家提出了妇女经济发展的十年目标：(1) 保障妇女平等享有劳动权利，消除就业性别歧视；(2) 妇女占从业人员比例保持在40%以上，城镇单位女性从业人数逐步增长；(3) 男女非农就业率和男女收入差距缩小；(4) 能劳动者中的女性比例提高；(5) 高级专业技术人员中的女性比例达到35%；(6) 保障女职工劳动安全，降低女职工职业病发病率；(7) 确保农村妇女平等获得和拥有土地承包经营权；(8) 妇女贫困程度明显降低。

为实现《中国妇女发展纲要（2011—2020年）》中的目标，政府采取了一系列策略措施。制定和完善保障妇女平等参与经济发展、平等享有劳动权利的法规政策，确保妇女平等获得经济资源和有效服务；消除就业中的性别歧视；大力推进第三产业发展，为妇女创造新的就业机会和就业岗位；改善妇女就业结构；全面落实男女同工同酬。建立健全科学合理的工资收入分配制度，对从事相同工作、付出等量劳动、取得相同劳绩的劳动者，用人单位要支付同等劳动报酬。目前，男女同工同酬原则在全国已基本得到实行，虽然由于男女职工文化业务素质和职业构成的差异，实际收入尚有一定差距，但在农村先富起来的人群中，男女收入差距已不明显；制定有利于贫困妇女的扶贫措施，保障贫困妇女的资源供给，帮助、支持农村贫困妇女实施扶贫项目。

截至2017年，全国女性就业人员占全社会就业人员的比重为43.5%，超过《中国妇女发展纲要（2011—2020年）》制定的40%目标。城镇单位女性就业人员6545万人，比2010年增加1684万人，占城镇单位就业人员的比重为37.1%。2017年，城镇登记失业人员中女性所占比重为43.1%，比上年降低1.2个百分点。农村贫困妇女人数大幅度减少。按照年人均收入2300元（2010年不变价）的农村扶贫标准计算，2017年，全国农村贫困人口为3046万人，比2010年减少近1.4亿人，在减少的人数中约一半为女性；2017年，贫困发生率为3.1%，比2010年降低14.1个百分点。贫困发生率男女无明显差异。此外，国家不断完善新型社会救助体系，加大对贫困妇女的保障力度，城乡最低生活保障平均标准逐年提高。2017年，城乡最低生活保障平均标准为450元，比2010年增加264元，增长1.4倍；全国城乡享受低保和农村"五保"对象得到救助的特困人员共5773万人，其中女性2272万人，所占比重为39.4%，比2010年增加约5个百分点。①

二 妇女参与决策和管理

国家对于妇女参与政府和社会决策也采取一系列措施保障：（1）制定和完善促进妇女参与决策和管理的相关法规政策。积极推动有关方面采取措施提高人大代表、政协委员、村民委员会、居民委员会中的女性比例及候选人中的女性比例。（2）提高妇女参与决策和管理的意识和能力。面向妇女开展宣传培训，不断提高妇女民主参与意识和能力，鼓励和引导妇女积极参与决策和管理。保障女干部接受各类培训的机会，加大对基层女干部的培训力度，不断提高女干部政治文化素质和决策管理能力。（3）完善干部人事制度和公务员管理制度。在干部选拔、聘（任）用、晋升中切实贯彻"民主、公开、竞争、择优"原则，保障妇女不受歧视。加强对公务员录用、培训、考核、奖励、交流、晋升等各环节的严格监管，保证妇女平等权利。（4）加大培养、选拔女干部力度。（5）推动妇女参与企业经营管理。（6）推动妇女广泛参与基层民主管理。完善村委会、居委会等基层民主选举制度，为

---

① 参见《2017年〈中国妇女发展纲要（2011—2020年）〉统计监测报告》，《中国信息报》2018年11月12日第1版。

妇女参与基层民主管理创造条件。完善以职工代表大会为基本形式的民主管理制度，保障企事业职工代表大会女代表比例与女职工比例相适应。（7）拓宽妇女参与决策和管理的渠道。在制定涉及公众利益和妇女权益的重大决策时，充分听取女人大代表、女政协委员和妇女群众的意见和建议。大力开展多种形式的参政议政活动，为妇女参与决策和管理提供机会。（8）提高妇联组织参与决策和管理的影响力。充分发挥妇联组织代表妇女参与国家和社会事务的民主决策、民主管理和民主监督的作用。充分吸收妇联组织参与有关妇女法规政策和重大公共政策的制定，反映妇女群众的意见和诉求。重视妇联组织在培养、推荐女干部和优秀女性人才，以及推动妇女参政议政等方面的意见和建议。

截至2017年，妇女参与政府和社会决策的现状为：（1）全国人大代表和政协委员中女性比重继续提高。第十三届全国人民代表大会有女代表742名，占代表总数的24.9%，比上届提高1.5个百分点，是历届人大代表中女性比例最高的一届；有女常委18人，占常委总数的11.3%，低于上届4.2个百分点。政协第十三届全国委员会中有女委员440人，占委员总数的20.4%，高于上届2.6个百分点，是历届政协委员中女性比例最高的一届；女常委39人，占常委总数的13%，比上届提高1.2个百分点。（2）女性参与企业经营管理的比重提高。2017年，企业董事会中女职工董事占职工董事的比重为39.7%，企业监事会中女职工监事占职工监事的比重为41.6%，分别比2010年提高7和6.4个百分点；企业职工代表大会中女性代表比重为29.3%，比2010年提高0.3个百分点。（3）女性积极参与基层民主管理。2017年，居民委员会成员中女性比例为49.7%，已接近50%的目标；村委会主任中女性比例为10.7%，已提前实现《中国妇女发展纲要（2011—2020年）》目标。[1]

---

[1] 参见《2017年〈中国妇女发展纲要（2011—2020年）〉统计监测报告》，《中国信息报》2018年11月12日第1版。

三 妇女文化教育的飞速发展

新时代,广大妇女不仅是中国基层社会治理的中坚力量,而且在受高等教育比重、参与经济管理的程度、在专业人才中的占比方面都在稳步提升,显然已是人才第一资源核心构成。截至2017年,女性接受高等教育比重提高。与2010年比,2017年高等教育在校生中女研究生人数为127.8万人,占全部研究生的48.4%,提高0.6个百分点;普通本专科女生1447万人,占52.5%,提高4.7个百分点;成人本专科女生320万人,占58.8%,提高5.6个百分点。2017年,高等教育毛入学率为45.7%,比2010年提高19.2个百分点,已提前实现《中国妇女发展纲要(2011—2020年)》目标;全国高中阶段教育在校生中有女生1891万人,占全部在校生的47.6%,比2010年提高0.5个百分点;普通高中在校生中的女生比例已超过半数,2017年为50.9%,比2010年提高2.2个百分点。高中阶段教育毛入学率由2010年的82.5%提高到2017年的88.3%,提高5.8个百分点;到2017年,义务教育阶段已基本消除性别差距。2017年,九年制义务教育巩固率为93.8%,比2010年提高2.7个百分点;小学学龄女童净入学率为99.9%,与男童基本持平;义务教育阶段在校生中女生所占比重为46.4%,略低于2010年。但在学前教育中,女童超过2149万人,所占比重为46.7%,提高1.3个百分点。[①]

四 家风建设

党的十八大以来,我国党和国家领导人非常重视新时代家庭文明新风的培育。社会由一个个家庭组成,而妇女则是确保这个家庭

[①] 参见《2017年〈中国妇女发展纲要(2011—2020年)〉统计监测报告》,《中国信息报》2018年11月12日第1版。

正向功能作用充分发挥的关键因素。中国妇女往往勤劳吃苦、甘于奉献，是家庭治理方面的能手，在家国利益问题上总能从大局着想，关键时刻总能深明大义。正如习近平总书记在会见第一届全国文明家庭代表时所讲："革命战争年代母亲教儿打东洋、妻子送郎上战场，社会主义建设时期先大家后小家、为大家舍小家，都体现着向上的家庭追求，体现着高尚的家国情怀。"①

"家风是一个家庭的价值取向、文化传承和精神风尚，不仅深刻地影响人的一生，而且还会影响整个社会的风气。"② 而妇女在家庭、家教方面具有独特作用和独特魅力。据"中国好家风万户城乡家庭大型调查"，女性在家风传承中作用最大。在家风传承中，长辈起着重要的作用，87.0%的被调查者认为，母亲作用最大，排在第一位；其次依次是：父亲（85.7%）、爷爷（40.0%）、奶奶（37.2%）、外婆/姥姥（23.9%）、外公/姥爷（23.5%）。因此，若想使党风廉政文化形成一种社会风气、将社会主义核心价值观内化为人民群众的行为规范，充分发挥妇女在新时代家风建设中的独特作用尤为重要。充分发挥妇女在家庭中的独特地位和品格魅力，进而熏陶、感染、带动其他家庭成员，然后再将这种良好的社会风气带到各自工作学习生活中去，形成一种家庭和睦、社会和谐、风清气正的社会风气乃至社会文化，进而提高全社会的文明程度，增强国家文化软实力，助推新时代社会主要矛盾的解决和国家的发展进步。新时代妇女在家庭文明新风建设中独特作用的认识是性别平等理念下对妇女长期以来在"家庭、家教、家风"建设中特点、优长及独特贡献的肯定与认可，契合了在全社会树立社会主义核心价值观、建设党

---

① 习近平：《在会见第一届全国文明家庭代表时的讲话》，《人民日报》2016年12月16日第2版。

② 黄桂霞：《习近平关于两性在家庭建设中作用的重要论述》，《中国妇运》2018年第12期。

风廉政文化的迫切需求,是对"两勤"方针的继承和发扬,在汲取马克思主义家庭观及中华民族家国传统精华的基础上实现了创新发展。①

五 妇女事业的国际交流合作

加强妇女领域的国际交流与合作是推动全球妇女发展的重要途径。习近平总书记认为,"推动妇女和经济社会同步发展是解决妇女发展不平衡国际难题的根本途径"②。各国应该根据国情适时地调整国家的妇女发展战略和政策,协调国内各方力量推动妇女发展与本国经济社会发展同步。世界各国要秉持开放发展的理念,广泛开展妇女领域的国际交流与合作,相互借鉴,互帮互助,为世界各国妇女发展增能赋权。在这方面,我国交出了骄人的答卷。2014年中欧妇女领域交流正式开启,"正在成为中欧交流合作的亮点";在2015年的全球妇女峰会上中国联合国妇女署捐款1000万美元,并决定在2015以后的5年内,中国将帮助发展中国家实施100个"妇幼健康工程",派遣医疗专家小组开展巡医活动;实施100个"快乐校园工程",向贫困女童提供就学资助,提高女童入学率;邀请3万名发展中国家妇女来华参加培训,并在当地为发展中国家培训10万名女性职业技术人员,展现了中国的大国担当;2018年5月17日,首届上海合作组织妇女论坛在北京举行,"为上海合作组织框架下妇女领域交流与合作创建了一个有益平台"③。中国妇女领域的国际交流合作在推动全球妇女事业向前发展的同时,展现了中国妇女在中国共产

---

① 参见李乾坤、王晶《新时代妇女地位作用的新定位——基于习近平关于妇女发展问题重要论述的分析》,《学术交流》2018年第11期。

② 习近平:《促进妇女全面发展共建共享美好世界——在全球妇女峰会上的讲话》,《人民日报》2015年9月28日。

③ 李乾坤、王晶:《新时代妇女地位作用的新定位——基于习近平关于妇女发展问题重要论述的分析》,《学术交流》2018年第11期。

党的领导下取得的瞩目成就。中国妇女发展的有益探索，增强了各国妇女对各自发展道路的相互理解和尊重，增进了各国妇女的相互信任与合作，为助推各项国际事务的顺利开展，构建人类命运共同体贡献女性特有的智慧和力量。

第五节 结论

与西方的妇女运动不同，我国的妇女解放运动在发展之初就被纳入马克思主义价值体系，具有意识形态的合法性，无论是在家庭还是在工作岗位上，中国妇女的社会资源都比西方资本主义国家妇女丰富得多。在西方，妇女权利大多是通过女权运动争取来的，西方女性孤军奋战，为此付出了将近两百多年的时间。1950年新中国颁布的第一部婚姻法以及1954年新中国第一部宪法，将婚姻自由、男女平等用法律确定下来，"男女平等"成为天经地义的事情。新中国成立70年来，中国妇女的解放和发展是党和国家努力推动的结果，各种法规和政策性支持给女性的解放和发展提供了有力的保障和环境。

中国妇女解放事业一个关键是要解放妇女的生产力。这是与中国的社会主义建设的历程紧密相连的，而妇女之投入生产，不仅大幅度地增加了国民经济的发展，而且在生产过程中妇女取得了自我肯定，同时也获得了社会的肯定与认同。归根结底，妇女在经济上赢得自主权才是妇女确保独立人格与尊严的根源。这是今日中国妇女与传统中国妇女根本不同的地方，也是今日中国妇女脱离制度性依赖，脱离附庸地位的最大动力。毋庸置疑，新中国成立70年来，中国的妇女已展现出一种新女性的自尊、自信、自立、自强的"四自"精神，她们已走出父权、夫权的权威阴影，她们已与男子一同以国家主人翁的身份立足于"两性平等"的新社会的历史舞台上。

当然，我国现在还处于社会主义初级阶段，中国妇女解放的事业仍然存在着若干问题，如男女工资收入仍然有差距、妇女整体文化水平偏低等现象，在新的历史发展阶段，妇女将面临新的竞争、新的挑战。但要看到，新中国成立只有70年的时间，在历史的长河中，只是短短的一瞬间，而对于中国妇女的解放事业即已做到翻天覆地的变化，也可以说是前所未有的新局面，相信今后的岁月里，不止中国妇女的地位将会更上一层楼，中国妇女还会将中国文明的发展推向新的高度。

第十一章

新中国 70 年青年发展

第一节 青年发展事业取得历史性成就

2019 年是新中国成立 70 周年，也是著名的五四爱国运动一百周年。抚今追昔，百年前与百年后，中国青年从为争取民族解放运动的历史大潮中，走向新时代为实现"两个一百年"梦想奋斗的伟大历史进程。回头看走过的路，远眺前行的路，比较别人的路，只有中国特色社会主义青年发展之路，才是真正属于中国青年的发展之路。民族危亡的时代，难以放下一张书桌，让青年安心读书，谋个人事业之发展，国家前途、民族命运、人民苦难，让百年前的青年，勇立发展之潮头，为了国家、民族、人民义无反顾地投身于民族解放的事业中，抛头颅、洒热血，"为中华之崛起而读书"，为民族摆脱危亡而奋斗。马克思主义的春风感染了一代青年人，带动了一代青年人，一代青年人以马克思主义理论作为思想武器，扎根中华大地，紧紧依靠中国人民，在中国共产党的领导下，经过 28 年艰苦卓绝的斗争，终让国家、民族、人民迎来了"站起来"的伟大时代，中国人民受尽压迫，中华民族受尽屈辱的时代，一去不复返。"五四运动以来的 100 年，是中国青年一代又一代接续奋斗、凯歌前行的 100 年，是中国青年用青春之我创造青春之中国、青春之民族的100年。"①

新中国的成立,为中国青年发展奠定了根本的政治前提和制度基础。党领导的青年发展事业,取得了历史性发展成就。"团结起来振兴中华"成为"富起来"时代青年发展最深刻的烙印,我们都是"追梦人"成为"强起来"时代青年发展最本真的底色。今天,当世界发展面临百年未有之变局,百年前的青年在时代大潮中,不能掌握国家、民族的发展命运,更不能有更多的人生抉择和发展选择,投身伟大的民族解放事业是唯一的人生理想和追求;百年后的青年,更应该明白幸福是靠奋斗得来的,国家好、民族好,大家才会好,更应该懂得今天是历史发展的最好时期,更应该传承百年前青年的奋斗精神,接过历史的接力棒,不忘初心,在党的领导下,在为人民谋幸福,为民族谋复兴的历史进程中,投身建成社会主义现代化强国的伟大事业,走好新时代新青年的长征路,为下一代跑出一个好未来。"青春理想,青春活力,青春奋斗,是中国精神和中国力量的生命力所在。"②

百年来中国青年发展事业在奋斗中前进,新中国成立70年来,中国青年发展事业砥砺奋进,不断迈上新的发展台阶。习近平总书记在党的十九报告中科学、全面、精辟地指出:"青年兴则国家兴,青年强则国家强。青年一代有理想、有本领、有担当,国家就有前途,民族就有希望。中国梦是历史的、现实的,也是未来的;是我们这一代的,更是青年一代的。中华民族伟大复兴的中国梦终将在一代代青年的接力奋斗中变为现实。"③ 习总书记要求:"全党要关

---

① 习近平:《在纪念五四运动100周年大会上的讲话》,《共产党员(河北)》2019年第9期。

② 习近平:《在北京大学师生座谈会上的讲话》,《人民日报》2018年5月3日第2版。

③ 习近平:《决胜全面建成小康社会 夺取新时代中国特色社会主义伟大胜利——在中国共产党第十九次全国代表大会上的报告》,人民出版社2017年版,第70页。

心和爱护青年，为他们实现人生出彩搭建舞台。广大青年要坚定理想信念，志存高远，脚踏实地，勇做时代的弄潮儿，在实现中国梦的生动实践中放飞青春梦想，在为人民利益的不懈奋斗中书写人生华章！"

面对世界发展百年未有之变局，百年前的中国青年，投身民族复兴、拯救民族危亡是人生唯一的选择，百年前的青年，面对民族危亡，难以放下一张课桌，安静地读书。百年后，中国特色社会主义进入新时代，当代青年接过历史的接力棒，勇立潮头，踏浪前行，砥砺奋斗在追梦路上。百年前，百年后，党的领导，与时代同行，与人民同行，与民族同行，是中国青年发展不变的底色，最靓丽的青春之色。"100年来，中国青年满怀对祖国和人民的赤子之心，积极投身党领导的革命、建设、改革伟大事业，为人民战斗、为祖国献身、为幸福生活奋斗，把最美好的青春献给祖国和人民，谱写了一曲又一曲壮丽的青春之歌。"[1]

2017年，中共中央、国务院发布了《中长期青年发展规划（2016—2025年）》，这是新中国第一个中长期青年发展规划，规划的发布为中国青年发展事业提供了制度的保障、科学的工作路径，为青年进步、发展提供了广阔的平台。规划聚焦当前，面向未来，立足实现"两个一百年"奋斗目标的重要战略工程，构建基础性、战略性的青年中长期发展大计和实现路径，立足顶层设计搭建青年发展的制度框架和结构基础，为青年发展提供全方位、全系统、全体系的机制。规划明确："青年是国家经济社会发展的生力军和中坚力量。党和国家事业要发展，青年首先要发展。"[2] "赢得青年才能赢得未来，塑造青年才能塑造未来。要站在党和国家事业后继有人、

---

[1] 习近平:《在纪念五四运动100周年大会上的讲话》，《共产党员（河北）》2019年第9期。

[2] 《中长期青年发展规划（2016—2025年）》，2017年4月13日，中国政府网，http://www.gov.cn/zhengce/2017-04/13/content_5185555.htm#1。

兴旺发达的高度，把青年发展摆在党和国家工作全局中更加重要的战略位置，整体思考、科学规划、全面推进，努力形成青年人人都能成才、人人皆可出彩的生动局面，为实现'两个一百年'奋斗目标、实现中华民族伟大复兴的中国梦注入强劲、持久的青春动力。"①

青年阶段，是人生起步到人生发展走向深入的关键阶段；是从家庭、校园走向社会的关键阶段；是心理、生理从懵懂走向成熟、稳重的阶段；是世界观、价值观逐步定型、发展的阶段；是人生的生命历程，从对家庭的依赖，走向独立的奋斗，再回到家庭、深度融入社会的阶段。国家经济的长期向好，社会的长期稳定，人民生活水平的显著提高，为当今中国青年人发展提供了无限的人生可能、无限的成长机会。"如果说30多年前中国用'让一部分人先富起来'激发了社会活力、促进了社会流动，那么，今天我们正在用全面深化改革来激发社会活力、促进社会流动。在全面深化改革的进程中，每一个人都有人生出彩的机会。"②

新中国成立70年来，青年发展事业在思想道德、教育、健康、婚恋、就业、文化、社会融入与社会参与、社会保障等方面实现了跨越式发展，取得巨大进步和历史性成就。青年的基本生活条件不断改善，物质生活水平显著提高，精神文化生活日益丰富，青年群体文明程度不断提升；教育事业长足发展，青壮年人口文盲基本消除，新增劳动力平均受教育年限达到13.3年，处于中国历史上最好水平，与发达国家之间的差距显著缩小；社会保障制度更加健全、水平不断提升，法治国家建设不断推进，青年发展权益得到更好维护；青年的创新能力、创业活力不断增强，青年人才队伍不断壮大，在报效祖国、服务人民、奉献社会的过程中实现自身的成长发展。

---

① 《中长期青年发展规划（2016—2025年）》，2017年4月13日，中国政府网，http://www.gov.cn/zhengce/2017-04/13/content_5185555.htm#1。

② 马峰：《用全面深化改革激发社会活力　正确看待社会流动问题》，《人民日报》2017年7月20日第7版。

第二节　青年发展事业与国家进步同频共振

从新中国成立之初的"一穷二白"到中国GDP总量跃居世界第二位，迈入90万亿元人民币大关（初步核算，2018年全年国内生产总值900309亿元，比上年增长6.6%）[1]，中国经济社会发展不断取得新成绩，这为青年发展事业奠定了坚实的物质基础和发展的前提，青年事业的发展与国家进步同频共振，与人民生活条件不断改善，物质生活水平提高同频共振，实现了从温饱不足到全面小康翻天覆地的变化。新中国成立之时的1949年，城镇居民家庭人均现金收入不足100元，农村居民人均纯收入仅为44元。改革开放之初，1978年，城镇居民人均可支配收入达到343元，农村居民人均纯收入达到134元，分别比1949年增长2.4倍和2.0倍，年均增长4.3%和3.9%。[2] 新中国成立70周年之际，2018年[3]，城镇居民人均可支配收入39251元，农村居民人均可支配收入14617元。[4]

表11—1　　　新中国成立70年主要时间节点居民收入变化　　　单位：元

年份	城镇居民	农村居民
1949	人均现金收入不足100元	人均纯收入仅为44元
1978	人均可支配收入达到343元	人均纯收入达到134元
2018	人均可支配收入39251元	人均可支配收入14617元

数据来源：国家统计局。

---

[1] 参见《中华人民共和国2018年国民经济和社会发展统计公报》，2019年2月28日，国家统计局，http://www.stats.gov.cn/tjsj/zxfb/201902/t20190228_1651265.html。

[2] 参见中华人民共和国国家统计局编《新中国六十五年》，中国统计出版社2014年版，第112页。

[3] 尚无2019年统计结果。

[4] 参见《中华人民共和国2018年国民经济和社会发展统计公报》，2019年2月28日，国家统计局，http://www.stats.gov.cn/tjsj/zxfb/201902/t20190228_1651265.html。

随着国家总体经济实力的增强和人民物质生活水平的提高,青年发展事业,特别是针对青年个人的成长发展和人生规划,也使很多不可能变成了可能,使很多看似不可能实现的青年发展梦想,变成了很多普通家庭的青年也可以享受到的发展机会,这跟居民收入的增加、国家的开放进步有着密切的、直接的,甚至是根本的关系。例如从出国留学人员和学成回国留学人员情况来看,新中国成立之初,从1950年开始有统计的出国留学人员是35人,从1953年开始有统计的学成回国留学人员是16人。1978年之前,出国留学人员最多的年份是1956年,为2401人。[①] 在国家建设起步的发展阶段,出国留学更多的是公派,在人均收入很低,甚至没有达到温饱的情况下,自费出国留学对亿万中国青年来说是不现实的。党的十一届三中全会后,随着国家的发展,人民生活水平的提高,特别是国家放开自费留学后,除了国家公派的途径外,出国留学也成为很多普通青年人的自主选择,让"诗和远方"成为青年求知、发展梦想的可能。截至2017年,中国出国留学人员608400人,学成回国留学人员480900人,创历史新高。[②] 中国留学生成为中外交流史的一段奇迹。

表11—2　　　　　　　改革开放以来留学生人数统计　　　　单位:人

年份	出国留学人员	学成回国人员
1978	860	248
1979	1777	231
1980	2124	162

[①] 参见中华人民共和国国家统计局编《新中国六十五年》,中国统计出版社2014年版,第292页。

[②] 参见《改革开放40年》编写组编《改革开放40年》,中国统计出版社2018年版,第438页。

续表

年份	出国留学人员	学成回国人员
1981	2922	1143
1982	2326	2116
1983	2633	2303
1984	3073	2290
1985	4888	1424
1986	4676	1388
1987	4703	1605
1988	3786	3000
1989	3329	1756
1990	2950	1593
1991	2900	2069
1992	—	—
1993	—	—
1994	—	—
1995	20381	5750
1996	20905	6570
1997	22410	7130
1998	17622	7379
1999	23749	7748
2000	38989	9121
2001	83973	12243
2002	125179	17945
2003	117307	20152
2004	114682	24726
2005	118515	34987
2006	134000	42000
2007	144000	44000
2008	179800	69300
2009	229300	108300
2010	284700	134800
2011	339700	186200

续表

年份	出国留学人员	学成回国人员
2012	399600	272900
2013	413900	353500
2014	459800	364800
2015	523700	409100
2016	544500	432500
2017	608400	480900

资料来源：《改革开放 40 年》编写组编《改革开放 40 年》，中国统计出版社 2018 年版，第 438 页。

尽管目前能够出国留学的青年人数创历史新高，但是我们依然要看到中国出国留学的青年人数相对于中国庞大的青年群体依然是较少的，人生有很多选择，"诗和远方"对于青年不一定要靠出国留学才能实现，新时代的"追梦人"在越来越开放、越来越走向世界的国家发展大潮中，与时代共进步，与国家共发展，以更加自信的态度走向世界，以更加理性的思维思考中国在世界发展大潮中的作用和意义，在时代发展的大潮中勇立潮头，在国际交流与交往的进程中更加落落大方，更加挥洒自如。近年来，中国出境旅游人数持续增长，青年是其中的主力。1995—2016 年，随着人民生活水平的改善，中国出境旅游支出也大幅提高。1995 年中国出境旅游支出居世界第 25 位，2000 年上升到世界第 8 位，2013 年居世界第 2 位，2014—2015 年稳居世界第 1 位。2016 年，中国出境旅游支出额为 2611 亿美元，比 1995 年的 37 亿美元，提高了 2574 亿美元，增长 69.6 倍。[①]

中国青年随着国家的进步而走出去，有的成为中外交往的佳话，更有的构成了中外交往的中国故事、中国青年的故事。2013 年习近

[①] 参见《改革开放 40 年》编写组编《改革开放 40 年》，中国统计出版社 2018 年版，第 69—70 页。

平同志担任国家主席后首次访问非洲,在坦桑尼亚尼雷尔会议中心发表题为《永远做可靠朋友和真诚伙伴》的演讲中,讲述了亲如一家的中非青年故事:"我听说了一个故事,有一对中国年轻人,他们从小就通过电视节目认识了非洲,对非洲充满了向往。后来他们结婚了,把蜜月旅行目的地选在了坦桑尼亚。在婚后的第一个情人节,他们背上行囊来到了坦桑尼亚,领略了这里的风土人情和塞伦盖蒂草原的壮美。回国后,他们把在坦桑尼亚的所见所闻发布在博客上,得到了数万次的点击和数百条回复。他们说,我们真的爱上了非洲,我们的心从此再也离不开这片神奇的土地。这个故事说明,中非人民有着天然的亲近感,只要不断加强人民之间的交流,中非人民友谊就一定能根深叶茂。"[1]

习近平主席讲述的这个中国青年故事,所折射的是中国青年在国家发展与国际交流中不断书写的国家好、民族好,大家才会好的真实情景。青年需要发展、需要进步,但前提是国家的发展与进步。青年在发展的机遇面前需要技能的培训,在发展的挑战面前需要良好的教育,在发展的前途与人生的抉择面前需要梦想支撑,在发展的爬坡中需要看到发展的前途,而这些与发展的同频共振是青年所需要的。青年不缺少梦想,不缺少理想,不缺少奋斗的精神,缺少的是人生出彩的舞台。这舞台是经济的增长,这舞台是安定的社会,这舞台是公平的环境,这舞台是良好的教育,这舞台是谋生的技能,这舞台是发展的希望。青年发展是当今时代绕不过去的主题,为青年发展厚植动力,促进青年就业是青年立足于社会的基本前提。让青年看到希望,社会才有希望,让青年拥有未来,社会才有前途。

少年强则国强,其实质点出的是青年有发展的动力,社会就有发展的活力,经济就有发展的能量,国家就会在"众行远"中奔腾向前。新中国成立70年,改革开放40年来,中国青年事业的发展

---

[1] 习近平:《永远做可靠朋友和真诚伙伴——在坦桑尼亚尼雷尔国际会议中心的演讲》,《人民日报》2013年3月26日第2版。

与国家发展同频共振,国家发展的无限可能,给中国青年发展提供了无限的可能,给民族复兴提供了无限的可能。

在 2019 年的新年致辞中,习近平总书记讲道:"我注意到,今年,恢复高考后的第一批大学生大多已经退休,大批'00 后'进入高校校园。"① 从"两弹一星"功勋奖章获得者那一代青年人,到今天恢复高考后第一批大多已经退休的"大学生",再到大批进入高校校园的"00 后",新中国成立 70 年,代代青年薪火相传,将中国特色社会主义事业不断传承、发展下去。中国特色社会主义进入新时代,为今天的青年人奋斗人生、奋斗未来开辟了更广阔的发展未来。"近代以来中国历史告诉我们,只有社会主义才能救中国,只有中国特色社会主义才能发展中国,才能实现中华民族伟大复兴。坚持好、发展好中国特色社会主义,把中国建设成为社会主义现代化强国,是一项长期任务,需要一代又一代人接续奋斗。我们的今天就是这样走过来的,我们的明天需要青年人接着奋斗下去,一代接着一代不断前进。"②

第三节 青年发展事业在"追梦"与"圆梦"中不断前进

教育和就业是青年发展事业的重要指标,更是青年"追梦"和"圆梦"的重要前提和路径。新中国成立以来,中国教育事业、就业发展取得了巨大成就,多彩的青春,在多彩的中国,织就出多彩的梦想,汇聚成青春的中国梦。习近平总书记指出:"广大青年既是追

---

① 《国家主席习近平发表二〇一九年新年贺词》,《共产党员(河北)》2019 年第 1 期。

② 习近平:《在北京大学师生座谈会上的讲话》,《人民日报》2018 年 5 月 3 日第 2 版。

梦者,也是圆梦人。追梦需要激情和理想,圆梦需要奋斗和奉献。广大青年应该在奋斗中释放青春激情、追逐青春理想,以青春之我、奋斗之我,为民族复兴铺路架桥,为祖国建设添砖加瓦。"①

新中国成立之初,全国 80% 的人口是文盲,农村的文盲率高达 95%,适龄儿童入学率不足 20%,新中国成立后特别是改革开放以来,中国实现了由文盲大国向人力资源大国的转变,人口受教育水平不断提高。1982 年,中国 15 岁及以上的人口平均受教育年限为 5.3 年,2013 年达到 9.3 年,劳动年龄人口的平均受教育年限达到 9.3 年。② 2016 年中国劳动年龄人口人均受教育年限达到 10.35 年,2017 年新增劳动力平均受教育年限达到 13.25 年,接受过高等教育的比例超过 45%,③ 截至 2018 年底,中国高中阶段毛入学率为 88.8%。④

在新中国成立 70 年取得的巨大发展成就基础上,坚持以人民为中心的发展思想,本着发展为了人民,发展的成果由人民共享,聚焦青年发展事业的长远未来,党的十九大报告表明:普及高中阶段教育。健全学生资助制度,使绝大多数城乡新增劳动力接受高中阶段教育,更多接受高等教育。⑤ 李克强总理在十三届全国人大二次会议上所做的《政府工作报告》表明:推进高中阶段教育普及。

---

① 习近平:《在北京大学师生座谈会上的讲话》,《人民日报》2018 年 5 月 3 日第 2 版。

② 参见中华人民共和国国家统计局编《新中国六十五年》,中国统计出版社 2014 年版,第 131 页。

③ 参见《改革开放 40 年》编写组编《改革开放 40 年》,中国统计出版社 2018 年版,第 274 页。

④ 参见《中华人民共和国 2018 年国民经济和社会发展统计公报》,2019 年 2 月 28 日,国家统计局,http://www.stats.gov.cn/tjsj/zxfb/201902/t20190228_1651265.html。

⑤ 习近平:《决胜全面建成小康社会 夺取新时代中国特色社会主义伟大胜利——在中国共产党第十九次全国代表大会上的报告》,人民出版社 2017 年版,第 70 页。

教育事业的发展，特别是高中阶段教育、高等教育、职业教育的发展为青年的发展夯实了"追梦"的基础，有力地促进了机会的公平和发展的公平。教育是社会公平的底线，像阳光、空气一样，是最普惠的公共产品，提供这一公共产品是政府义不容辞的责任。《中长期青年发展规划（2016—2025 年）》明确指出，力争到 2025 年，青年受教育权利得到更好保障，基本公共教育服务均等化逐步实现，教育公平程度明显提升。新增劳动力平均受教育年限达到 13.5 年以上，高等教育毛入学率达到 50% 以上。[①] 这必将为青年发展提供更公平的发展环境，更优越的发展基础，为 2035 年基本实现现代化提供更加可持续、稳定的人才供给。

在就业层面，就业多元化、个性化是时代发展最显著的特征，也昭示着青年就业的巨大进步。新中国成立初期到改革开放前，中国城镇就业经历了由快速增长到徘徊不前的状态。1949 年末，全国城镇就业人员为 1533 万人，失业 474.2 万人，失业率为 23.6%。1978 年末，全国就业人员增加到 40152 万人，其中城镇就业人员 9514 万人。[②] 2017 年末，就业人员总量达到 77640 万人，比 1978 年增加 32948 万人，增长了 346%，平均每年增长 845 万人。[③] 截至 2018 年末，全国就业人员 77586 万人，其中城镇就业人员 43419 万人。[④]

就业是民生之本，促进就业始终是党中央、国务院工作的重中之重，青年就业被摆在重要的位置。"我们的劳动力资源近 9 亿人，

---

① 《中长期青年发展规划（2016—2025 年）》，2017 年 4 月 13 日，中国政府网，http：//www.gov.cn/zhengce/2017-04/13/content_5185555.htm#1。

② 参见中华人民共和国国家统计局编《新中国六十五年》，中国统计出版社 2014 年版，第 107 页。

③ 参见《改革开放 40 年》编写组编《改革开放 40 年》，中国统计出版社 2018 年版，第 200 页。

④ 《中华人民共和国 2018 年国民经济和社会发展统计公报》，2019 年 2 月 28 日，国家统计局，http：//www.stats.gov.cn/tjsj/zxfb/201902/t20190228_1651265.html。

就业人员7亿多人,受过高等教育和职业教育的高素质人才有1.7亿人,每年大学毕业生有800多万人。"[1] 这些为中国的长远发展提供了可靠的保障。

此外,教育事业与青年就业实现了联动发展,极大地改善了就业人群,特别是青年群体的结构和素质,为中国劳动力市场的发展提供了大量的高素质人才和劳动力,大量留学人员回国也进一步提升了就业人员的素质和结构。从1982年到2017年,中国大专及以上文化程度者所占比重由0.9%上升到19.5%;小学及以下文化程度的比重由62.6%下降到19.2%。1978—2017年,已有313.2万留学人员选择回国发展,占已完成学业留学群体的83.73%。[2]

在从高速增长阶段向高质量增长阶段迈进的过程中,我们始终把就业列为优先发展战略,实施积极的就业政策,并且把就业与货币、财政共同列为宏观政策。在经济下行压力大的情况下,能够更好地促进"稳就业"。2019年1—2月,全国城镇调查失业率分别为5.1%、5.3%,低于5.5%左右的预期目标,据人力资源社会保障部数据,1—2月份城镇新增就业174万人。[3] 当前,中国就业形势总体稳定,就业质量稳步提高。但是在发展过程中,中国就业还面临结构性的矛盾。一方面就业难,招工难并存的结构性矛盾更加突出,部分高校毕业生,面临就业难。另一方面企业急需的技术人才短缺现象严重,无论是沿海还是中西部地区,部分企业都发生了技工、熟练工和新型人才短缺的现象。据人力资源社会保障部数据,近年来技能劳动者求人倍率一直在1.5以上,高级技工求人倍率甚至在

---

[1] 《国新办举行2018年国民经济运行情况发布会》,2019年1月21日,国新网,http://www.scio.gov.cn/xwfbh/xwbfbh/wqfbh/39595/39709/index.htm。

[2] 参见《就业总量持续增长 就业结构调整优化——改革开放40年经济社会发展成就系列报告之十四》,2019年9月12日,国家统计局,http://www.stats.gov.cn/ztjc/ztfx/ggkf40n/201809/t20180912_1622409.html。

[3] 参见李希如《就业形势总体稳定 结构性矛盾需要关注》,2019年3月14日,国家统计局,http://www.stats.gov.cn/tjsj/sjjd/201903/t20190314_1653894.html。

2.0 以上。① 这就需要我们加大政策调整力度，立足经济发展的阶段性特征和长期性战略目标，深入推进"稳就业"政策，将青年就业，特别是破解青年就业的结构性问题列为重要的优先政策选项，扩大就业政策与教育政策的联动，推进就业供给侧结构性改革。

新中国成立70年，改革开放40年，为我们推进就业供给侧结构性改革，加大就业与教育联动牵引，发挥教育、培训促进就业，改善就业人员素质、技能奠定了坚实的物质基础、发展基础。2019年，实施职业技能提升行动，从失业保险基金结余中拿出1000亿元，用于1500万人次以上的职工技能提升和转岗转业培训。同时，改革完善高职院校考试招生办法，鼓励更多应届高中毕业生和退役军人、下岗职工、农民工等报考，大规模扩招100万人。"我们要以现代职业教育的大改革大发展，加快培养国家发展急需的各类技术技能人才，让更多青年凭借一技之长实现人生价值，让三百六十行人才荟萃、繁星璀璨。"②

可以说，从"文盲大国"到人力资源大国，从就业为了解决温饱，到高质量就业，再到教育与就业联动发展，破解就业结构性矛盾，新中国成立70年来青年教育与就业始终相伴而行，在"追梦"与"圆梦"中稳定发展。党的十九大报告指出："提供全方位公共就业服务，促进高校毕业生等青年群体、农民工多渠道就业创业。破除妨碍劳动力、人才社会性流动的体制机制弊端，使人人都有通过辛勤劳动实现自身发展的机会。"③

---

① 参见李希如《就业形势总体稳定　结构性矛盾需要关注》，2019年3月14日，国家统计局，http://www.stats.gov.cn/tjsj/sjjd/201903/t20190314_1653894.html。

② 李克强：《政府工作报告——2019年3月5日在第十三届全国人民代表大会第二次会议上》，2019年3月16日，新华网，http://www.xinhuanet.com/politics/2019lh/2019-03/16/c_1124242390.htm。

③ 习近平：《决胜全面建成小康社会　夺取新时代中国特色社会主义伟大胜利——在中国共产党第十九次全国代表大会上的报告》，人民出版社2017年版，第70页。

教育和就业是引导青年参与社会发展的重要形式和路径，也是青年社会化完成的重要阶段。促进教育事业发展，根本是为民族的长远发展储存最本质的不竭动力。促进就业发展，不断改善就业环境，为青年发展提供进身之阶、发展之梯，根本是为国家的长远发展蓄积磅礴之力。从人口红利的持续发挥，到人才红利的不断蓄积，中国青年的素质结构发生了历史性的变化。进一步推进全面深化改革，按照党的十九大作出的战略部署，破除妨碍劳动力、人才社会性流动的体制机制弊端，必将开辟新时代青年事业发展的崭新未来，让青年在"追梦"中，不断"圆梦"，在"圆梦"中，不断缔造中国发展新的奇迹。追人生发展之梦，圆人生发展之梦，归根到底是追民族复兴之梦，圆民族复兴之梦。"一个流动的中国，充满了繁荣发展的活力。我们都在努力奔跑，我们都是追梦人。"[①]

第四节　青年发展事业在"健康"中成长

党的十九大报告明确提出实施健康中国战略。"人民健康是民族昌盛和国家富强的重要标志。"[②] 青年是国家的希望和民族的未来，青年健康是青年成长、成才的根本前提和基础。新中国成立70年来，伴随着国家经济成长和进步，中国医疗事业取得了显著的进步，人民健康水平显著提高，从吃饱穿暖到快乐健康生活实现了历史性转变，生活要小康、全民要健康的理念深入人心。中国居民平均预期寿命1949年前为35岁，改革开放之初的1978年为68.2岁，到2017年为76.7岁，较1949年前增加了41.7岁；婴儿死亡率由1949

[①] 参见《国家主席习近平发表二〇一九年新年贺词》，《共产党员（河北）》2019年第1期。

[②] 习近平：《决胜全面建成小康社会　夺取新时代中国特色社会主义伟大胜利——在中国共产党第十九次全国代表大会上的报告》，人民出版社2017年版，第70页。

年前的 200‰ 下降到 2013 年的 9.5‰、2017 年的 6.8‰；孕妇死亡率由 1949 年前的 150/10 万下降 1989 年的 94.7/10 万，再到 2010 年的 23.2/10 万，截至 2017 年下降到 19.6/10 万。① 青年健康水平的显著提高为国家的经济社会发展提供了重要的人力资源，为改革开放 40 年来人口红利的持续发挥和释放提供了重要前提和基础。

医疗事业的发展为中国人民健康、青年健康提供了重要的保障。除此以外，全面健康事业也取得历史性的发展成就，"健康中国"战略深入推进。目前，中国有各类体育场地已超过 100 多万个，是新中国成立初期的 240 倍以上。2010 年，全国达到《国民体质测定标准》"合格"以上标准的人数比例为 88.9%。② 而且，2017 年全年共有 1113 万人次享受了生育保险待遇，首次突破 1000 万人次，比 2012 年增加 760 万人次，年均增长 25.8%。2017 年生育保险人均待遇水平为 18126 元，比 2012 年增加 6839 元，年均增长 9.9%。③ 在竞技体育方面，1949 年到 2013 年，中国运动员共获得世界冠军 2902 个，其中 1978 年到 2013 年共获得世界冠军 2876 个，占新中国成立以来总数的 99.1%。④ 自 2014 年到 2017 年，中国又获得世界冠军 438 个。自 1978 年到 2017 年，中国累计获得世界冠军 3314 个。⑤ 体育产业从无到有，并发展壮大，青年体育发展事业取得丰硕成果。根据《2018 年全国时间利用调查公报》显示："健身锻炼时间。居

---

① 参见中华人民共和国国家统计局编《新中国六十五年》，中国统计出版社 2014 年版，第 157 页；《改革开放 40 年》编写组编《改革开放 40 年》，中国统计出版社 2018 年版，第 250 页。

② 参见中华人民共和国国家统计局编《新中国六十五年》，中国统计出版社 2014 年版，第 159 页。

③ 参见《改革开放 40 年》编写组编《改革开放 40 年》，中国统计出版社 2018 年版，第 288 页。

④ 参见中华人民共和国国家统计局编《新中国六十五年》，中国统计出版社 2014 年版，第 159 页。

⑤ 参见《改革开放 40 年》编写组编《改革开放 40 年》，中国统计出版社 2018 年版，第 444 页。

民健身锻炼的平均时间为31分钟,其中城镇居民41分钟,农村居民16分钟。按10岁为组距分组,75—84岁居民健身锻炼的平均时间最长,为64分钟;25—34岁居民时间最短,为14分钟。居民健身锻炼的参与率为30.9%,其中城镇居民38.7%,农村居民18.7%。"①

从站起来、富起来到强起来,百年来青年发展事业在奋斗中前行。国家关注青年发展,家庭关注孩子成长。从健康、锻炼为了救国救民,到健康与全面小康、国民素质的提高相关联,折射的是百年来中国发展全方位的历史性变革。各行各业的青年,以健康的心态,健康的身姿,健康、阳光的面貌,健康的生活,健康的行为融入国家建设、民族复兴的伟大征程中。今天,健康的中国青年,在国家健康事业的保障和推动下,不但艰苦训练永争上游,力夺世界冠军,为国争光,而且扎根边疆、山村、荒野、戈壁,有的远赴国外在艰苦战乱地区维护世界和平。以良好的中国青年形象,诠释中国国家形象。人均预期寿命的大幅度提高、孕妇死亡率的大幅度降低是新中国健康事业发展的最好证明。一代一代的青年人,接过历史的接力棒,砥砺奋进,在"健康"中,见证中国青年发展事业健康发展。

第五节　青年发展事业在新时代民族复兴中奋斗前行

习近平总书记指出:"青年最富有朝气、最富有梦想。近代以来,中国青年不懈追求的美好梦想,始终与振兴中华的历史进程紧密相连。在革命战争年代,广大青年满怀革命理想,为争取民族独

---

① 《2018年全国时间利用调查公报》,2019年1月25日,国家统计局,http://www.stats.gov.cn/tjsj/zxfb/201901/t20190125_1646796.html。

立、人民解放冲锋陷阵、抛洒热血。在社会主义革命和建设时期，广大青年响应党的号召，向困难进军，向荒原进军，保卫祖国，建设祖国，在新中国的广阔天地忘我劳动、艰苦创业。在改革开放历史新时期，广大青年发出团结起来、振兴中华的时代强音，为祖国繁荣富强开拓奋进、锐意创新。"[1]

时代发展不同，青年的追求和价值观也时刻发生着巨大的变化，培养什么人、怎样培养人、为谁培养人始终是我们事业发展的根本问题。从革命战争年代，到社会主义革命和建设时期，再到改革开放历史新时期，青年发展事业在民族振兴中奋斗前行，广大青年响应党的号召，投身到祖国建设的各行各业、方方面面，用实际行动践行团结起来振兴中华的时代强音。新中国成立70周年，改革开放40周年，中国特色社会主义进入新时代，青年的发展需求、价值观导向随着时代的发展，其形式和内容也在不断地发生新的变化，并蕴含时代发展的特点。以婚育观念为例，育龄妇女的婚育行为表现为平均初婚年龄和平均初育年龄的推迟。从1990年到2017年，中国育龄夫妇平均初婚年龄推迟4岁多，从21.4岁提高到25.7岁，并有继续走高趋势；平均初育年龄也从23.4岁提高到26.8岁。[2] 根据国家统计局和民政部的数据，从2013年开始，中国的结婚率逐年下降。2013年全国结婚率为9.9‰，2014年降低为9.6‰，2015年为9‰，2016年降到8.3‰，2017年再降到7.7‰，2018年中国结婚率只有7.2‰，创下2013年以来的新低。[3]

更具个性，更加自我，更强调参与性、主动性成为这个时代青年发展的显著特征。同时，面临工作、家庭、婚恋、育儿、养老的

---

[1] 参见习近平《在同各界优秀青年代表座谈时的讲话》，《人民日报》2013年5月5日第2版。

[2] 参见《改革开放40年》编写组编《改革开放40年》，中国统计出版社2018年版，第190页。

[3] 《全国结婚率"五连降"：为啥这届年轻人不爱结婚?》，2019年3月20日，华夏经纬网，http://www.huaxia.com/xw/zhxw/2019/03/6058054.html。

压力，也让当代青年承受着事业上升和发展的压力，其人生观、世界观、价值观的波动也十分明显。"空巢青年""蚁族""留守青年"等词汇的出现，也折射出当今青年发展的多面性和多元性，以及青年群体内部的分化和结构构成。在网络化时代、标签化时代的今天，给青年加上一个标签，意义并不重要。重要的是让青年人如何在浮华之风日盛的今日社会，在利益格局的篱笆日渐扎牢的今日社会，能够在忍受历史发展的巨大惯性和现实生存的压力之后，实现梦想、得到尊严。[①] 每一代青年都有每一代青年的奋斗群像，每一代青年都有每一代青年不同成长、发展的时代背景和时空背景。但是积极向上、阳光进取、奉献友爱的中国青年奋斗群像如夜空中最亮的星，始终璀璨夺目。"新时代中国青年要勇做走在时代前列的奋进者、开拓者、奉献者，毫不畏惧面对一切艰难险阻，在劈波斩浪中开拓前进，在披荆斩棘中开辟天地，在攻坚克难中创造业绩，用青春和汗水创造出让世界刮目相看的新奇迹！"[②]

当时代发展要求将民族复兴事业传递到"80后""90后""00后"手中时，他们没有逃避时代赋予的责任、历史赋予的重担，在青春奋斗中实现自身价值与担负民族责任的统一，有的甚至为党和人民的事业过早的付出了青春年华。2019年在四川木里森林火灾中，27位牺牲的消防队员，其中大部分是"90后"甚至是"95后"，两位是"00后"，他们的事迹在这个共和国第70个年头的春天定格在人民的心中，全国人民对他们的离去感到惋惜、心痛，他们用实际行动证明当代青年人是靠得住，是可以信赖的。国务委员王勇代表党中央、国务院在木里森林火灾扑救中英勇牺牲烈士悼念活动中指出：在这场血与火、生与死的考验面前，全体参战人员视灾

[①] 参见李春玲、马峰《"空巢青年"：游走在"生存"与"梦想"间的群体》，《人民论坛》2017年第4期。

[②] 习近平：《在纪念五四运动100周年大会上的讲话》，《共产党员（河北）》2019年第9期。

情为命令,以保卫森林资源、维护生态安全为己任,用鲜血和生命忠实践行了"不畏艰险、不怕牺牲,为维护人民生命财产安全、维护社会稳定贡献自己的一切"的铮铮誓言。这次牺牲的英烈就是其中的典型代表,是新时代学习的楷模!烈士们的英雄事迹将永远载入共和国的史册![①] 这些为人民和国家芳华逝去的青年,他们是新时代最可爱的人。

面向未来,发展任务将会更加艰巨,前进的路上依然需要保持艰苦奋斗的作风。"我们现在所处的,是一个船到中流浪更急、人到半山路更陡的时候,是一个愈进愈难、愈进愈险而又不进则退、非进不可的时候。改革开放已走过千山万水,但仍需跋山涉水,摆在全党全国各族人民面前的使命更光荣、任务更艰巨、挑战更严峻、工作更伟大。"[②] 我们要继续做好青年工作,关心、关爱青年成长、发展,解决青年发展中遇到的问题,努力为青年融入国家发展、参与国家发展提供广阔的舞台和发展的平台。国家的发展不能没有青年的参与,民族的复兴不能没有青年的砥砺奋斗。在千帆并进、百舸争流的时代,奋斗在民族复兴征程中的当代青年,以青春、汗水迎接挑战、踏实工作。

以习近平同志为核心的党中央高度重视青年发展事业,关心青年、关爱青年。习近平总书记多次就青年发展事业发表重要讲话,构成了新时代青年事业发展工作的行动指南。党的青年工作,在新时代聚焦基本实现现代化、建成社会主义现代化强国的历史使命和责任,为党和人民的事业培养合格的接班人。习近平总书记指出:"青少年是祖国的未来、民族的希望。我们党立志于中华民族千秋伟业,必须培养一代又一代拥护中国共产党领导和中国社会主义制度、

---

① 参见《四川举行木里森林火灾扑救中英勇牺牲烈士悼念活动》,《四川党的建设》2019年第8期。

② 习近平:《在庆祝改革开放40周年大会上的讲话》,《人民日报》2018年12月19日第2版。

立志为中国特色社会主义事业奋斗终生的有用人才。在这个根本问题上,必须旗帜鲜明、毫不含糊。①

"中国共产党自成立之日起,就始终把青年工作作为党的一项极为重要的工作。"② 推动新时代青年发展事业不断开创新局面,要以习近平新时代中国特色社会主义思想为指导,贯彻落实总书记关于青年发展的系列重要论述,弘扬青年文化,立足青年实际,解决青年难题,不断为青年发展打造人生出彩的舞台,为党和人民的事业培养合格的建设者和接班人,让新时代的新青年走好属于这一代人的长征路。习近平总书记寄语当代青年:"青年朋友们,人的一生只有一次青春。现在,青春是用来奋斗的;将来,青春是用来回忆的。""只有进行了激情奋斗的青春,只有进行了顽强拼搏的青春,只有为人民作出了奉献的青春,才会留下充实、温暖、持久、无悔的青春回忆。"③

青年阶段是人生的起始阶段,也是人生的奋斗阶段,幸福是靠奋斗得来的,也只有在奋斗中得到的幸福才是真正的幸福,是人民的幸福,更是民族复兴进程中的幸福。习总书记强调:"当代青年是同新时代共同前进的一代。""为实现中华民族伟大复兴的中国梦而奋斗,是我们人生难得的际遇。每个青年都应该珍惜这个伟大时代,做新时代的奋斗者。"④ 面向新时代青年发展事业,要落实好《国家中长期青年发展规划纲要》,聚焦青年就业、教育、住房、平台等一系列现实性问题;要聚焦青年成长的价值观、人生观、世界观问题,

---

① 《习近平:用新时代中国特色社会主义思想铸魂育人 贯彻党的教育方针落实立德树人根本任务》,《旗帜》2019年第4期。

② 习近平:《在纪念五四运动100周年大会上的讲话》,《共产党员(河北)》2019年第9期。

③ 习近平:《在同各界优秀青年代表座谈时的讲话》,《人民日报》2013年5月5日第2版。

④ 习近平:《在北京大学师生座谈会上的讲话》,《人民日报》2018年5月3日第2版。

加强引导和指导，让青年融入国家发展、社会进步，实现自身价值；要聚焦影响青年长远健康发展的社会问题，为青年发展营造良好的经济环境、社会环境、虚拟世界环境；要聚焦青年可持续发展能力培养，加大职业教育力度，助力青年脱贫，通过青年扶持创业计划，打通青年上升的通道。

青年是新时代的未来，也是民族的未来。新时代中国特色社会主义事业的成功实践在青年。"新时代中国青年要听党话、跟党走，胸怀忧国忧民之心、爱国爱民之情，不断奉献祖国、奉献人民，以一生的真情投入、一辈子的顽强奋斗来体现爱国主义情怀，让爱国主义的伟大旗帜始终在心中高高飘扬！"[1] 百年间青年发展事业的历史告诉我们，新时代是近代百年来最好的发展时代，但同时也是接近民族复兴曙光的时代，民族复兴不是简简单单敲锣打鼓就能实现的，近代百年，新中国成立70年，改革开放40年，一代代仁人志士的接续奋斗、流血牺牲，才有了今天的幸福生活和发展局面，回头看走过的路，远眺前行的路，比较别人的路，只有中国特色社会主义道路，中国特色社会主义青年发展之路，才是适合中国青年发展事业的根本道路。时代是出卷人，人民是阅卷人，答好新时代的答卷，需要新时代的青年人撸起袖子加油干！

---

[1] 习近平：《在纪念五四运动100周年大会上的讲话》，《共产党员（河北）》2019年第9期。

参考文献

一 中文文献
（一）著作

《邓小平文选》第2卷，人民出版社1993年版。

《邓小平文选》第3卷，人民出版社1994年版。

习近平：《决胜全面建成小康社会 夺取新时代中国特色社会主义伟大胜利——在中国共产党第十九次全国代表大会上的报告》，人民出版社2017年版。

2002年世界发展报告翻译组译：《2002年世界发展报告：建立市场体制》，中国财政经济出版社2002年版。

蔡仁华主编：《中国医疗保险制度改革大全》，中国人事出版社1996年版。

陈宗胜等：《中国居民收入分配通论：由贫穷迈向共同富裕的中国道路与经验——三论发展与改革中的收入差别变动》，格致出版社2018年版。

当代中国研究所：《中华人民共和国史稿》（共五卷），人民出版社、当代中国出版社2012年版。

费正清主编：《剑桥中华民国史》第一部、第二部，上海人民出版社1991、1992年版。

冯仕政：《社会治理新蓝图》，中国人民大学出版社2017年版。

国际劳工局：《2000年世界劳动报告》，中国劳动与社会保障出版社2001年版。

国家经济体制改革委员会分配司：《差距与公平》，中国经济出版社1993年版。

国家人口和计划生育委员会发展规划司、中国人口与发展研究中心编：《人口和计划生育常用数据手册》，中国人口出版社2006年版。

国家统计局编：《新中国六十年》，中国统计出版社2009年版。

国家统计局编：《中国统计年鉴（1999）》，中国统计出版社1999年版。

国务院发展研究中心公管所：《社会治理的理论与实践探索》，中国发展出版社2018年版。

贾康等：《深化收入分配制度改革研究》，企业管理出版社2018年版。

教育科学研究所：《中华人民共和国教育大事记》，教育科学出版社1983年版。

金冲及：《二十世纪中国史纲》（下册），社会科学文献出版社2009年版。

李竞能编著：《现代西方人口理论》，复旦大学出版社2004年版。

李培林、陈光金、张翼编：《社会蓝皮书：2014年中国社会形势分析与预测》，2013年。

李实等：《中国居民收入分配实证分析》，社会科学文献出版社1996年版。

李银河：《女性权利的崛起》，文化艺术出版社2003年版。

李友梅等：《中国中产阶层的形成与特征》，社会科学文献出版社2018年版。

刘铮：《刘铮文选》，中国人口出版社1994年版。

刘铮：《人口学辞典》，人民出版社1986年版。

卢汉龙：《新中国社会管理体制研究》，上海人民出版社2015年版。

陆学艺：《当代中国社会建设》，社会科学文献出版社2013年版。

路风:《中国单位体制的起源和形成》,《中国社会学》,上海人民出版社 2003 年版。

邱梦华:《农民合作与农村基层社会组织发展研究》,上海交通大学出版社 2014 年版。

沙吉才主编:《中国妇女地位研究》,中国人口出版社 1998 年版。

沈崇麟、杨善华:《当代中国城市家庭研究——七城市调查报告和资料汇编》,中国社会科学出版社 1995 年版。

孙炳耀:《行业协会与经济领域中的民间治理》,《中国公民社会的兴起与治理的变迁》,社会科学文献出版社 2002 年版。

谭林主编,蒋永萍、姜爱花副主编:《1995—2005 年:中国性别平等与妇女发展报告》,社会科学文献出版社 2006 年版。

王梦奎:《中国改革 30 年》,中国发展出版社 2007 年版。

王绍光:《安邦之道》,生活·读书·新知三联书店 2007 年版。

王小章:《积极公民身份与社会建设》,社会科学文献出版社 2017 年版。

王学义:《人口现代化研究》,中国人口出版社 2006 年版。

谢宇等:《中国民生发展报告(2013)》,北京大学出版社。

许芸:《社会组织培育的历史逻辑和当今实践——基于南京地区的例证》,南京大学出版社 2016 年版。

杨善华、沈崇麟:《城乡家庭:市场经济与非农化背景下的变迁》,浙江人民出版社 2000 年版。

杨团主编:《慈善蓝皮书:中国慈善发展报告(2018)》,社会科学文献出版社 2018 年版。

俞可平:《中国公民社会的兴起与治理的变迁》,社会科学文献出版社 2002 年版。

张萍编著:《中国妇女现状》,红旗出版社 1995 年版。

张秀兰:《中国教育发展与政策 30 年》,社会科学文献出版社 2008 年版。

中共中央党史研究室（胡绳主编）：《中国共产党的七十年》，中共党史出版社1991年版。

中共中央党史研究室：《中国共产党历史：第二卷（1949—1978）》（上下册），中共党史出版社2011年版。

中共中央党校教务部：《十一届三中全会以来党和国家重要文献选编》，中共中央党校出版社2008年版。

《中共中央关于建立社会主义市场经济若干问题的决定》，人民出版社1993年版。

中共中央文献研究室：《建国以来重要文献选编》（第十九册），中央文献出版社1993年版。

中国社会科学院：《中国百姓蓝皮书》，解放军文艺出版社2002年版。

中华人民共和国国家统计局编：《新中国六十五年》，中国统计出版社2014年版。

中华人民共和国国家统计局编：《中国统计摘要（2018）》，中国统计出版社。

中华人民共和国教育部：《中国教育统计年鉴》，人民教育出版社2018年版。

《改革开放40年》编写组编：《改革开放40年》，中国统计出版社2018年版。

《中国民间组织年志》编辑委员会：《中国民间组织年志》，中国社会出版社2005年版。

［美］阿历克斯·英格尔斯：《人的现代化——心理·思想·态度·行为》，殷陆君译，四川人民出版社1985年版。

［美］阿历克斯·英克尔斯、戴维·H.史密斯：《从传统人到现代人——六个发展中国家中的个人变化》，顾昕译，中国人民大学出版社1992年版。

（二）学术论文

《习近平：用新时代中国特色社会主义思想铸魂育人　贯彻党的教育方针落实立德树人根本任务》，《旗帜》2019 年第 4 期。

习近平：《在纪念五四运动 100 周年大会上的讲话》，《共产党员（河北）》2019 年第 9 期。

《国家主席习近平发表二〇一九年新年贺词》，《共产党员（河北）》2019 年第 1 期。

顾宁：《建国以来女性教育的成果、问题及对策》，《当代中国史研究》2005 年第 6 期。

韩国明、李伟珍：《村庄公共产品供给框架下农民合作社的生成路径分析——基于历史制度主义视角》，《农村经济》2012 年第 1 期。

胡滨：《如何提高电力女职工工作积极性及综合素质》，《科技致富向导》2014 年第 9 期。

华伟：《单位制向社区制的回归——中国城市基层管理体制 50 年变迁》，《战略与管理》2000 年第 1 期。

黄晓春：《当代中国社会组织的制度环境与发展》，《中国社会科学》2015 年第 9 期。

李汉林：《转型社会中的整合与控制——关于中国单位制度变迁的思考》，《吉林大学学报》2007 年第 4 期。

李路路、苗大雷、王修晓：《市场转型与"单位"变迁：再论"单位"研究》，《社会》2009 年第 4 期。

李培林：《中国社会组织体制的改革和未来》，《社会》2013 年第 3 期。

李乾坤、王晶：《新时代妇女地位作用的新定位——基于习近平关于妇女发展问题重要论述的分析》，《学术交流》2018 年第 11 期。

李强：《怎样理解"创新社会治理体制"》，《毛泽东邓小平理论研究》2014 年第 7 期。

李友梅：《中国社会治理的新内涵与新作为》，《社会学研究》2017

年第 6 期。

李玉琦：《共青团在历史发展中的探索和变革》，《中国青年社会科学》2019 年第 1 期。

林闽钢：《中国农村合作医疗制度的公共政策分析》，《江海学刊》2002 年第 3 期。

刘刚：《1958 年前后上海石库门里弄社区的城市改造》，《新建筑》2017 年第 6 期。

刘维芳：《新中国妇女历史地位的历史巨变》，《当代中国史研究》2010 年第 5 期。

刘颖：《户籍制度与身份建构——从户籍制度变迁透视对农民身份的建构》，《才智》2008 年第 23 期。

路风：《单位：一种特殊的社会组织形式》，《中国社会科学》1989 年第 1 期。

马焱：《妇联组织职能定位及其功能的演变轨迹：基于对全国妇联一届至十届章程的分析》，《妇女研究论丛》2009 年第 5 期。

毛丹、陈佳俊：《制度、行动者与行动选择——L 市妇联改革观察》，《社会学研究》2017 年第 5 期。

阮云星、张婧：《村民自治的内源性组织资源何以可能？——浙东"刘老会"个案的政治人类学研究》，《社会学研究》2009 年第 3 期。

邵奇涛：《中国农村合作医疗制度的历史演绎与启示》，《山东农业大学学报》（社会科学版）2007 年第 2 期。

邵奇涛、任吉刚等：《中国农村合作医疗制度的历史演绎与启示》，《山东农业大学学报》（社会科学版）2007 年第 2 期。

沈毅：《"家""国"关联的历史社会学分析——兼论"差序格局"的宏观建构》，《社会学研究》2008 年第 6 期。

田毅鹏：《"典型单位制"的起源和形成》，《吉林大学社会科学学报》2007 年第 4 期。

田毅鹏：《城市社会管理网格化模式的定位及其未来》，《学习与探索》2012年第2期。

田毅鹏、薛文龙：《城市管理"网格化"模式与社区自治关系刍议》，《学海》2012年第3期。

文红玉：《建国初妇女婚姻解放与政治认同的养成》，《毛泽东思想研究》2012年第9期。

夏建中：《从街居制到社区制：我国城市社区30年的变迁》，《黑龙江社会科学》2008年第5期。

项继权：《从"社队"到"社区"：中国农村基层组织与管理体制的三次变革》，《理论学刊》2007年第11期。

肖扬：《对妇联组织变革动因及其途径的探讨》，《妇女研究论丛》2004年第4期。

徐勇：《"行政下乡"：动员、任务与命令——现代国家向乡土社会渗透的行政机制》，《华中师范大学学报》（人文社会科学版）2007年第5期。

徐勇：《村民自治的深化：权利保障与社区重建——新世纪以来中国村民自治发展的走向》，《学习与探索》2005年第4期。

游正林：《60年来中国工会的三次大改革》，《社会学研究》2010年第4期。

张洪林：《论妇联维护妇女权益社会职能的历史变迁与现实理路》，《求索》2012年第1期。

张济顺：《上海里弄：基层政治动员与国家社会一体化走向（1950—1955）》，《中国社会科学》2004年第2期。

张来明：《中国社会治理体制历史沿革与发展展望》，《社会治理》2018年第9期。

张佩国：《"共有地"的制度发明》，《社会学研究》2012年第5期。

张秋俭：《女性就业现状与前景——调查、统计与分析》，《社会学研究》1996年第4期。

周飞舟：《财政资金的专项化及其问题兼论"项目治国"》，《社会》2012年第1期。

鲍传友：《中国城乡义务教育差距的政策审视》，《北京师范大学学报》（社会科学版）2005年第3期。

本书编辑部：《中国人口现代化：挑战与展望》，《人口研究》2001年第1期。

查瑞传：《人口现代化问题》，《人口与计划生育》1994年第3期。

陈春燕、李晓东、李啸虎、唐伟、李凤华：《新疆各地州市人口现代化差异分析及评价》，《西北人口》2017年第7期。

陈君武、王亚龙：《甘肃省人口现代化进程分析与思考》，《发展》2015年第2期。

陈鹏：《中国社会治理40年：回顾与前瞻》，《北京师范大学学报》（社会科学版）2018年第6期。

陈友华：《人口现代化评价指标体系研究》，《中国人口科学》2003年第3期。

陈友华、吴凯：《人口现代化对人口结构的影响分析》2007年第3期。

陈玉光、张泽厚：《论我国人口的家庭结构》，《人口与经济》1983年第4期。

仇立平：《我国城市家庭结构变动及其发展的模型研究》，《人口研究》1987年第5期。

储朝晖：《中国教育六十年发展的启示》，《河北师范大学学报》（教育科学版）2014年第2期。

费孝通：《家庭结构变动中的老年赡养问题——再论中国家庭结构的变动》，《北京大学学报》（哲学社会科学版）1983年第3期。

费孝通：《论中国家庭结构的变动》，《天津社会科学》1982年第3期。

费孝通：《三论中国家庭结构的变动》，《北京大学学报》（哲学社会科学版）1986 年第 3 期。

顾明远：《中国教育科学走向现代化之路纪实——纪念共和国建国 60 周年》，《北京师范大学学报》（社会科学版）2009 年第 4 期。

郭峰：《新中国高等教育管理实践五十年》，《国家高级教育行政学院学报》1999 年第 5 期。

何海兵：《我国城市基层社会管理体制的变迁：从单位制、街居制到社区制》，《管理世界》2003 年第 6 期。

贺满林、陈俐、王大奔：《中国人口现代化水平区域分布差异的主成分聚类分析》，《南方人口》2003 年第 9 期。

侯佳伟、黄四林、辛自强等：《中国人口生育意愿变迁：1980—2011》，《中国社会科学》2014 年第 4 期。

胡湛、彭希哲：《中国当代家庭户变动的趋势分析——基于人口普查数据的考察》，《社会学研究》2014 年第 3 期。

黄桂霞：《习近平关于两性在家庭建设中作用的重要论述》，《中国妇运》2018 年第 12 期。

黄健元、杨飞：《人口现代化状况评析——基于苏、浙、沪、京、粤、鲁、全国的比较》，《西北人口》2008 年第 4 期。

蒋强：《中国消费结构的蝶变》，《中国经济报告》2018 年第 12 期。

李春玲、马峰：《"空巢青年"：游走在"生存"与"梦想"间的群体》，《人民论坛》2017 年第 4 期。

李路路：《论"单位"研究》，《社会学研究》2002 年第 5 期。

李梦卿、周艳：《新中国成立六十年中国职业教育政策综述》，《教育与职业》2009 年第 36 期。

李实、岳希明：《中国城乡收入差距调查》，《财经》2004 年第 3/4 期合刊。

林富德：《我国生育率转变的因素分析》，《人口研究》1987 年第 1 期。

刘道玉：《中国高等教育六十年的变迁》，《高教探索》2009 年第

5 期。

刘维芳：《新中国妇女历史地位的历史巨变》，《当代中国史研究》2010 年第 5 期。

刘伟、蔡志洲：《新世纪以来中国居民收入分配的变化》，《北京大学学报》2016 年第 5 期。

刘铮：《人口现代化与优先发展教育》，《人口研究》1992 年第 2 期。

卢金燕：《中国中等专业学校教育六十年发展历程回顾》，《职教通讯》2011 年第 3 期。

路风：《单位：一种特殊的社会组织形式》，《中国社会科学》1989 年第 1 期。

吕德才：《改革中农村家庭结构变动趋向的社区分析——前灌村个案研究之一》，《人口学刊》1996 年第 3 期。

马春华、石金群、李银河、王震宇、唐灿：《中国城市家庭变迁的趋势和最新发现》，《社会学研究》2011 年第 2 期。

马侠：《中国家庭户规模和家庭结构分析》，《人口研究》1984 年第 3 期。

毛丹：《中国城市基层社会的型构——1949—1954 年居委会档案研究》，《社会学研究》2018 年第 5 期。

穆光宗、苗景锐：《"人口现代化"和"生育现代化"：人口发展与计划生育工作的根本目标》，《人口学刊》2002 年第 12 期。

倪小宇：《改革开放 30 年社会治安综合治理发展历程》，《福建警察学院学报》2008 年第 6 期。

潘允康、潘乃谷：《试论我国城市的家庭和家庭结构》，《天津社会科学》1982 年第 3 期。

庞丽娟、韩小雨：《中国农村义务教师队伍建设：问题及其破解》，《教育研究》2006 年第 9 期。

渠敬东：《项目制：一种新的国家治理体制》，《中国社会科学》2012 年第 5 期。

邵秦、胡明霞：《中国家庭结构历史分析》，《中国人口科学》1988年第4期。

石中英、张夏青：《30年教育改革的中国经验》，《北京师范大学学报》（社会科学版）2008年第5期。

唐灿：《家庭现代化理论及其发展的回顾与评述》，《社会学研究》2010年第3期。

万典武：《从粮食棉布等票证的兴废看改革》，《商业经济研究》1998年第12期。

王爱云：《试析新中国成立后中国身份社会的形成及其影响》，《中共党史研究》2011年第12期。

王德文：《人口低生育率阶段的劳动力供求变化与中国经济增长》，《中国人口科学》2007年第1期。

王德文：《中国农村义务教育：现状、问题和出路》，《中国农村经济》2003年第11期。

王东进：《"三医联动"是全面建成医疗保障体系的关键一招》，《中国医疗保险》2019年第3期。

王均伟：《对城市人民公社历史的初步考察》，《当代中国史研究》1997年第2期。

王天夫、罗婧：《基层多元共治的路径选择：动员、补位，还是重构？——以巫溪、肃宁、彭州为例》，《河北学刊》2017年第2期。

王天夫、王飞、唐有才等：《土地集体化与农村传统大家庭的结构转型》，《中国社会科学》2015年第2期。

王秀银：《关于人口现代化的几点思考》，《人口研究》2002年第4期。

王学义：《人口现代化的测度指标体系构建问题研究》，《人口学刊》2006年第7期。

王学义：《人口现代化效应研究——基于人口控制力的分析视觉》，《理论与改革》2004年第11期。

王跃生：《当代中国城乡家庭结构变动比较》，《社会》2006 年第 3 期。

王跃生：《华北农村家庭结构变动研究——立足于冀南地区的分析》，《中国社会科学》2003 年第 4 期。

王跃生：《社会变革与当代中国农村婚姻家庭变动——一个初步的理论分析框架》，《中国人口科学》2002 年第 4 期。

王跃生：《中国城乡家庭结构变动分析——基于 2010 年人口普查数据》，《中国社会科学》2013 年第 12 期。

伍小兰：《中国生育现代化问题的定量研究》，《人口与经济》2001 年第 1 期。

谢桂华：《市场转型与下岗工人》，《社会学研究》2006 年第 1 期。

谢宇：《认识中国的不平等》，《社会》2010 年第 3 期。

徐敏：《建国以来中国女性就业的历史沿革》，《广西党史》2006 年第 11 期。

徐愫、李享：《江苏省人口现代化进程评价研究》，《人口与社会》2014 年第 6 期。

徐勇：《"行政下乡"：动员、任务与命令——现代国家向乡土社会渗透的行政机制》，《华中师范大学学报》（人文社会科学版）2007 年第 5 期。

闫志俊、于津平：《产品技术复杂度与企业出口增长》，《国际贸易问题》2018 年第 2 期。

杨华：《现代化的核心：人的素质现代化》，《广西大学学报》（哲学社会科学版）1999 年第 6 期。

杨菊华、何炤华：《社会转型过程中家庭的变迁与延续》，《人口研究》2014 年第 2 期。

杨湘岚、张晶：《中国妇女参政百年的回顾与展望》，《中国妇运》1997 年第 11 期。

尹世杰：《中国当前扩大消费需求的几个问题》，《中国流通经济》

2009 年第 23 卷第 7 期。

游正林：《60 年来中国工会的三次大改革》，《社会学研究》2010 年第 4 期。

于学军：《中国人口转变与"战略机遇期"》，《中国人口科学》2003 年第 1 期。

俞剑、方福前等：《消费结构升级、要素价格扭曲与中国农业劳动力转移》，《经济评论》2018 年第 1 期。

曾毅、李伟、梁志武：《中国家庭结构的现状、区域差异及变动趋势》，《中国人口科学》1992 年第 2 期。

翟博：《均衡发展：中国义务教育发展的战略选择》，《教育研究》2010 年第 1 期。

张江华：《工分制下的劳动激励与集体行动的效率》，《社会学研究》2007 年第 5 期。

张开敏：《社会主义市场经济与人口现代化》，《社会科学》1994 年第 5 期。

张来明：《中国社会治理体制历史沿革与发展展望》，《社会治理》2018 年第 9 期。

张翼：《改革开放 40 年来中国的阶层结构变迁与消费升级》，《社会科学文摘》2018 年第 11 期。

张翼：《走中国特色社会主义社会治理之路》，《求是》2018 年第 6 期。

赵俊芳：《中国高等教育改革发展六十年的历程与经验》，《中国高教研究》2009 年第 10 期。

赵人伟、李实：《中国居民收入差距的扩大及其原因》，《经济研究》1997 年第 9 期。

周炎炎：《人口现代化与经济社会发展系统模型构建及实证分析》，《统计与决策》2014 年第 5 期。

［美］马丁·特罗：《从精英向大众高等教育转变中的问题》，《外国

高等教育资料》1999年第1期。

《四川举行木里森林火灾扑救中英勇牺牲烈士悼念活动》，《四川党的建设》2019年第8期。

杜辉：《新中国成立以来党的妇女解放思想发展历程研究》，硕士学位论文，哈尔滨商业大学，2018年。

焦连志：《"票证社会"及其解体——以粮食计划票证为切入的中国传统社会研究》，博士学位论文，复旦大学，2007年。

李梅：《新中国初女性参政情况研究》，硕士学位论文，华中科技大学，2016年。

刘晓辉：《当代中国女性发展探析》，博士学位论文，山东大学，2010年。

尚丽岩：《中国农村合作医疗制度——基于主体认知的制度变迁解释》，博士学位论文，辽宁大学，2008年。

杨晟：《外国人在华拍摄纪录片中的中国形象研究（1949—1976）》，博士学位论文，暨南大学，2017年。

钟雪生：《中国农村传统合作医疗制度研究》，博士学位论文，中共中央党校，2008年。

（三）报纸

习近平：《永远做可靠朋友和真诚伙伴——在坦桑尼亚尼雷尔国际会议中心的演讲》，《人民日报》2013年3月26日第2版。

习近平：《在北京大学师生座谈会上的讲话》，《人民日报》2018年5月3日第2版。

习近平：《在同各界优秀青年代表座谈时的讲话》，《人民日报》2013年5月5日第2版。

习近平：《促进妇女全面发展共建共享美好世界——在全球妇女峰会上的讲话》，《人民日报》2015年9月28日。

习近平：《在会见第一届全国文明家庭代表时的讲话》，《人民日报》2016年12月16日。

习近平：《在庆祝改革开放40周年大会上的讲话》，《人民日报》2018年12月19日第2版

《邓颖超讲话》，《人民日报》1950年3月8日。

李培林：《面向新时代构建中国特色社会学》，《人民日报》2017年1月23日。

李锐：《我们老百姓对幸福生活更有盼头——总书记视察武汉社区时重要讲话引发全市热烈反响》，《长江日报》2018年4月30日。

魏礼群：《党的十八大以来社会治理的新进展》，《光明日报》2017年8月7日。

《2017年〈中国妇女发展纲要（2011—2020年）〉统计监测报告》，《中国信息报》2018年11月12日第1版。

迟福林：《继续扩大中等收入群体》，《人民日报》2018年3月23日第13版。

马峰：《用全面深化改革激发社会活力 正确看待社会流动问题》，《人民日报》2017年7月20日第7版。

魏芙蓉：《不断巩固党执政的阶级基础和群众基础》，《吉林日报》2019年5月29日。

中华人民共和国国务院新闻办公室：《中国性别平等与妇女发展状况》，《人民日报》2005年8月25日。《国家医保局：跨省异地就医直接结算人次突破200万》，《工人日报》2019年5月5日。

《中共北京市委举行晚会纪念三八，各厂女工展开三八生产竞赛》，《人民日报》1950年3月7日。

《中共中央关于全面深化改革若干重大问题的决定》，《人民日报》2013年11月16日。

（四）网络文献

李克强：《政府工作报告——2019年3月5日在第十三届全国人民代表大会第二次会议上》，2019年3月16日，新华网，http://www.xinhuanet.com/politics/2019lh/2019-03/16/c_1124242390.htm。

杨文利：《从建国初期的卫生工作看中国共产党执政为民的宗旨体现》，2014年11月6日，国史网，http：//www.hprc.org.cn/gsyj/yjjg/zggsyjxh_1/gsnhlw_1/d11jgsxsnhlw/201411/t20141106_300725.html。

李希如：《就业形势总体稳定 结构性矛盾需要关注》，2019年3月14日，国家统计局，http：//www.stats.gov.cn/tjsj/sjjd/201903/t20190314_1653894.html。

王晓东：《我国5700万人参加长期护理险》，2018年10月10日，中国日报网，http：//cn.chinadaily.com.cn/2018-10/10/content_37047978.htm。

《2018年全国时间利用调查公报》，2019年1月25日，国家统计局，http：//www.stats.gov.cn/tjsj/zxfb/201901/t20190125_1646796.html。

《2018年医疗保障事业发展统计快报》，2019年2月28日，国家医保局，http：//www.nhsa.gov.cn/art/2019/2/28/art_7_942.html。

《保监会黄洪：1—9月大病保险患者个案最高赔付111.6万元》，2016年10月19日，中国网财经，http：//finance.china.com.cn/news/20161019/3946261.shtml。

《发展改革委就建立健全城乡融合发展体制机制和政策体系有关情况举行发布会》，2019年5月6日，中国政府网，http：//www.gov.cn/xinwen/2019-05/06/content_5389076.htm#1。

《给力！大病保险已为金华人减轻负担2.8亿元》，2018年5月30日，广众网新闻，https：//news.jinhua.com.cn/shishi/2018-05-30/346555.html。

《国家统计局：2018年全国农村贫困人口减少1386万人》，2019年2月15日，中国政府网，http：//www.gov.cn/xinwen/2019-02/15/content_5365982.htm。

《国新办举行2018年国民经济运行情况发布会》，2019年1月21日，国新网，http：//www.scio.gov.cn/xwfbh/xwbfbh/wqfbh/39595/397

09/index. htm。

《基本药物目录调整 重点聚焦癌症、儿童、慢性病等病种》，2018 年 9 月 5 日，中国政府网，http：//www. gov. cn/xinwen/2018 - 09/05/content_ 5319544. htm。

《就业总量持续增长 就业结构调整优化——改革开放 40 年经济社会发展成就系列报告之十四》，2019 年 9 月 12 日，国家统计局，http：//www. stats. gov. cn/ztjc/ztfx/ggkf40n/201809/t20180912_1622409. html。

《全国结婚率"五连降"：为啥这届年轻人不爱结婚？》，2019 年 3 月 20 日，华夏经纬网，http：//www. huaxia. com/xw/zhxw/2019/03/6058054. html。

《晒晒"十二五"医改成绩单——医改从单项突破转向全面推进》，2016 年 3 月 24 日，中国政府网，http：//www. nhc. gov. cn/tigs/s9661/201603/2d107b8e27334d95b95ca7c79cc1d51d. shtml。

《中长期青年发展规划（2016—2025 年)》，2017 年 4 月 13 日，中国政府网，http：//www. gov. cn/zhengce/2017 - 04/13/content _ 5185555. htm#1。

《中国国家医保局：跨省异地就医直接结算人次突破 106 万》，2018 年 10 月 18 日，中国新闻网，http：//www. chinanews. com/gn/2018/10 - 18/8653768. shtml。

《中华人民共和国 2018 年国民经济和社会发展统计公报》，2019 年 2 月 28 日，国家统计局，http：//www. stats. gov. cn/tjsj/zxfb/201902/t20190228_ 1651265. html。

二 英文文献

Walder A. G., Communist Neo - Traditionalism：Work and Authority in Chinese Industry, 1986.

Davis. D., "Patrons and Clients in Chinese Industry", *Modern China*,

Vol. 14, No. 4, 1988.

Dickson B. J., "What Explains Chinese Political Behavior? The Debate over Structure and Culture", *Comparative Politics*, Vol. 25, No. 1, 1992.

Gary. S. Becker, *An Economic Analysis of Fertility*, Demographic and Economic Change in Developed Countries, New York: Columbia University Press, 1960.

William Goode, *World Revolution and Family Patterns*, New York: The Free Press of Glencoe.

后　记

社会转型、社会建设与社会发展

《新中国社会建设70年》是中国社会科学院庆祝中华人民共和国成立70周年纪念书系中的一卷，是中国社会科学院党组交办的重大科研任务，也是中国社会科学院社会发展战略研究院集体合作完成的科研成果。

应该说，新中国成立70年来的社会建设史，是一场波澜壮阔的社会转型与社会发展史。从宏观视角，可以将其简单划分为改革开放前和改革开放后两个主要阶段。整个书稿的布局，也在大的框架上遵循这两个基本前提而分章写作。作为中国社会科学院的院级重大选题，本书主编李培林老师系统规划了全书的整体架构，提出了各章写作的主要内容，并对各章之间的逻辑性进行了全面设计。各章的作者也基本贯彻了这一思路。张翼协助李培林老师完成了统稿工作。

全书以社会转型与社会发展为视角分析和叙述社会建设。不同历史时期，基于基本经济制度而形成的社会制度不同，用于社会建设的主导思想与实体设施配置也会不同。社会主义现代化建设，是前无古人的事业。中国基本是在"试错"中探索具有中国特色的社会主义道路的。在一切社会中，影响最深远、对其他社会各方面波及最直接的变量是人口结构及其形成过程。新中国从鼓励生育到节制生育，再到计划生育，最后到对计划生育政策的改革与调整，使中国首先从少儿型人口过渡到成年型人口，然后再过渡到老年型人口。所以，中国的人口转型，是计划生育和社会经济发展双重影响下的人口转型，也是世界上最快的人口转型。不管历史如何变迁，人口转型都需要其所赖以生存的社会为其提供适宜于发展需要的教育、医疗、就业等机会。这就使不同经济体制之下的社会建设必须根据人口转型设计其社会政策。

而伴随人口转型的发生，中国的人口现代化得以顺利推进。计划生育政策促动之下的人口年龄结构变化，减轻了少儿抚养负担和老年赡养负担，增加了家庭储蓄。在家庭结构现代化的影响下，促进了人力资本积累，使中国从人口大国逐渐向人力资源强国转变。第一次人口红利的释放，正好与改革开放创造的机会之窗契合，形成了廉价劳动力竞争优势，创造了工业化和城镇化过程的"中国制造"奇迹，维持了改革开放以来长达40多年的稳定增长，使中国从低收入国家先转变为中等收入国家，现在又步入中上收入国家行列。但中国的人口现代化中既蕴含机会，也潜藏内在压力。快速的少儿人口下降速度，使中国也易于从人口红利国家转变为人口负债国家。人口红利释放的时间越短，人口负债到来的时间就越紧迫。如果中国的人口现代化不能解决第二次人口红利的供给问题——基于人力资本开发的创新性人口红利的增长问题，则人口负债压力就会越来越承重。现在，中国人口的现代化，实际是潜在人口负债压力与潜在科技进步速度赛跑中的现代化：如果科技进步跑赢人口负债，则未来的发展就会比较顺利；如果人口负债跑赢科技进步，则未来的发展就会减速。

人口转型与人口现代化所带来的直接影响，就是中国家庭人口规模的小型化与家庭结构的简单化。工业化与城镇化解构了传统家庭的基本功能，也在人口迁移中形成了随迁家庭与留守家庭。这在表面上解组传统家庭结构的同时，也自然区别了家（family）与户（household）的性质。在传统社会，家可以近似地认为就是"户"。但在现代社会，家与户的区别越来越大。另外，家庭内部代际的权力关系、基于血亲与姻亲而形成的联系纽带、养老责任、居住结构都发生了重大变化。现在青年一代的婚姻，不再是居住在原生家庭的婚姻，也不再是"从夫从父居"家庭模式婚姻，而是从原生家庭分离而组建新家庭的婚姻。实际上，很多青年在就业之后，就已经形成独自居住的个体化家庭。城镇化在不断为青年一代创造"离巢"机会。基于血亲纵轴所形成的家庭稳定关系正在被基于姻亲横轴所形成的家庭稳定关系所分解。在城市，越来越多的主干家庭，不再是稳定的主干家庭，而可能是非稳定的临时主干家庭。在主干家庭中的父母一辈，可能既存在与男方共居而形成的主干家庭，也存在与女方共居而形成的主干家庭——在城市中，父母与女儿或已婚女儿居住而形成主干家庭的模式更为普遍。人口结构的变化，同时也带来了居住地人口结构的异质化。这使中国很快就从传统社区的熟人社会转变为现代社区的陌生人社会和半陌生人社会。家庭的小型化，伴随家庭的个体化和离散化趋势，提前了家庭的空巢期。但同时也推迟了初婚与初育年龄，这使同居家户的数量迅速上升。城市越大，现代化水平越高，则初婚年龄越迟。社会的个体化水平越高，同时也暗含着离婚率趋于攀升的现实。在此影响下，中国社会政策的配置和社会建设的方向，也需要尽快随之而调整。

　　家庭结构的变迁，以及中国社会政治与经济基础的不断转型，使中国的收入分配格局发生了重大变化——从计划经济时期的相对平等的收入分配格局，逐渐转变为收入差距逐渐扩大的收入分配格局。但计划经济时期的平等，是绝大多数社会成员收入水平较低层次上的平等。而市场经济时期收入差距的相对扩大，则是社会成员收入水平迅速提升和生活质量迅速改善过程中的扩大。市场经济激发了社会成员的生产积极性，市场经济也提升了社会成员致富奔小康的潜力。政府举全国之力进行的扶贫政策，不断降低贫困人口的数量，提振了贫困人口的发展信心。为缩小收入差距，政府也出台了很多调节措施，力图形成"缩低扩中调高"（缩小低收入人口规模，扩大中等收入群体规模，调节高收入群体规模）的分配格局——在社会建设中，其被称为建构"橄榄型"分配体制。个税政策的阶段性调整，就具有极其强烈的制度配置意义。但从总体而言，城乡收入差距和地区收入差距仍然影响着个体之间的收入差距。只有建成橄榄型分配体制，才能形成以中产阶层为表征的具有现代化意义的橄榄型社会结构。但科技越发展，人力资本的数量与质量之差就越大，收入差距就越有可能持续存在。这进一步对有关收入分配的社会政策提出了改革挑战。

收入水平的提升过程，极大地改变了中国人的消费观念与消费模式。这使中国家庭消费的恩格尔系数迅速降低。改革开放之前，家庭消费中的"三大件"是自行车、缝纫机和手表。改革开放之后，中国人的消费升级速度加快了，从最初的"老三大件"即电视机、电冰箱和电动洗衣机，转变为"新三大件"即电话、电脑和家用空调，最近又转变为"新时代三大件"即住房、机动车和金银珠宝奢侈品。在农村地区，住房模式发生了从土坯房到砖瓦房再到多层楼房的变化过程。家用机动车也形成了从三轮机动车向国产轿车再向进口轿车的升级趋势。但在固定资产与奢侈品（包括书画古玩藏品）的消费升级中，也开始从生存型向发展型升级过渡。总体而言，用于衣食住的消费比重日益降低，而用于旅游、教育、体育和健康等方面的消费比重提升。未来，中国人的教育投资和健康投资比重将会长足增长。这种消费的转型趋势，也将促使政府的社会政策配置不断转型。社会服务设施建设开始向卫生健康、体育健身、旅游休闲、教育与人力资本提升等方面发展。由此，社会建设走上了消费现代化之路。进入21世纪以来，中国已然转变为"轮子上"的国家。

人口结构的变化、家庭积蓄的增加、国家对人力资本的重视等，强力推进了中国的教育事业。在社会建设的意义上，教育制度及其所形成的劳动力分流机制，既影响着中国劳动力在不同产业之间的配置，也影响着劳动力人口的阶层分布。因此，人们的受教育程度在决定其收入水平的同时，也影响着代际的社会流动趋势。总体而言，新中国成立之后的教育转型，使普通群众都有了提升文化素质的机会。在计划生育政策的推进中，家庭子女数的下降，使父母的储蓄可以无差别地用于子女的人力资本投资。这在很大程度上解决了男女两性的受教育程度差距，先实现了小学阶段受教育机会的两性平等，然后是初中、继之是高中阶段的教育机会均等化。在高等教育招生规模的不断扩大过程中，中国也迎来了大专和本科阶段受教育机会的均等化。大约从2010年开始，在大专阶段的文科招生中，女性占比就超过男性。最近几年，在本科阶段的大学招生考试中，女性大学生的数量和占比，都已超过男性。女性在文科不同专业研究生中的数量和占比，也大多超过了男性。高等教育扩招速度的加快，使中国提前实现了高等教育从精英教育向大众教育的转型。但毋庸讳言，招生数量的扩张也不同程度地带来了教育质量下降的问题。

人均收入的增加、人均消费水平的升级、人均受教育程度的提升，进一步改变了中国人的医疗卫生和健康观念。中国人的预期寿命，从新中国成立之初的35岁，上升到2018年年底的77岁。人均预期寿命迅速提升的主要原因，在于战乱消除之后的社会安定以及不断强化的医疗资源配置。只有安定的社会，才能阻断疾病的传染，将预防与治疗结合起来，结织强有力的治理结构。虽然整个50年代和60年代的收入水平不高，但农村合作医疗制度的建立、"赤脚医生"制度的推行、城市公费医疗制度的普及等，在很大程度上形成了低保障广覆盖的疾病治疗模式。改革开放之后，农村基层组织的转型，曾经一度弱化了合作医疗制度的基础，但在"新农合"建立之后，农村人口的预期寿命和医疗水平大幅改善。在城市所有制结构的多元化过程中，医疗保险制度逐渐涵盖了不同所有制企业职工。即使是个体化和城乡居民，也纳入了医疗保险体制。这在很大程度上改变了中国人的健康状况，使中国人的病亡原因结构，迅速从消化系统疾病和呼吸系统疾病向血脑系统疾病和癌症疾病转型。进入新时代之后，医疗资源配置的不平衡问题依然存在。原来曾经发挥过极其重要作用的村卫生室和乡镇医院，失去了既有作用。伴随交通工具的改善，病人开始越来越多地向各类县医院转移。只有继续推进医疗事业和健康事业的改革，才能与时俱进地满足人民不断增长的卫生健康需要。

新中国成立70年的社会建设中基层组织的重大变迁，既是计划经济向市场经济的变迁，也是村落社会向城镇社会的变迁，更是熟人社会向陌生人社会和半陌生人社会的变迁。与这些变迁同时发生的另外一个变迁，就是中国人从定居化社会向迁居化社会变迁。这些变迁影响的直接结果，就是其不断形塑着中国基层社会组织的建构与运作方式。在计划经济时期，农村实行的是以人民公社三级所有队为基础的组织方式，生产队和生产大队是基层社会的框架。村党支部和生产队支撑了组织的领导基础，基干民兵、贫协、妇联、合作社等组织嵌套其中。城市实行的是单位制与街居制组织结构，工会、民兵、妇联和居委会等，既嵌套其中，也形成系统之中的条块结合格局。改革开放之后，城市基层组织发生了重大转变，除单位制转变为网格制之外，居委会也转型为社区，街道的生产组织职能弱化，社会服务职能强化。工会、妇联、红十字会、行业协会也越来越多地参与到地方治理之中。与此同时，有些新型小区的物业，或者某些类似小区——比如城乡接合部的基层社会组织，却在既有利益分配格局下形成兼具农村与城市属性的多元存在——社区与村委会并存于同一地域之中，形成特殊时期一家两制性质的选择性利益与制度配置偏好。社会需求在增量改革引导之下推进的社会建设，在满足此类需求中形成了多元结构架构。类似的创新还会在转型中继续衍生。

中国社会的治理方式，也在不断改革中形成与社会建设逐步适应的渐进推进模式。在计划经济时期，适应于定居化社会的需要，社会治理表现为"统治"的模式；在市场经济逐步确立过程中，形成了社会管理模式；进入新时代之后，又改革为社会治理模式。社会建设与社会治理是一个问题的两个方面。适应市场经济的社会建设，在于在解构原有社会组成单元或改造原有社会组成单元过程中，逐步确立新社会组成单元，以发挥经济改革推进中弥合社会裂隙的功能。但新社会各个组成单元所形成的新社会结构，并不一定自然释放出正向的秩序化与稳定性功能。社会变迁与社会整合之间的裂隙越大，则社会结构的不平衡问题就越严重。在这种情况下，社会治理承担的主要职责，就在于通过制度投入，不断理顺新社会结构各个部分之间的关系并化解可能出现的新生矛盾，最大可能补足社会服务短板。因此，社会治理从其实体到概念便长期呈现创新与完善之特色。在党的十六大、十七大和十八大上，推进的是社会管理意义的创新。自党的十八届三中全会开始，推进的是社会治理意义的创新。十九届四中全会，将原来长期实施的20字治理方针扩展为新的28字方针——创新出"党委领导、政府负责、民主协商、社会协同、公众参与、法治保障、科技支撑"的治理体系，提出要建设"人人有责、人人尽责、人人享有的社会治理共同体"，并赋予志愿服务以参与治理的功能。在单位制与街居制转变为社区制过程中，村委会和社区便作为基层自治组织，承担起了"全能"意义的社会治理职责。

新中国社会建设另外一个显著亮点，是女性解放运动的推进与性别平等观念的深入人心。伴随经济社会的重大进步，妇女发展取得了举世瞩目的伟大成就。从严禁妇女缠足、废除妻妾制、实行一夫一妻制、"妇女也是半边天"开始，将女性从封建羁绊下解放出来并使之转变为新制度里的"新人"。在参与社会生产劳动过程中，女性的政治权利、经济权利、文化权利都得以迅速提升。在宏观社会转型中发生的家庭私域变迁，是婚姻自决与女性的家庭决策权的渐趋平等。改革开放以来，伴随女性受教育程度的提升，也伴随同工同酬制度的实施，女性获得了更多机会参与市场的平等竞争。在牧业社会和农业社会，生产劳动的重体力特征，易于产生性别歧视。甚至于在工业社会初期，性别歧视也有比较广泛的社会基础。但在工业社会的中后期阶段，伴随生产的自动化、人工智能的应用与工艺技术的进步，生产过程的重体力特征降低了。女性的劳动生产率随之而提升。家庭子女数的减少，使女性从繁重的生儿育女中解脱出来，提升了参与经济生产活动和社会活动的能力，这在客观上为女性发展创造了机会。较之以前，后工业社会的来临，不仅使女性接受教育的机会与男性相比更为平等，就是在就业领域，女性在某些服务业的竞争力，也比男性要强。当前，在科研和教育领域，医疗和金融服务领域，在宾馆餐饮领域，女性的竞争力进一步增强，女性在这些行业的就业岗位占比也超过了男性。即使在国家机关和社会治理领域，女性的就业岗位数也趋于上升。这是社会发展与性别平等的重要表征。

青年是社会建设的主体，青年也在社会发展中为自己的成长创造了机会。知识进步的速度越快，科学技术之发展转变为生产力的速度就越快，最易于在学习中掌握新知识、学习到最先进科学技术的青年之发展速度也就越快。在一个开放社会，或者在社会流动渠道畅通的社会，青年一代都易于比其父辈提升自己的阶层位置，或者易于提升自己的收入水平，并改善自己的消费状况。所以，青年发展与社会流动渠道的畅通与否关系密切。新中国成立70年来，教育的发展为一代又一代青年提供了发展自己的机会。越是年轻的群体，其人力资本就越高，其所从事的职业也越靠近科学技术的前沿地带，其也易于通过社会流动提升自己的社会地位——不管是地区迁移，还是代内的阶层位置提升，都在很大程度上为青年创造了机遇。流动人口的主体是青年，促进社会地位变动的主体也是青年。所以，在中国从农业社会转变为工业社会过程中，绝大多数青年从农民阶层转变为工人阶层，或者直接通过教育的分流而转变为中产阶层。在中国向后工业社会的转变过程中，青年将迎来更为广阔的发展机会。但伴随人口老龄化的渐趋深重，青年一代的养老压力也将越来越重。

因循如上逻辑，全书进行了系统分工。主编李培林撰写了总论部分，张翼撰写了第一章，葛艳霞撰写了第二章，汪建华撰写了第三章，高勇撰写了第四章，陈华珊撰写了第五章，孙兆阳撰写了第六章，房连泉、高庆波、张盈华撰写了第七章，刘学撰写了第八章，朱涛撰写了第九章，刘海霞撰写了第十章，马峰撰写了第十一章。

  在撰写过程中，因为多次反复和修改，耗费了作者们大量时间和精力，在此一并感谢。中国社会科学出版社的马明同志，不管是对初稿的校对、对过程稿的意见收集与反馈，还是对终稿的查验等，都表现出了认真负责的严谨作风，感谢他为本书出版所做的良多贡献。

  由于水平有限，加之写作时间较短，写作中的问题在所难免，敬请读者朋友批评指正！

本书主编

2020 年 1 月